Beck-Rechtsberater

GmbH-Geschäftsführer

Pflichten, Anstellung, Haftung,
Haftungsvermeidung, Abberufung
und Kündigung

von Christian Kühn

Deutscher Taschenbuch Verlag

Im Internet:

dtv.de

beck.de

Originalausgabe
Deutscher Taschenbuchverlag GmbH & Co. KG,
Friedrichstraße 1 a, 80801 München
© 2009, Redaktionelle Verantwortung: Verlag C. H. Beck oHG
Gesamtherstellung: Druckerei C. H. Beck, Nördlingen
(Adresse der Druckerei: Wilhelmstraße 9, 80801 München)
Umschlaggestaltung: Agentur 42 (Fuhr & Partner), Mainz,
unter Verwendung eines Fotos von Corbis
ISBN 978-3-423-50703-5 (dtv)
ISBN 978-3-406-59604-9 (C. H. Beck)

Vorwort

Die GmbH stellt mit weitem Abstand die am häufigst vorkommende Gesellschaftsform in Deutschland dar. Umso bedenklicher ist es, dass in der Praxis immer wieder festgestellt werden muss, dass kaum ein Geschäftsführer über die ihm vom Gesetz zugewiesenen Aufgaben Bescheid weiß. Die Vorteile der Haftungsbeschränkung durch die GmbH können jedoch nur dann ihre volle Wirkung entfalten, wenn der Geschäftsführer Kenntnis über seine Aufgaben und insbesondere sein Haftungsrisiko hat. Das Haftungsrisiko tritt in aller Regel erst im Zeitpunkt der Krise oder der Insolvenz der GmbH zu Tage. Durch das Gesetz zur Modernisierung des GmbH-Rechts und zur Bekämpfung von Missbrauch („MoMiG") wurde die Haftung des GmbH-Geschäftsführers nochmals verschärft. Aus diesem Grund widmet sich ein größerer Teil des Buches insbesondere den Haftungsfragen.

Dieses Buch soll dem GmbH-Geschäftsführer einen Überblick über seine Pflichten und Rechte als Organ der GmbH zu verschaffen. Zum besseren Verständnis wurde darauf verzichtet, jeden juristischen Streit ausführlich darzustellen und auf alle in der Praxis auftretenden Fragen eine Antwort zu finden. Das Buch kann natürlich auch eine rechtsanwaltliche Beratung nicht ersetzen. Es soll lediglich ein entsprechendes Problembewusstsein beim GmbH-Geschäftsführer hervorrufen. Spätestens im Zeitpunkt der wirtschaftlichen Krise der GmbH sollte er sich ohnehin durch Außenstehende beraten lassen. Da die meisten Entscheidungen der höchsten Gerichte im Internet heruntergeladen werden können, wurde darauf verzichtet, die entsprechenden Fundstellen der juristischen Fachliteratur anzugeben. Die Arbeit mit dem Buch soll durch die im Anhang beigefügten Muster und den GmbH-Gesetzestext erleichtert werden.

Mein Dank gilt allen die mich mit Rat und Tat bei der Erstellung des Buches unterstützt haben. Besonders herzlich bedanken möchte ich mich bei meiner Ehefrau Morgan für ihre wertvollen

Anregungen und die Geduld, die sie aufgebracht hat und bei meinem Vater für seine Unterstützung.

Reutlingen im Juli 2009 *Christian Kühn*
Rechtsanwalt
Fachanwalt für Steuerrecht
Fachanwalt für Insolvenzrecht

Inhaltsübersicht

Inhaltsverzeichnis

Abkürzungen

a. A. .... anderer Ansicht
Abs. .... Absatz
a. F. .... alte Fassung
AktG .... Aktiengesetz
AnfG .... Gesetz über die Anfechtung von Rechtshandlungen eines Schuldners außerhalb des Insolvenzverfahrens
AO .... Abgabenordnung

BBschG .... Bundesbodenschutzgesetz
BetrVG .... Betriebsverfassungsgesetz
BetrAVG .... Gesetz
BAG .... Bundesarbeitsgericht
BFH .... Bundesfinanzhof
BGB .... Bürgerliches Gesetzbuch
BGH .... Bundesgerichtshof
BGHZ .... Sammlung der Entscheidungen des Bundesgerichtshofs in Zivilsachen
BMF .... Bundesministerium der Finanzen
BSG .... Bundessozialgericht

EStG .... Einkommensteuergesetz
etc. .... et cetera (und so weiter)

ff. .... fortfolgende
FG .... Finanzgericht

gem. .... gemäß
GmbH .... Gesellschaft mit beschränkter Haftung
GmbHG .... GmbH-Gesetz
GSB .... Gesetz über die Sicherung von Bauforderungen
GuV .... Gewinn- und Verlustrechnung

HGB .... Handelsgesetzbuch
h. M. .... herrschende Meinung
HRB .... Handelsregister Abteilung B

i. d. F.	in der Fassung
IHK	Industrie- und Handelskammer
InsO	Insolvenzordnung
KschG	Kündigungsschutzgesetz
m. E.	meines Erachtens
MoMiG	Gesetz zur Modernisierung des GmbH-Rechts und zur Bekämpfung von Missbrauch
n. F.	neue Fassung
o. Ä.	oder Ähnliches
OFD	Oberfinanzdirektion
OHG	offene Handelsgesellschaft
OLG	Oberlandesgericht
p. a.	per annum/pro Jahr
PSV	Pensions-Sicherungs-Verein
s./S.	siehe/Seite
SGB	Sozialgesetzbuch
sog.	so genannt
StGB	Strafgesetzbuch
u. a.	unter anderem
UStG	Umsatzsteuergesetz
u. U.	unter Umständen
VVG	Versicherungsvertragsgesetz
z. B.	zum Beispiel
ZPO	Zivilprozessordnung

I. Grundlagen der Geschäftsführertätigkeit

Die GmbH kann als juristische Person nicht alleine handeln. Sie benötigt hierzu ein Organ, das für sie handelt und sie gegenüber Dritten vertritt. Dieses Organ ist bei der GmbH der Geschäftsführer. Das Gesetz schreibt vor, dass jede GmbH mindestens einen Geschäftsführer haben muss. Er ist der gesetzlich vorgeschriebene Vertreter der Gesellschaft. Der Geschäftsführer hat eine Doppelstellung, da er zum einen vertretungsbefugtes Organ der Gesellschaft ist und zum anderen Angestellter bzw. Dienstnehmer der Gesellschaft. In rechtlicher Hinsicht ist deshalb das Organverhältnis vom Anstellungsverhältnis zu unterscheiden. Das Anstellungsverhältnis steht selbstständig neben der Organstellung und regelt die individuelle Stellung des Geschäftsführers, wie Arbeitszeit, Vergütung etc. zur Gesellschaft. In aller Regel wird ein Geschäftsführer-Anstellungsvertrag abgeschlossen. Im Gegensatz hierzu erlangt man die Organstellung zum Geschäftsführer nicht durch eine vertragliche Regelung, sondern durch einen Bestellungsbeschluss des zuständigen Organs der GmbH. In aller Regel ist dies die Gesellschafterversammlung.

1. Anforderungen, um als Geschäftführer bestellt werden zu können

a) Gesetzliche Einschränkungen

Gem. § 6 Abs. 2 GmbHG kann nicht jeder zum Geschäftsführer bestellt werden, sondern nur eine **natürliche und voll geschäftsfähige Person.** Besondere fachliche Qualifikationen werden im Gesetz nicht vorgeschrieben.

Das Erfordernis der vollen, uneingeschränkten Geschäftsfähigkeit bedeutet, dass Minderjährige oder Geschäftsunfähige grundsätzlich nicht zum Geschäftsführer bestellt werden dürfen. Von diesem Grundsatz gibt es keine Ausnahmen. So kann ein Minderjähriger auch nicht durch eine vormundschaftliche Einwilligung zum Geschäftsführer bestellt werden.

Diese Einschränkung bedeutet natürlich auch, dass eine andere Gesellschaft, z. B. eine andere GmbH, nicht zum Geschäftsführer bestellt werden kann.

Als Geschäftsführer kann grundsätzlich auch nicht bestellt werden, wer als Betreuter bei der Besorgung seiner Vermögensangelegenheiten ganz oder teilweise einem Einwilligungsvorbehalt unterliegt.

Ferner kann nicht Geschäftsführer werden, wer durch gerichtliches Urteil oder durch eine vollziehbare Entscheidung einer Verwaltungsbehörde einen Beruf bzw. einen Berufszweig oder ein Gewerbe- bzw. einen Gewerbezweig nicht ausüben darf, sofern der Unternehmensgegenstand ganz oder teilweise mit dem Gegenstand des Verbots übereinstimmt.

Wer wegen bestimmter **Straftaten** verurteilt wurde kann für die Dauer von fünf Jahren seit einer rechtskräftigen Verurteilung nicht zum Geschäftsführer bestellt werden. Hierbei wird die Zeit nicht eingerechnet, die man als Täter in einer staatlichen Anstalt verwahrt wurde. Nicht jede strafrechtliche Verurteilung fällt darunter, sondern nur bestimmte im Gesetz normierte Tatbestände. Der Katalog der Straftaten wurde jedoch erheblich verschärft. So kann nicht Geschäftsführer werden, wer wegen Bankrotts, Schuldnerbegünstigung, Gläubigerbegünstigung oder Verletzung einer Buchführungspflicht (§§ 283–283 d des Strafgesetzbuches) verurteilt wurde.

Seit der Reform des GmbHG im Herbst 2008 durch das Gesetz zur Modernisierung des GmbH-Rechts (MoMiG) kann nunmehr auch derjenige nicht mehr Geschäftsführer werden, der wegen unterlassener oder verspäteter Insolvenzantragstellung (Insolvenzverschleppung) verurteilt wurde. Weiter unten wird aufgezeigt, welches grundsätzliche Risiko der Geschäftsführer in der Krise und insbesondere bei einer Insolvenz der Gesellschaft trägt. In aller Regel werden Insolvenzanträge zu spät gestellt, woraus eine Strafbarkeit des Geschäftsführers folgt. Die Insolvenzverschleppung wird zunehmend von der Staatsanwaltschaft verfolgt, und in zahlreichen Fällen folgen hieraus Verurteilungen, die nicht selten zu einer Vorbestrafung des ehemaligen Geschäftsführers führen. Die Verurteilung führt nunmehr dazu, dass der verurteilte Geschäftsführer sein Amt verliert und zukünftig für die Dauer von fünf Jahren nicht mehr Geschäftsführer werden kann.

Von großer Bedeutung ist auch der in § 6 Abs. 2 Nr. 3 e) GmbHG neu eingeführte Tatbestand, wonach derjenige nicht Geschäftsführer werden kann, der wegen Betruges, Computerbetruges, Subventionsbetruges, Kapitalanlagebetruges, Kreditbetruges, Untreue oder Nichtabführen von Sozialversicherungsleistungen zu einer Freiheitsstrafe von mindestens einem Jahr verurteilt wurde.

Auch wer wegen **falscher Angaben** als Geschäftsführer oder Gesellschafter zum Zweck der Eintragung der Gesellschaft, also insbesondere im Rahmen der Kapitalaufbringung, bei der Gesellschaftsgründung oder bei der Anmeldung zum Handelsregister oder wer wegen unrichtiger oder der verschleierten Wiedergabe der Vermögensverhältnisse der Gesellschaft in der Bilanz verurteilt wurde, kann für die Dauer von fünf Jahren zukünftig nicht mehr zum Geschäftsführer bestellt werden. Auf die Höhe der Strafverurteilung kommt es hierbei nicht an, so dass bereits eine geringe Geldstrafe ausreicht.

Der Gesetzgeber gibt einem verurteilten ehemaligen Geschäftführer für die Dauer von fünf Jahren ab Rechtskraft des Urteils keine zweite Chance. Dies ist bedenklich, da man eigentlich davon ausgehen sollte, dass ein Verurteilter aus seinen Fehlern gelernt hat und diese nicht ein zweites Mal macht. Das Gesetz sieht jedoch die Interessen der Geschäftspartner der GmbH als schutzwürdiger an, als die Interessen eines verurteilten Geschäftsführers auf Rehabilitation.

Expertenrat: Damit bereits frühzeitig überprüft werden kann, ob Gründe vorliegen, die einer Geschäftsführerbestellung entgegenstehen, sollte der potenzielle Geschäftsführer dies sorgfältig vor seiner Bestellung überprüfen. Zur Vermeidung von bösen Überraschungen sollte auch die Gesellschaft von jedem potenziellen Kandidaten die entsprechenden Auskünfte verlangen.

Mit einer rechtskräftigen Verurteilung wegen einer der vorgenannten Straftaten oder mit einem Berufsverbot durch ein gerichtliches Urteil oder einer vollziehbaren Entscheidung einer Verwaltungsbehörde erlischt kraft Gesetzes das Amt des Geschäftsführers. Somit kann auch ein bereits bestellter Geschäftsführer, der schon längere Zeit für die Gesellschaft tätig ist, seine Geschäftsführungsbefugnis verlieren.

Nicht nur deutsche oder EU-Staatsbürger können zum Geschäftsführer bestellt werden, sondern grundsätzlich auch alle **Ausländer**. Es muss allerdings sichergestellt sein, dass der ausländische Geschäftsführer sein Amt auch tatsächlich wahrnehmen kann. Dies ist nur dann der Fall, sofern dem potenziellen Geschäftsführer eine Einreise- und Aufenthaltserlaubnis erteilt werden kann. § 9 Nr. 1 der ArbeitserlaubnisVO sieht ausdrücklich vor, dass ausländische Geschäftsführer keine Arbeitserlaubnis benötigen.

Besteht für die Gesellschaft ein Aufsichtsrat, so ist eine gleichzeitige Mitgliedschaft im Aufsichtsrat mit der Stellung als Geschäftsführer unvereinbar.

b) Vertragliche Einschränkungen

Unabhängig von den zuvor genannten gesetzlichen Voraussetzungen können in der Satzung der Gesellschaft besondere Eignungsvoraussetzungen für den Geschäftsführer festgelegt werden. Die Einhaltung der Satzungsvoraussetzungen wird nicht von Amts wegen überprüft, sondern nur von den Gesellschaftern.

In aller Regel handelt es sich um persönliche oder sachliche Einigungsvoraussetzungen, wie z.B. die Qualifikation, das Alter oder die Zugehörigkeit zu einem Familienstamm.

Nicht selten finden sich in Familiengesellschaften Regelungen dahingehend, dass jeder Familienstamm die Möglichkeit hat, ein Mitglied als Geschäftsführer zu berufen.

2. Die Zuständigkeit für die Geschäftführerbestellung

Wurde ein entsprechend qualifizierter Kandidat gefunden, so stellt sich die Frage, wer dem Geschäftsführer das Amt als Vertreter der Gesellschaft übertragen darf. Hierbei muss zwischen einer neu zu gründenden und einer bereits bestehenden GmbH unterschieden werden.

a) Bestellung im Rahmen der Gründung

Da die Gesellschaft den Geschäftsführer als Vertretungsorgan benötigt und er auch bei der Gründung die Anmeldung zum Handelsregister vorzunehmen hat, kann es bei Neugründungen vorkommen, dass die Bestellung bereits in der Satzung der Gesellschaft erfolgt. Für den Geschäftsführer macht es vorerst keinen Unterschied, ob er in der Satzung oder aufgrund eines gesonderten Gesellschafterbeschlusses bestellt wurde. Die Unterscheidung ist jedoch ggf. später für die Beendigung des Geschäftsführeramtes durch Abberufung bedeutsam.

Wird bereits in der Satzung eine bestimmte Person zum Geschäftsführer bestellt, kann darüber gestritten werden, ob die Bestellung per Satzung als echter oder unechter Satzungsbestandteil betrachtet werden muss.

Ein unechter Satzungsbestandteil liegt dann vor, wenn die Bestimmung nur bei Gelegenheit der Aufstellung der Satzung in die Urkunde aufgenommen wurde, ohne dass es zur Abänderung einer Satzungsänderung bedarf. Sollte es sich hingegen um einen echten Satzungsbestandteil handeln, so wird dem Geschäftsführer ein Sonderrecht eingeräumt, da er nicht ohne eine entsprechende Satzungsänderung, die nach dem Gesetz nur mit ¾ Dreiviertelmehrheit der abgegebenen Stimmen beschlossen werden kann, als Geschäftsführer abberufen werden darf. Er erhält sozusagen eine Geschäftsführerbestellung auf Lebenszeit.

b) Bestellung zum Geschäftsführer

Erfolgt die Bestellung zum Geschäftsführer nicht bereits im Rahmen der Gründung in der Satzung, so ist für die Bestellung grundsätzlich die Gesellschafterversammlung zuständig (§ 46 Nr. 5 GmbHG). Die Gesellschafterversammlung muss den Geschäftsführerbestellungsbeschluss mit der in der Satzung vorgesehenen

Mehrheit fassen. Fehlt es an einer Satzungsregelung, so erfolgt die Beschlussfassung mit einfacher Mehrheit.

Der Gesellschafter, der selbst zum Geschäftsführer bestellt werden will, kann an der Abstimmung teilnehmen. Er ist stimmberechtigt.

Hat die GmbH mehr als 2.000 Arbeitnehmer, dann fällt sie unter das Mitbestimmungsgesetz bzw. das Montanmitbestimmungsgesetz. Man spricht dann von einer mitbestimmten GmbH. In diesen Fällen ist neben der Gesellschafterversammlung zwingend ein Aufsichtsrat zu bilden, der dann für die Bestellung des Geschäftsführers zuständig ist. Mangels anderweitiger Regelung entscheidet der Aufsichtsrat mit Zweidrittelmehrheit über die Bestellung des Geschäftsführers.

Auch bei Gesellschaften die nicht unter die vorgenannten Gesetze fallen, kann neben der Gesellschafterversammlung freiwillig ein Aufsichtsrat gebildet werden. Die Gesellschafterversammlung kann ihre Kompetenz zur Bestellung des Geschäftsführers in derartigen Fällen auf den Aufsichtsrat übertragen.

Ausnahmsweise kann auch das Amtsgericht am Sitz der Gesellschaft einen Geschäftsführer bestellen, wenn die Gesellschaft keinen Geschäftsführer hat. Man spricht dann von einem sog. „Notgeschäftsführer". Voraussetzung ist ein Antrag, der von einem Gesellschafter, von Gläubigern oder von Behörden gestellt werden kann. Dem Antrag wird nur in dringenden Fällen stattgegeben, sofern einem Beteiligten ein Schaden droht oder eine dringend erforderliche Handlung nicht vorgenommen werden kann. In der Praxis ist es immer wieder problematisch, einen geeigneten oder zur Übernahme des Amtes bereiten Notgeschäftsführer zu finden. Dies insbesondere deshalb, weil niemand, auch kein Gesellschafter, zur Übernahme des Amtes gezwungen werden kann.

Der Bestellungsbeschluss muss gegenüber dem Geschäftsführer erklärt und von ihm angenommen werden. Zwar wird für die Annahme keine bestimmte Form vorausgesetzt, jedoch kann regelmäßig aus dem Abschluss des Anstellungsvertrags oder der Anmeldung zum Handelsregister die Annahme der Bestellung geschlossen werden.

c) Anmeldung zum Handelsregister

Jede Bestellung zum Geschäftsführer muss dem Handelsregister gemeldet werden. Die Anmeldung erfolgt in notarieller Form, und der Geschäftsführer muss seine notariell beglaubigte Unterschrift zur Aufbewahrung beim Registergericht einreichen (§§ 8, 39 Abs. 4 GmbHG). Die Anmeldung selbst muss von den Geschäftsführern, einschließlich des neu bestellten Geschäftsführers, unterzeichnet werden.

Bei der Anmeldung zum Handelsregister muss der Geschäftsführer versichern, dass keine Umstände vorliegen, die seiner Bestellung entgegenstehen (§ 8 Abs. 3 Satz 1 GmbHG). Insbesondere muss er versichern, dass er nicht wegen einer der in § 6 Abs. 2 GmbHG genannten Straftaten verurteilt wurde. Zur Überprüfung seiner Angaben sieht § 53 Abs. 2 BZRG vor, dass eine unbeschränkte Auskunftspflicht des Geschäftsführers gegenüber dem Registergericht besteht. Bei falschen Angaben macht er sich schadensersatzpflichtig und strafbar (§§ 9a, 82 Abs. 1 Nr. 4 GmbHG).

Sodann erfolgt die Eintragung im Handelsregister, welche allerdings nur deklaratorische Wirkung hat. Dies bedeutet, dass die Geschäftsführerbestellung rechtlich nicht von der Anmeldung und Eintragung ins Handelsregister abhängig ist. Die Erlangung der Organstellung ist nur von dem Bestellungsakt abhängig, d. h. man kann auch Geschäftsführer sein, wenn man nicht ins Handelsregister eingetragen wurde.

d) Faktischer Geschäftsführer

Nicht selten kommen in der Praxis Fälle vor, in denen zwar ein Geschäftsführer bestellt wird, jedoch eine andere Person die Geschäfte der GmbH führt, obwohl sie formal nicht als Geschäftsführer bestellt ist. In derartigen Fällen spricht man vom so genannten faktischen Geschäftsführer. Für ein solches Vorgehen gibt es zahlreiche Gründe. So z. B., wenn der faktische Geschäftsführer wegen der gesetzlichen Voraussetzungen nicht selbst Geschäftsführer werden kann oder den bestellten Geschäftsführer als „Gallionsfigur" vorschiebt, um einer Haftung oder Strafbarkeit zu entgehen. Ob jemand faktischer Geschäftführer ist, stellt eine Wertungsfrage dar, die insbesondere davon abhängig ist, ob er Einfluss auf die Unternehmenspolitik und die Unternehmensorganisation nehmen kann, ob er Personalangelegenheiten, wie Einstellung und Entlassung von Mitarbeitern oder die Ausstellung von Zeugnissen vornimmt oder ob er Einfluss auf die Gestaltung der Geschäftsbeziehungen zu Vertragspartnern der Gesellschaft einschließlich der Vereinbarung von Vertrags- und Zahlungsmodalitäten ausübt und mit Kreditgebern verhandelt.

Übt der faktische Geschäftsführer sein Amt neben einem weiteren, formell bestellten Geschäftsführer aus, muss er eine überragende Stellung einnehmen oder zumindest das deutliche Übergewicht gegenüber dem bestellten Geschäftsführer haben.

Auf eine formale Bestellung kommt es dann nicht an. Regelmäßig trifft den faktischen Geschäftsführer die gleiche Haftung und Strafbarkeit, wie einen bestellten Geschäftsführer. Die Fälle der faktischen Geschäftsführung werden immer wieder in Zusammenhang mit Strafdelikten diskutiert.

Expertenrat: Jeder, der nicht förmlich bestellter Geschäftsführer ist, sollte sein Handeln für die Gesellschaft genau überprüfen. Nimmt er maßgeblichen Einfluss auf die Geschicke der Gesellschaft und ein eigenes, nach außen hervordringendes, üblicherweise der Geschäftsführung zuzurechnendes Handeln vorliegt, besteht die Gefahr, dass er als faktischer Geschäftsführer haftet.

---

3. Der Anstellungsvertrag

Wie bereits dargestellt, muss zwischen der Organstellung als Geschäftsführer und dem Anstellungsverhältnis unterschieden werden. Der Geschäftsführer als Organ ist gesetzlicher Vertreter der Gesellschaft. Seine Rechte und Pflichten als Organ ergeben sich direkt aus dem GmbHG und/oder der Satzung der Gesellschaft. Er erlangt die Organstellung durch die Bestellung. Demgegenüber wird das Anstellungsverhältnis durch Abschluss eines Vertrages begründet. Bei dem Anstellungsverhältnis handelt es sich um einen schuldrechtlichen Vertrag, in welchem die Parteien die gegenseitigen Ansprüche regeln. Dies sind insbesondere Ansprüche auf Vergütung, aber auch Ansprüche der Gesellschaft darauf, dass der Geschäftsführer für sie tätig wird.

Trotz der strikten rechtlichen Trennung zwischen Organverhältnis und Anstellungsverhältnis muss berücksichtigt werden, dass die gesetzlichen und satzungsmäßigen Rechte und Pflichten aus dem Organverhältnis auf das Anstellungsverhältnis einwirken können.

a) Rechtsnatur des Anstellungsverhältnisses

Wird der Geschäftsführer rechtlich einem Angestellten gleichgesetzt, so genießt er die weitgehenden Arbeitnehmerschutzrechte. Der Umfang und die Art der vom Geschäftsführer zu erbringenden Tätigkeit entspricht allerdings nicht der eines „einfachen" Arbeitnehmers, weshalb der Geschäftsführer grundsätzlich nicht einem Arbeitnehmer gleichgestellt werden kann. Die rechtliche Beurteilung des Geschäftsführer-Anstellungsvertrages ist umstritten.

Zur Beantwortung der streitigen Frage muss zwischen Fremdgeschäftsführern und Gesellschafter-Geschäftsführern unterschieden werden.

Fremdgeschäftsführer sind solche, die keinen Anteil an der Gesellschaft halten und somit auch keinen maßgeblichen Einfluss auf die Geschicke der Gesellschaft nehmen können, da sie kein Stimmrecht in einer Gesellschafterversammlung ausüben können. Die Gesellschafterversammlung kann dem Geschäftsführer jederzeit Weisungen erteilen. Auch nicht beherrschende Gesellschaftergeschäftsführer, also solche mit einer Minderheitsbeteiligung, werden dem Fremdgeschäftsführer gleichgestellt.

Die Unterscheidung ist wichtig, da der Fremdgeschäftsführer bzw. der Minderheitsgesellschafter-Geschäftsführer nach der Rechtsprechung des BAG (Entscheidung vom 26. Mai 1999, Az. 5 AZR 664/98) unter Umständen die weit reichenden Schutzvorschriften für Arbeitnehmer genießen kann.

Voraussetzung ist allerdings, dass der Geschäftsführer „arbeitsbegleitende oder verfahrensorientierte Weisungen" – jenseits des gesellschaftsrechtlichen Weisungsrechts – erhalten hat. Arbeitsbegleitende oder verfahrensorientierte Weisungen sollen z. B. dann vorliegen, wenn der Geschäftsführer seinen Urlaub bei der Gesellschafterversammlung beantragen und abstimmen muss. Sind die Kriterien erfüllt, so kann sich der Geschäftsführer wie ein Angestellter auf zahlreiche Schutzvorschriften berufen. Seit dieser Entscheidung nimmt zumindest das Bundesarbeitsgericht eine Einzelfallprüfung vor und folgert nicht mehr allein aus der Stellung des Geschäftsführers als gesetzliches Vertretungsorgan, dass kein Arbeitsverhältnis vorliegt.

Die Rechtsprechung des Bundesarbeitsgerichts hat heftige Kritik erfahren, da die Organstellung des Geschäftsführers eine einem Arbeitnehmer gleichgestellte sozialabhängige und weisungsgebundene Tätigkeit ausschließt. Das Urteil des Bundesarbeitsgerichts muss daher als absolute Ausnahme betrachtet werden. Die Rechtsprechung überzeugt insbesondere deshalb nicht, weil der Geschäftsführer als Vertreter der Gesellschaft die oberste Leitungsmacht und Arbeitgeberfunktion ausübt.

b) Anwendbarkeit einzelner Arbeitnehmerschutzvorschriften

Selbst für den Fall, dass die Arbeitnehmerschutzvorschriften nicht direkt angewendet werden können, wird der sozialen Schutzbedürftigkeit des Geschäftsführers dadurch Rechnung getragen, dass einzelne Arbeitnehmerschutzvorschriften entsprechend auf Geschäftsführer angewendet werden können. Dies gilt allerdings nur dann, sofern der Gesetzgeber die Anwendung nicht ausdrücklich ausgeschlossen hat. Darüber, ob einzelne Regelungen Anwendungen finden, besteht erheblicher Streit.

Nachfolgende Regelungen sollen jedoch nach herrschender Ansicht angewendet werden können:
- § 622 BGB, der die Kündigungsfristen bei Arbeitsverhältnissen regelt, gilt bei Fremdgeschäftsführern und Minderheitsgesellschafter-Geschäftsführern, beherrschende Gesellschaftergeschäftsführer fallen nicht darunter;
- § 630 BGB, der die Pflicht zur Zeugniserteilung regelt;
- § 850 ff. ZPO, der den Pfändungsschutz für Arbeitseinkommen regelt;

- §§ 183 ff. SGB III, welche den Anspruch auf Insolvenzgeld regeln sowie der Gleichbehandlungsgrundsatz nach AGG und das BetrAVG.

Nachfolgende Regelungen gelten für Geschäftsführer nicht:

- Die Zuständigkeit der Arbeitsgerichte ist gem. § 5 Abs. 1 Satz 3 ArbGG ausgeschlossen. Prozesse zwischen der GmbH und dem Geschäftsführer sind vor dem Amts- oder Landgericht zu führen. Dies gilt selbst dann, wenn nach der neueren BAG-Rechtsprechung ein Arbeitsverhältnis vorliegt. Es wird einzig und allein auf die formale Stellung als Geschäftsführer abgestellt, wobei es nicht darauf ankommt, ob er bereits wirksam als Geschäftsführer bestellt worden ist oder zwischenzeitlich abberufen wurde.
- Das Arbeitszeitgesetz findet gem. § 18 Abs. 1 Nr. 1 ArbZG keine Anwendung.
- Das Urlaubsrecht nach BundesUrlG gilt nicht.
- Das Betriebsverfassungsgesetz gem. § 5 Abs. 2 Nr. 1 BetrVG kommt nicht zur Anwendung.
- Das Kündigungsschutzgesetz findet gem. § 17 Abs. 5 KschG keine Anwendung.
- Das Arbeitnehmererfindungsgesetz soll unanwendbar sein.
- § 613 a BGB, welcher die Rechte und Pflichten beim Betriebsübergang regelt, soll für den Geschäftsführer unanwendbar sein.
- Das Mutterschutzgesetz gilt nicht, ebenso die Regelungen über das Elterngeld.

Die zuvor genannten Ausführungen müssen als Grundsatz berücksichtigt werden, von dem es auch Ausnahmen gibt. Im Anstellungsvertrag können einzelne Regelungen für anwendbar erklärt werden. So kann z. B. zur Begründung der Zuständigkeit des Arbeitsgerichts eine Regelung in den Anstellungsvertrag aufgenommen werden. Hierzu sollte man allerdings wissen, dass vor dem Arbeitsgericht jede Partei, auch im Fall des Obsiegens, ihre Kosten selbst trägt.

aa) Ausnahmen

Konzern und GmbH & Co. KG: Unabhängig von einer gesonderten Regelung im Anstellungsvertrag gibt es bei Konzerngeschäftsführern eine Sondersituation. Bei Konzerngesellschaften kommt es nicht selten vor, dass der Konzern einen Arbeitnehmer bei einer Tochtergesellschaft als Geschäftsführer beruft. In aller Regel besteht dann ein so genanntes Drittanstellungsverhältnis, da der Geschäftsführer aufgrund eines Arbeitsvertrages bei der Konzernmuttergesellschaft angestellt ist und für die Tochter als Geschäftsführer fungiert. In derartigen Fällen ist nicht auszuschließen, dass die Arbeitnehmerschutzvorschriften Anwendung finden, da der ursprüngliche Arbeitsvertrag zwischen dem Geschäftsführer und der Konzermuttergesellschaft fortbesteht.

Bei Konzernfallgestalltungen sollte der Geschäftsführer stets darauf achten, dass sein ursprünglicher Arbeitsvertrag nicht abgeändert wird, da er sonst Gefahr läuft, seinen Schutz als Arbeitnehmer zu verlieren.

Mit der vorgenannten Fallkonstellation sind Anstellungsverhältnisse bei einer GmbH & Co. KG nicht vergleichbar. Bei der GmbH & Co. KG vertritt der Geschäftsführer der Komplementär-GmbH regelmäßig die KG, ohne dass es dabei darauf ankommt, ob das Anstellungsverhältnis direkt mit der KG oder der GmbH begründet wurde.

bb) Ruhendes Arbeitsverhältnis

Fälle, in welchen der Geschäftsführer vom einfachen Angestellten einer GmbH zum Geschäftsführer aufsteigt sind problematisch, da der Angestellte bereits einen Arbeitsvertrag hat. Fraglich ist dann, welches rechtliche Schicksal sein Arbeitsvertrag nach der Bestellung zum Geschäftsführer erfährt.

Die früher vertretene Ansicht, dass das Dienstverhältnis des Geschäftsführers neben das bisher bestehende Arbeitsverhältnis tritt und dieses nur ruht, ist mittlerweile überholt. Vielmehr muss nach der Entscheidung des Bundesarbeitsgerichts vom 25. April 2002 davon ausgegangen werden, dass mit Abschluss des Geschäftsführervertrages grundsätzlich das alte Arbeitsverhältnis beendet wird, sofern keine klaren und eindeutigen Regelungen über das Fortbestehen des Arbeitsverhältnisses getroffen werden.

Aufgrund einer Änderung des § 623 BGB, wonach für die Beendigung von Arbeitsverhältnissen zwingend die Schriftform vorgeschrieben ist, kann die Vermutungsregelung jedoch nur dann eingreifen, sofern der Geschäftsführeranstellungsvertrag nicht schriftlich abgeschlossen wurde. Das Fortwirken des ursprünglichen Anstellungsverhältnisses ist somit denkbar, wenn bei der Bestellung eines Arbeitnehmers zum Geschäftsführer nicht gleichzeitig ein Geschäftsführeranstellungsvertrag abgeschlossen wurde oder zumindest das bestehende Arbeitsverhältnis z. B. durch eine Lohnerhöhung angepasst wurde. Dies trifft in der Praxis jedoch außerordentlich selten zu. Zwar kann der Anstellungsvertrag formfrei, somit auch mündlich oder konkludent abgeschlossen werden. In aller Regel wird die Gesellschaft jedoch bereits aus steuerlichen Gründen auf dem Abschluss eines schriftlichen Vertrages bestehen. Auch der Geschäftsführer wird regelmäßig ein höheres Gehalt fordern und eine schriftliche Dokumentation der Gehaltserhöhung verlangen.

c) Vertragsparteien des Geschäftsführeranstellungsvertrages

Nach § 46 Nr. 5 GmbHG wird der Geschäftsführer grundsätzlich durch einen Beschluss der Gesellschafterversammlung bestellt. Hieraus folgt, dass die Gesellschafterversammlung auch die Kompetenz zum Abschluss des Anstellungsvertrages hat. Daran ändert sich auch nichts, wenn die Bestellungskompetenz ausnahmsweise auf einen Aufsichtsrat übertragen wurde, wie dies bei mitbestimmten GmbHs der Fall ist.

Ein Gesellschafter-Geschäftsführer kann in der Gesellschafterversammlung bei der Beschlussfassung über den Anstellungsvertrag sein Gesellschafterstimmrecht ausüben und somit die Modalitäten seines Anstellungsvertrages selbst beeinflussen. Der Beschluss muss selbstverständlich umgesetzt werden, indem die Gesellschaft mit dem neu bestellten Geschäftsführer einen Anstellungsvertrag abschließt. Sofern die Gesellschaft bereits einen Geschäftsführer hat, geschieht die Umsetzung durch ihn. Sollte die Gesellschaft noch keinen Geschäftsführer haben, so muss von der Gesellschafterversammlung eine Person zur Beschlussumsetzung ermächtigen. Dann muss der Anstellungsvertrag wie nachfolgend geschlossen werden:

Zwischen der ABC-Beispiel GmbH, vertreten durch die Gesellschafter-versammlung, diese vertreten durch den dafür besonders ermächtigten Herrn Max Mustermann und Herrn Fred Fingiert als Geschäftsführer, wird nachfolgender Anstellungsvertrag geschlossen: ...

Beim Abschluss des Anstellungsvertrages bzw. der Umsetzung des Bestellungsbeschlusses muss gem. § 181 BGB beachtet werden, dass Geschäfte des Geschäftsführers für die Gesellschaft mit sich selbst grundsätzlich verboten sind. Bei Alleingesellschaftern muss deshalb darauf geachtet werden, dass bereits in der Satzung eine Befreiung vom Verbot des Selbstkontrahierens gem. § 181 BGB vereinbart wurde. Nur dann kann er wirksam einen Anstellungsvertrag mit sich selbst abschließen. Fehlt es an einer Befreiung nach § 181 BGB, so ist der Anstellungsvertrag unwirksam.

In der Praxis finden sich immer wieder Fälle, in welchen das Anstellungsverhältnis nicht mit der GmbH, sondern mit einem Dritten abgeschlossen wurde. So kann z. B. der Anstellungsvertrag mit einer Konzernmuttergesellschaft geschlossen werden oder bei der GmbH & Co. KG mit der KG, obwohl der Geschäftsführer als Organ für die GmbH tätig ist. Hierin zeigt sich nochmals deutlich die Trennung zwischen dem Organ- und dem Anstellungsverhältnis. Der Geschäftsführer kann auch ohne den Abschluss eines Anstellungsvertrages Organ der GmbH sein. In derartigen Fällen ist jedoch regelmäßig darauf zu achten, dass die Gesellschafterversammlung der GmbH den Anstellungsvertrag genehmigt.

Expertenrat: In Fällen von Drittanstellungsverhältnissen sollte der Geschäftsführer auf eine schriftliche Genehmigung bzw. Zustimmung durch die Gesellschaft drängen.

---

d) Inhalt des Anstellungsvertrages

Der Inhalt des Anstellungsvertrages kann frei verhandelt werden. Gesetzliche Anforderungen an den Inhalt sind daher kaum zu finden. Vorrangige Aufgabe des Geschäftsführers ist es, die GmbH zu vertreten. Aus diesem Grund schuldet er der GmbH seine gesamte Arbeitskraft. Das Arbeitszeitgesetz findet auf den

Geschäftsführer keine Anwendung, so dass er an feste Arbeitszeiten nicht gebunden ist. Als Leiter der Gesellschaft schuldet er grundsätzlich nur die Tätigkeit als Geschäftsführer und keine Arbeitnehmertätigkeiten, sofern keine anderweitige Regelung mit der Gesellschaft getroffen wurde. Aufgaben als Arbeitnehmer muss er nicht wahrnehmen.

In aller Regel ist der Dienstort im Anstellungsvertrag nicht geregelt. Zur ordnungsgemäßen Geschäftsführung gehört es, dass der Geschäftsführer seine Tätigkeit nicht nur am Sitz der Gesellschaft ausübt, sondern überall dort, wo die Gesellschaft geschäftlich tätig wird. Dies gilt insbesondere bei Zweigniederlassungen.

Regelmäßig finden sich in Anstellungsverträgen Regelungen dazu, welche Leistungen der Geschäftsführer für die Gesellschaft erbringen muss. Da die Befugnis zur Vertretung der Gesellschaft im Außenverhältnis, d.h. gegenüber Dritten nicht beschränkbar ist, wird häufig im Rahmen des Anstellungsverhältnis genau geregelt, welche Geschäfte des Geschäftsführers der Zustimmung der Gesellschafterversammlung bedürfen. Die unbeschränkte Vertretungsbefugnis kann somit im Innenverhältnis, also zwischen Geschäftsführer und GmbH beschränkt werden.

Nachfolgende Beispiele werden häufig als zustimmungspflichtige Geschäfte in Anstellungsverträgen geregelt:

Der Geschäftsführer bedarf zu allen Maßnahmen und Geschäften, die über den gewöhnlichen Geschäftsbetrieb der Gesellschaft hinausgehen oder mit denen ein außergewöhnliches wirtschaftliches Risiko verbunden ist, der vorherigen Zustimmung der Gesellschafterversammlung. Zustimmungsbedürftige Geschäfte und Maßnahmen sind insbesondere:
– Geschäfte über ..... EUR
– Erwerb und Veräußerung, Pacht und Verpachtung von Unternehmen jeglicher Art oder Teilen davon und Beteiligung an anderen Unternehmen
– Errichtung oder Aufgabe von Tochtergesellschaften, Zweigniederlassungen und Betriebsteilen im In- und Ausland
– Belastung von Grundstücken und grundstücksgleichen Rechten
– Rechtsgeschäfte über den Erwerb und die Veräußerung von Grundstücken
– Abschluss, Beendigung und Änderung von Miet- und Pachtverträgen mit einer Laufzeit von mehr als ..... Jahren oder mit einer Kündigungsfrist von mehr als ..... Monaten

- Eingehung von Wechselverbindlichkeiten und Übernahme von Bürgschaftsverpflichtungen sowie Abgabe von Garantieerklärungen und sonstigen Sicherheiten, soweit nicht für einen bestimmten geschäftlichen Vorgang im Rahmen des gewöhnlichen Geschäftsbetriebs erforderlich
- Aufnahme neuer oder Aufgabe bestehender Geschäftszweige/Produktlinien.

Findet sich im Anstellungsvertrag kein Katalog mit zustimmungspflichtigen Geschäften, so ist der Geschäftsführer grundsätzlich nicht verpflichtet, vor Abschluss der Geschäfte die Zustimmung der Gesellschafterversammlung einzuholen. Dies gilt selbst dann, wenn in der Satzung der Gesellschaft ein Zustimmungsvorbehalt geregelt ist. Zwar haben die gesellschaftsrechtlichen Regelungen grundsätzlich Vorrang, jedoch kann es nicht zulasten des Geschäftsführers gehen, wenn er diese Regelung nicht kennt. Ausnahmsweise sind Gesellschafter-Geschäftsführer an einen in der Satzung geregelten Zustimmungskatalog gebunden, da sie als Gesellschafter die Satzung der GmbH kennen.

> **Expertenrat:** Der Geschäftsführeranstellungsvertrag sollte strikt mit der Satzung abgestimmt werden. Insbesondere bei zustimmungspflichtigen Geschäften sollte der Geschäftsführer wissen, bei welchen Rechtsgeschäften es der Zustimmung der Gesellschafterversammlung bedarf. Der Geschäftsführer sollte selbstständig die Übereinstimmung seines Anstellungsvertrages mit der Satzung prüfen und sich ein Exemplar der Satzung aushändigen lassen. Da die Satzung beim Handelsregister hinterlegt werden muss, wird sich die Gesellschaft nicht weigern können, ihm ein solches Exemplar auszuhändigen.

aa) Nebentätigkeit und Geheimhaltung

Grundsätzlich darf der Geschäftsführer Nebentätigkeiten ausüben, wenn im Anstellungsvertrag nichts anderes vereinbart ist und er seine sonstigen Rechte und Pflichten, insbesondere ein vertragliches Wettbewerbsverbot, dadurch nicht verletzt.

Im Gegensatz zu Arbeitnehmern, welche Anspruch auf eine Genehmigung einer Nebentätigkeit haben, kann im Geschäftsführeranstellungsvertrag jedoch ein Verbot von sämtlichen Nebentätigkeiten aufgenommen werden. Regelmäßig finden sich in Anstellungsverträgen Vereinbarungen, dass Nebentätigkeiten der vorherigen Zustimmung durch die Gesellschafterversammlung bedürfen.

Ein Beispiel könnte wie folgt lauten:

Eine entgeltliche oder unentgeltliche Nebentätigkeit bedarf der vorherigen Zustimmung der Gesellschafterversammlung. Eine erteilte Zustimmung kann unter Beachtung etwaiger vom Geschäftsführer zu beachtender Kündigungsfristen jederzeit widerrufen werden.

Der Geschäftsführer muss allerdings aufpassen, dass er im Rahmen seiner Nebentätigkeit keine Betriebs- und Geschäftsgeheimnisse verrät. Denn aus § 85 GmbHG folgt, dass er sich strafbar macht, wenn er Geheimnisse der Gesellschaft, namentlich Betriebs- und Geschäftsgeheimnisse, die ihm in seiner Eigenschaft als Geschäftsführer bekannt werden, unbefugt offenbart. Darüber hinaus wird in Anstellungsverträgen regelmäßig vereinbart, dass der Geschäftsführer auch nach Beendigung des Anstellungsverhältnisses verpflichtet ist, strengstens Stillschweigen über die ihm während seiner Tätigkeit für die Gesellschaft bekannt gewordenen Betriebs- und Geschäftsgeheimnisse und alle anderen Angelegenheiten erkennbar vertraulicher Art zu bewahren und dafür Sorge zu tragen, dass solche Geheimnisse Dritten nicht bekannt werden. Aus dieser Geheimhaltungspflicht und der allgemeinen Treuepflicht wird geschlossen, dass der Geschäftsführer bei Beendigung seines Anstellungsverhältnisses verpflichtet ist, sämtliche in seinem Besitz befindlichen Unterlagen der Gesellschaft herauszugeben. Auch hierzu finden sich regelmäßig klarstellende Regelungen im Anstellungsvertrag.

Eine entsprechende Formulierung findet sich in dem als Anhang beigefügten **Muster- Anstellungsvertrag** (S. 185 ff.).

bb) Wettbewerbsverbot

Aus der Treuepflicht des Geschäftsführers gegenüber der Gesellschaft wird geschlossen, dass er während der Dauer seines Anstellungsverhältnisses einem Wettbewerbsverbot unterliegt. Zum Schutz der Gesellschaft wird das Wettbewerbsverbot sehr weit gefasst. Streit könnte allerdings darüber bestehen, was unter

„Wettbewerb" zu verstehen ist, weshalb sich die Reichweite des Wettbewerbsverbots nach dem Unternehmensgegenstand der Gesellschaft richtet. Zur Klarstellung finden sich daher in Anstellungsverträgen regelmäßig entsprechende Regelungen, die dem Geschäftsführer während der Dauer seines Anstellungsverhältnisses untersagen, auf Geschäftsfeldern der Gesellschaft oder mit ihr verbundenen Unternehmen in Wettbewerb zu treten oder Wettbewerb in irgendeiner Weise zu fördern.

Das Wettbewerbsverbot sollte auch bei Einmann-GmbHs streng beachtet werden, da nicht auszuschließen ist, dass im Fall einer Insolvenz der GmbH der Insolvenzverwalter Schadensersatzansprüche gegen den Geschäftsführer wegen Verstoßes gegen das Wettbewerbsverbot prüft und bei Vorliegen eines Verstoßes geltend macht.

Das Wettbewerbsverbot endet mit der Beendigung des Anstellungsverhältnisses. Nicht selten sind daher in Anstellungsverträgen Vereinbarungen über ein nachvertragliches Wettbewerbsverbot zu finden, da rechtlich umstritten ist, ob die §§ 74 ff. HGB, welche die rechtlichen Grenzen eines nachvertraglichen Wettbewerbsverbots aufzeigen, für Geschäftsführer entsprechend anwendbar sind.

Ein nachvertragliches Wettbewerbsverbot ist allerdings gem. § 138 BGB dann sittenwidrig und somit einzuschränken, sofern kein berechtigtes Schutzinteresse des Unternehmens besteht und das Wettbewerbsverbot **örtlich, zeitlich** und nach dem Gegenstand nicht **einschränkt** wird. Fehlen derartige Einschränkungen, so ist von einer grundsätzlichen Sittenwidrigkeit des Wettbewerbsverbots auszugehen. Der Geschäftsführer darf durch ein nachvertragliches Wettbewerbsverbot in seinem beruflichen Fortkommen nicht unangemessen beeinträchtigt werden. In aller Regel werden nachvertragliche Wettbewerbsverbote zeitlich für die Dauer von zwei Jahren und räumlich auf ein bestimmtes Gebiet beschränkt. Eine unangemessene Benachteiligung zulasten des Geschäftsführers liegt dann vor, wenn das nachvertragliche Wettbewerbsverbot zu einem vollständigen Tätigkeitsverbot führt und sog. Kunden- bzw. Mandantenschutzklauseln nicht zum gewünschten Schutz der Gesellschaft ausreichen.

Umstritten ist auch, ob dem ausscheidenden Geschäftsführer für die Einhaltung des nachvertraglichen Wettbewerbverbots eine **Karenzentschädigung** bezahlt werden muss. Hierfür spricht, dass der Geschäftsführer beim Ausscheiden völlig einkommenslos ist und aufgrund des Wettbewerbsverbots an der Verwertung seiner erworbenen fachspezifischen Kenntnisse gehindert ist. Für den Fall, dass die Gesellschaft eine Karenzentschädigung zahlen muss, muss darauf geachtet werden, dass etwaige Zahlungen Dritter, welche der Geschäftsführer nach seinem Ausscheiden erhält, hierauf Anrechnung finden. Dies ist allerdings nur dann der Fall, sofern eine ausdrückliche vertragliche Anrechnungsregelung getroffen wird, da nach Auffassung des Bundesgerichtshofs eine gesetzliche Anrechnungsregelung (§ 74 c HGB) fehlt.

Beispiel für eine nachvertragliche Wettbewerbsvereinbarung:

1. Der Geschäftsführer verpflichtet sich, für die Dauer von zwei Jahren nach Beendigung des Anstellungsvertrages in Deutschland nicht für ein Unternehmen tätig zu werden, das mit der Gesellschaft oder einem mit ihr verbundenen Unternehmen in Wettbewerb steht (Konkurrenzunternehmen). Unzulässig ist auch eine freiberufliche oder beratende Tätigkeit für ein Konkurrenzunternehmen oder die Beteiligung an einem Konkurrenzunternehmen.

2. Die Gesellschaft bezahlt dem Geschäftsführer für die Dauer des Wettbewerbsverbots eine Entschädigung in Höhe von 50 % des zuletzt bezogenen Monatsgehaltes. Auf die Entschädigung werden Einkünfte angerechnet, die der Geschäftsführer während der Dauer des Wettbewerbsverbots durch anderweitige Verwendung seiner Arbeitskraft bezieht, soweit die Einkünfte und die Entschädigung das zuletzt bezogene Monatsgehalt übersteigen würden.

3. Die Gesellschaft kann jederzeit auf das Wettbewerbsverbot verzichten, mit der Folge, dass sie nach Ablauf der Frist von der Zahlung der Entschädigung befreit ist.

4. Der Geschäftsführer verpflichtet sich, für jeden Fall der Verletzung des Wettbewerbsverbots eine Vertragsstrafe in Höhe eines dreifachen Monatsbetrags der zuletzt bezogenen Vergütung zu bezahlen. Bei Fortsetzung der Zuwiderhandlung trotz Abmahnung wird die Vertragsstrafe für jeden Monat der Zuwiderhandlung geschuldet. Die Ansprüche auf Unterlassung und die Geltendmachung eines weitergehenden Schadens bleiben hiervon unberührt.

Ohne die Vereinbarung eines nachvertraglichen Wettbewerbsverbots unterliegt der Geschäftsführer nach Beendigung seines Anstellungsverhältnisses keinem Wettbewerbsverbot.

cc) Vergütungspflicht, Tantiemeregelung bei Gesellschafter-Geschäftsführern

Es wird sich wohl kaum ein Geschäftsführer finden lassen, der seine Leistungen nicht gegen Bezahlung einer angemessenen Vergütung erbringt. Die Höhe der Vergütung ist selbstverständlich frei vereinbar. Fehlt eine entsprechende Absprache, so ist die übliche bzw. eine angemessene Vergütung geschuldet (§ 612 Abs. 2 BGB).

Bei Gesellschafter-Geschäftsführern muss darauf geachtet werden, dass die Bezüge eine angemessene und nicht überzogene Höhe annehmen, da ansonsten die Finanzverwaltung vom Vorliegen einer so genannten „verdeckten Gewinnausschüttung" ausgehen kann. Die Folge hieraus ist, dass die GmbH die Vergütung für den Geschäftsführer steuerlich nicht als Aufwand absetzen kann. Aus diesem Grund werden regelmäßig Vergütungslisten erstellt (so etwa die Vergütungsstudie der Kienbaum Unternehmensberatung). Aber selbst anhand dieser Vergütungslisten kann nicht immer zweifelsfrei festgestellt werden, ob die bezahlte Vergütung angemessen ist oder ob sie eine verdeckte Gewinnausschüttung darstellt.

Insbesondere unterliegen Tantiemevereinbarungen der besonderen steuerlichen Überprüfung, da von der Steuerverwaltung befürchtet wird, dass durch derartige vertragliche Gestaltungen der Gewinn der Gesellschaft in steuerlich unzulässiger Art und Weise abgeführt wird. Auf der Grundlage der Rechtsprechung des Bundesfinanzhofs wurden von der Finanzverwaltung mit BMF-Schreiben vom 1. Februar 2002 Kriterien für die Bewertung der Angemessenheit der Bezüge festgelegt.

Grundvoraussetzung dafür, dass überhaupt in die Angemessenheitsprüfung eingetreten wird ist, dass die getroffene Tantiemeregelung schriftlich, im Voraus und eindeutig zwischen der Gesellschaft und dem Geschäftsführer vereinbart wurde. Ist diese Hürde überwunden, wird die Tantiemeregelung nur dann als angemessen angesehen, wenn der variable Anteil nicht höher als 25% der Gesamtvergütung ist. Nur bei Vorliegen von besonderen Gründen, welche die Gesellschaft sachlich zu begründen hat, werden auch variable Vergütungsanteile, die über der 25%-Grenze liegen, als angemessen betrachtet.

Grundsätzlich werden sog. Nur-Tantiemeregelungen, also Regelungen bei welchen der Geschäftsführer auf eine Festvergütung verzichtet und sich lediglich eine reine Gewinntantieme auszahlen lässt, als unangemessen betrachtet. Die Auszahlungen werden dann steuerlich wie verdeckte Gewinnausschüttungen behandelt. Derartige Regelungen werden nur ausnahmsweise als zulässig betrachtet. So etwa in Aufbau- und Umstrukturierungsphasen der Gesellschaft.

Tantiemeregelungen, die an den Umsatz geknüpft werden, sog. „Umsatztantiemen", sind kritisch zu betrachten und nur dann anzuraten, wenn eine gewinnabhängige Tantiemeregelung im Einzelfall aus betrieblichen Gründen nicht durchgeführt werden kann. Von der Umsatztantieme sind die so genannten Gewinntantiemen zu unterscheiden. Sofern diese an den Gewinn als Bezugsgröße anknüpfen, so läuft der geschäftsführende Gesellschafter eine geringere Gefahr, dass eine verdeckte Gewinnausschüttung vorliegt. Allerdings muss auch hier eine schriftliche, im Voraus und eindeutig getroffene Tantiemeregelung getroffen worden sein, wobei hinsichtlich der Eindeutigkeit eine feste Bezugsgröße vereinbart worden sein muss. So sollte insbesondere klargestellt werden, ob sich die Höhe der Tantieme nach dem Jahresüberschuss, dem Bilanzgewinn oder dem Ergebnis der gewöhnlichen Geschäftstätigkeit richtet. Sofern eine genaue Regelung fehlt, muss wohl auf die Handelsbilanz abgestellt werden.

dd) Anpassungsklauseln und sonstige Leistungen

Unabhängig davon, ob der Geschäftsführer und auch die Gesellschaft einer Treuepflicht unterliegen und somit auch bei Fehlen einer vertraglichen Gehaltsanpassungsklausel die Bezüge des Geschäftsführers erhöht bzw. gekürzt werden können, kann im Anstellungsvertrag eine Anpassungsklausel aufgenommen werden. Hierzu bietet es sich an, auf den für den Betrieb geltenden Tarifvertrag Bezug zu nehmen und das Gehalt dementsprechend anzupassen. Die Kürzung des Gehalts ergibt sich aus einer entsprechenden Anwendung von § 87 Abs. 2 AktG, nach welcher bei einer wesentlichen Verschlechterung der Verhältnisse der Gesellschaft der Geschäftsführer entsprechend verpflichtet ist, einer Herabsetzung seiner Vergütung zuzustimmen.

Da auf den Geschäftsführer das Entgeltfortzahlungsgesetz keine unmittelbare Anwendung findet, sollte eine entsprechende vertragliche Regelung aufgenommen werden, wonach in Fällen vorübergehender und unverschuldeter Arbeitsverhinderung, insbesondere bei Krankheit, die Vergütung weiterbezahlt wird.

Beispiel für eine entsprechende Regelung: In Fällen vorübergehender und unverschuldeter Arbeitsverhinderung, insbesondere bei Krankheit, erhält der Geschäftsführer seine Festvergütung für die Dauer von X Wochen/Monaten – längstens jedoch bis zum Ende des Anstellungsvertrags – fortgezahlt. Das Recht zur Nutzung des Dienstwagens bleibt in diesen Fällen unberührt. Dauert die Verhinderung länger als X Wochen/Monate, wird die Tantieme ab diesem Zeitpunkt um 1/12 für jeden weiteren vollen Kalendermonat gekürzt. Auf die Vergütung gem. Satz 1 muss sich der Geschäftsführer dasjenige anrechnen lassen, was er für die Dauer seiner Verhinderung von gesetzlichen oder privaten Krankenversicherungen erhält. Der Geschäftsführer tritt im Fall einer Verletzung durch Dritte sämtliche Ansprüche gegen den Verursacher seiner Dienstunfähigkeit bis zur Höhe der nach diesem Vertrag von der Gesellschaft geschuldeten Vergütungsfortzahlung einschließlich darauf entfallender Sozialversicherungsleistungen ab.

Neben der Vergütung erhält der Geschäftsführer oft zusätzliche Nebenleistungen. So ist an eine weitere Geldzahlung (z. B. Weihnachtsgeld, Urlaubsgeld, Vermögensverwirksame Leistungen), das Zurverfügungstellen eines Dienstwagens, einer Dienstwohnung oder die Gewährung von diversen Versicherungen zu denken.

In der Praxis wird den Geschäftsführern regelmäßig ein Dienstwagen zur Verfügung gestellt. Dies geschieht nicht nur zu Repräsentationszwecken, sondern auch deshalb, weil der Geschäftsführer seine Dienste nicht nur am Sitz der Gesellschaft erbringen muss. Wie bereits oben aufgezeigt, ist der Geschäftsführer hierzu verpflichtet.

Nicht selten kommt es vor, dass außerhalb des Arbeitsvertrages ein ausführlicher Dienstwagennutzungsvertrag geschlossen wird.

In diesem werden Fragen, wie z. B. die ausschließliche geschäftliche Nutzung, oder auch das Recht zur privaten Nutzung, zur Nutzung durch Familienangehörige, zu Fragen, ob das Fahrzeug auch im Ausland genutzt werden kann, etc. getroffen. Regelmäßig finden sich auch Regelungen dazu, wie im Fall der Beendigung des Anstellungsverhältnisses mit dem Dienstwagen zu verfahren ist. Wird keine eindeutige Regelung dahin gehend getroffen, dass der Dienstwagen bereits bei Ausspruch der Kündigung zurückgegeben werden muss, so kann der GmbH-Geschäftsführer den Dienstwagen bis zur rechtlichen Beendigung des Dienstverhältnisses, somit bis zur Wirksamkeit der Kündigung bzw. bis zum Ablauf der Kündigungsfrist weiter nutzen.

Sofern der Dienstwagen vom Geschäftsführer auch für private Fahrten genutzt werden kann, so muss er den geldwerten Vorteil versteuern. Hierzu stehen ihm zwei Möglichkeiten zur Verfügung:

Er kann ein **Fahrtenbuch** führen und die privat gefahrenen Kilometer abrechnen. Anhand zahlreicher finanzgerichtlicher Urteile ist nachgewiesen, dass die Führung eines ordentlichen, von der Finanzverwaltung anerkannten Fahrtenbuches außerordentlich schwierig ist. Sollte dem Geschäftsführer dies trotzdem gelingen, so muss er die auf die privaten Fahrten entfallenden anteiligen Gesamtkosten als geldwerten Vorteil versteuern.

Ferner bleibt dem Geschäftsführer die Möglichkeit, die so genannte **Ein-Prozent-Regelung** zu wählen. Hiernach wird die private Nutzung des Pkws monatlich pauschal mit 1% vom ursprünglichen Bruttolistenpreis zzgl. Sonderausstattung als geldwerter Vorteil angesetzt. Hinzu kommen die Fahrten zwischen Wohnung und Arbeitsstätte, welche mit 0,03% des Listenpreises für jeden Kilometer zwischen der Wohnung des Geschäftsführers und seiner Arbeitsstätte als geldwerter Vorteil angesetzt werden. (§ 6 Abs. 1 Nr. 4 EStG, Abschnitt 31 Abs. 9 Nr. 1 LStR).

Selbst für den Fall, dass im Anstellungsvertrag die private Nutzung des Pkw ausgeschlossen ist, wird dies steuerrechtlich nur in Ausnahmefällen anerkannt. Das ist dann der Fall, wenn die GmbH die Einhaltung des privaten Nutzungsverbots überwacht und wenn wegen besonderer Umstände die private Nutzung so gut wie ausgeschlossen ist. Nach der Rechtsprechung des BFH (Beschluss vom 14. 5. 1999 – VI B 258 – 98 NV) muss jedoch nach allgemeiner Lebenserfahrung davon ausgegangen werden, dass der Dienstwagen immer auch zu privaten Zwecken genutzt wird. Auch bei der Überlassung eines Dienstwagens an den Gesellschaftergeschäftsführer ist wie bei einer Tantiemeregelung darauf zu achten, dass die Überlassung vertraglich vorher eindeutig vereinbart wurde und angemessen ist, da ansonsten die Gefahr besteht, dass eine verdeckte Gewinnausschüttung vorliegt.

Regelmäßig finden sich in Arbeitsverträgen auch Vereinbarungen zur Nutzung von betrieblichen PCs oder Handys. Sofern es sich dabei um betriebliche Geräte handelt, also solche, die von der GmbH für ihr Unternehmen gekauft wurden, ist die private Nutzung gem. § 3 Nr. 45 EStG von der Steuer befreit. Unabhängig vom Verhältnis zwischen privater und geschäftlicher Nutzung muss der GmbH-Geschäftsführer hierauf keine Steuern bezahlen.

Im Anhang findet sich ein **Muster** eines gängigen **Dienstwagenüberlassungsvertrags.**

Wie bereits oben aufgezeigt findet das Bundesurlaubsgesetz gem. § 2 BUrlG auf den Geschäftsführer keine Anwendung. Dies bedeutet allerdings nicht, dass dem Geschäftsführer kein **Urlaub** zu gewähren ist, da auch die Gesellschaft eine Treue- und Fürsorgepflicht gegenüber dem Geschäftsführer hat. Er hat einen Anspruch auf angemessenen Erholungsurlaub. Zur Streitvermeidung sollte jedoch eine eindeutige Regelung in den Anstellungsvertrag mit aufgenommen werden.

Beispiel für eine entsprechende Regelung: Dem Geschäftsführer steht ein jährlicher Erholungsurlaub von 30 Tagen zu. Der Urlaub ist in Abstimmung mit den anderen Geschäftsführern zu nehmen. Kann der Geschäftsführer aus geschäftlichen Gründen den Urlaub im laufenden Jahr nicht oder nicht vollständig nehmen, so kann der Urlaub bis zum 31. März des Folgejahres übertragen werden. Urlaub, der bis zu dem Ende des Übertragungszeitraums nicht genommen wurde, verfällt, ohne dass ein Abgeltungsanspruch besteht. Besteht das Anstellungsverhältnis nicht das gesamte Kalenderjahr, so reduziert sich der Urlaubsanspruch nach Satz 1 pro rata temporis. Kann der Urlaub wegen der Beendigung des Anstellungsverhältnisses nicht oder nicht vollständig gewährt werden, ist er abzugelten.

Der Geschäftsführer hat ein nicht unerhebliches Haftungsrisiko. Zur Vermeidung der Haftungsinanspruchnahme kann der Geschäftsführer daher eine so genannte **D&O- (Directors & Officers) Vermögensschadenhaftpflichtversicherung** abschließen. Die Haftung des Geschäftsführers besteht nicht nur durch die Gefahr der Inanspruchnahme durch Dritte, sondern unter Umständen auch durch die Haftungsinanspruchnahme durch die Gesellschaft selbst. Die D&O-Versicherung bietet Schutz vor beidem. In aller Regel ist Versicherungsnehmer die Gesellschaft und die versicherte Person der Geschäftsführer. Dies setzt allerdings zwingend voraus, dass die Gesellschaft den Vertrag für den Geschäftsführer abschließt. Die D&O-Versicherung funktioniert nach dem so genannten Anspruchserhebungsprinzip. Dies bedeutet, dass die Versicherung nur dann eintritt, wenn Ansprüche für Verstöße auch während der Vertragslaufzeit schriftlich geltend gemacht werden.

> **Expertenrat:** Jeder Geschäftsführer sollte bereits im Anstellungsvertrag vereinbaren, dass für ihn eine D&O-Versicherung abgeschlossen wird. Da Versicherungsnehmer die Gesellschaft ist und somit diese den Vertrag abschließt, sollte der Geschäftsführer sich eine Kopie des Versicherungsvertrages vorlegen lassen.

Der Versicherungszeitraum sollte besonders sorgfältig geprüft werden, da es auch möglich ist, sog. Rückwärtsversicherungen abzuschließen. Hierdurch sind auch in der Vergangenheit liegende Verstöße versicherbar, sofern dem Versicherungsnehmer oder Versicherten bis zum Abschluss der Versicherung die Verstöße nicht bekannt sind bzw. solche nicht geltend gemacht wurden. Da es sich bei der D&O-Versicherung um eine Vermögensschadenversicherung handelt, wird die Regulierung von reinen Personen- oder Sachschäden nicht erfasst.

Die steuerliche Behandlung der Prämien für die D&O-Versicherung war lange Zeit umstritten. Früher wurde regelmäßig davon ausgegangen, dass die Prämie, welche die Gesellschaft für die D&O-Versicherung bezahlt, dem Geschäftsführer als steuerpflichtiger Arbeitslohn zuzurechnen ist. Nach nunmehr geltender Auffassung stellen die Prämien keine lohn- bzw. einkommenssteuerliche Vergütung des Geschäftsführers dar, da die Versicherung auch im eigenen wirtschaftlichen Interesse des Unternehmens abgeschlossen wird. Dies folgt aus einem Schreiben des Bundesfinanzministeriums vom 24. Januar 2002. Die Beiträge und Prämien können von der Gesellschaft als Aufwendungen steuerlich abgesetzt werden. Der Geschäftsführer muss die für ihn abgeschlossene Versicherung nicht als Einnahme versteuern. Etwas anderes gilt dann, wenn der Geschäftsführer den Versicherungsvertrag selbst abschließt und die Prämien bezahlt, die ihm unter Umständen von der Gesellschaft erstattet werden. Die Versicherung wird dann aus Eigeninteresse abgeschlossen. Da der Geschäftsführer keinen Anspruch auf Abschluss einer Versicherung hat, sind Fallkonstellationen, in welchen er selbst eine Versicherung abschließt, nicht selten.

4. Die Sozialversicherungspflicht des Geschäftsführers

Fraglich ist, ob der Geschäftsführer sozialversicherungspflichtig ist. Das Vorliegen der Versicherungspflicht hat weit reichende Konsequenzen, da im Fall der Sozialversicherungspflicht Beiträge zur Kranken-, Pflege-, Renten-, Unfall- und Arbeitslosenversicherung bezahlt werden müssen.

Wie bereits oben aufgezeigt, ist der Geschäftsführer kein Arbeitnehmer. Das Sozialversicherungsrecht orientiert sich jedoch nicht an dem Begriff des „Arbeitnehmers", sondern an dem Begriff des „Beschäftigten". Beide Begriffe müssen strikt getrennt werden. Der Geschäftsführer kann auch dann, wenn er kein Arbeitnehmer ist, sozialversicherungspflichtiger Beschäftigter der GmbH sein. Ist dies der Fall, so muss er in die gesetzliche Rentenversicherung einbezahlen.

Maßgebliches Kriterium zur Beurteilung der Frage ist die Feststellung, ob der Geschäftsführer seine Tätigkeit selbstständig oder weisungsgebunden ausübt. Da die Gesellschafterversammlung auf den Geschäftsführer Einfluss nehmen und ihm Weisungen erteilen kann (§§ 37 Abs. 1, 46 GmbHG), reicht dies bei einem Fremdgeschäftsführer regelmäßig dazu aus, um eine weisungsgebundene

Tätigkeit und somit eine Sozialversicherungspflicht anzunehmen.

Die Beurteilung bei einem Gesellschafter-Geschäftsführer ist nicht einfach und muss anhand der Weisungsabhängigkeit beurteilt werden. Sofern der Geschäftsführer mit mindestens 50% an der Gesellschaft beteiligt ist, wird regelmäßig nicht vom Vorliegen eines Beschäftigungsverhältnisses im sozialversicherungsrechtlichen Sinn ausgegangen, so dass keine Sozialversicherungspflicht besteht.

Leider wird dieses Kriterium von der Rechtsprechung nicht immer strikt durchgehalten. So führt nach einem Urteil des Bundessozialgerichts auch die 100%ige Beteiligung an der Gesellschaft zu einer sozialversicherungspflichtigen Tätigkeit, wenn dem Gesellschafter-Geschäftsführer die erforderliche Sachkenntnis fehlt und er vom früheren Gesellschafter-Geschäftsführer bei der Leitung des Unternehmens unterstützt wird.

Auch in Fällen, in welchen der Geschäftsführer überhaupt nicht am Stammkapital beteiligt ist, kann eine nicht sozialversicherungspflichtige Tätigkeit vorliegen, sofern der Anstellungsvertrag derart konzipiert ist, dass der Geschäftsführer seine Tätigkeit frei und ohne ein Weisungsrecht der Gesellschaft ausüben kann.

Auch die Regelungen zur Vergütung können Rückschlüsse auf das Vorliegen eines sozialversicherungspflichtigen Beschäftigungsverhältnisses zulassen. So sprechen Zusagen wie Weihnachtsgeld oder die Vergütung von Überstunden und Urlaubsgeld eher für ein abhängiges Beschäftigungsverhältnis. Die Vereinbarung einer Tantieme spricht dagegen eher für eine selbstständige Tätigkeit. Die Regelungen im Geschäftsführeranstellungsvertrag können jedoch nur zur ergänzenden Bewertung herangezogen werden.

Selbst wenn der Geschäftsführer mit weniger als 50% am Gesellschaftskapital beteiligt ist, spricht dies nicht in allen Fällen für das Vorliegen eines sozialversicherungspflichtigen Beschäftigungsverhältnisses. Kann der Gesellschafter-Geschäftsführer aufgrund der Regelung im Gesellschaftsvertrag - auch ohne dass er über eine Stimmmehrheit verfügt - auf die Geschicke der Gesellschaft Einfluss nehmen, z. B. dadurch, dass ihm besondere Rechte eingeräumt wurden, so kann nach der Rechtsprechung des Bundessozialgerichts eine weisungsfreie Tätigkeit vorliegen. Auch in Fällen, in welchen der Geschäftsführer über eine besondere Sachkenntnis verfügt, kann es an einem sozialversicherungspflichtigen Beschäftigungsverhältnis fehlen. Insbesondere bei Familiengesellschaften kann dies der Fall sein.

Da die Frage der Sozialversicherungspflicht anhand eines jeden Einzelfalls geprüft werden muss, besteht seit dem 1. Januar 2005 gem. § 7a Abs. 1 S. 2 SGB IV ein obligatorisches Prüfungsverfahren durch die Deutsche Rentenversicherung – Bund. Die Gesellschaft ist verpflichtet, die entsprechenden Angaben gegenüber der Versicherungsanstalt zu machen. Das Statusfeststellungsverfahren erfolgt dann auf Antrag, wenn Zweifel an der sozialversicherungsrechtlichen Einordnung bestehen. Es ist nur zulässig, solange bei Antragstellung noch kein anderer Träger der Sozialversicherung (z.B. Krankenkassen) Ermittlungen in Gang gesetzt hat und das maßgebliche Vertragsverhältnis noch besteht.

Eine Prüfung von Amts wegen erfolgt nur in den Fällen, in welchen der Arbeitgeber Anmeldungen nach § 28a SGB IV für Ehegatten oder geschäftsführende Gesellschafter einer GmbH vornimmt.

Der Vorteil des Statusfeststellungsverfahrens gegenüber dem Feststellungsverfahren der Einzugsstelle gem. § 28h SGB IV ist, dass die Beitragspflicht erst ab dem Zeitpunkt der Feststellung und nicht schon seit tatsächlicher Beschäftigung eingreift. Der Bescheid nach § 7a SGB IV sollte der zuständigen Krankenkasse zugeleitet werden, da ansonsten ihr gegenüber keine Bindungswirkung besteht. Entgegen den Krankenkassen haben die Finanzbehörden ein eigenes Prüfungsrecht, wenn die Entscheidungen der Einzugstelle zu begründeten Zweifeln Anlass geben. Zu Unrecht bezahlte Arbeitgeberanteile zur Sozialversicherung wären dann nicht nach § 3 Nr. 62 EStG steuerfrei.

Die Auskunft kann auch noch nach geraumer Zeit wichtig sein, da nach § 26 Abs. 2 SGB IV ein Anspruch auf Erstattung der bereits bezahlten Beträge besteht, sofern keine Versicherungsleistungen in Anspruch genommen wurden.

Im Internet kann der

- **„Feststellungsbogen zur versicherungsrechtlichen Beurteilung eines Gesellschafter-Geschäftsführers"** unter www.deutsche-rentenversicherung-bund.de/nn_10922/SharedDocs/de/Inhalt/04_Formulare_Publikationen/01_formulare/01_versicherung/C3001.html sowie die
- **„Entscheidungshilfe zur versicherungsrechtlichen Beurteilung von Gesellschafter-Geschäftsführern einer GmbH und mitarbeitenden Gesellschaftern einer GmbH"** unter www.deutsche-rentenversicherung-bund.de/nn_7130/sid_863AEF211FA20CB76144D3CAD1351884/SharedDocs/de/Inhalt/02_Rente/02_vor_der_rente/03_statusfeststellung/anlage3_1_entscheidungshilfe_gesellschafter_gesch_C3_A4ftsf_C3_BCrer_pdf.html

heruntergeladen werden.

> **Expertenrat:** Zum Schutz des Geschäftsführers sollte im Anstellungsvertrag eine Regelung aufgenommen werden, wonach die GmbH verpflichtet ist, die Beiträge zu bezahlen, wenn eine Sozialversicherungspflicht festgestellt wird. Insbesondere bei beherrschenden Gesellschafter-Geschäftsführern sollte die Regelung von vornherein klar und eindeutig getroffen werden, da ansonsten eine verdeckte Gewinnausschüttung vorliegen kann.

Aus dem Bestehen eines sozialversicherungspflichtigen Beschäftigungsverhältnisses folgt, dass Beiträge zur Arbeitslosenversicherung, Rentenversicherung, gesetzlichen Krankenversicherung, Pflege- und Unfallversicherung bezahlt werden müssen. Allerdings dürfte regelmäßig eine Versicherungsfreiheit in der gesetzlichen Krankenkasse bestehen, da gem. § 6 Abs. 1 Nr. 1 SGB IV keine Zwangsmitgliedschaft in der gesetzlichen Krankenkasse besteht, wenn das Jahresgehalt des Geschäftsführers 75% der Beitragsbemessungsgrenze in der Rentenversicherung übersteigt. Diese beläuft sich derzeit auf 5.400,00 EUR.

Die Arbeitgeberanteile zur Sozialversicherung sind nach § 3 Nr. 62 EStG steuerfrei.

Besteht kein sozialversicherungspflichtiges Beschäftigungsverhältnis, wie z.B. beim beherrschenden Gesellschafter-Geschäftsführer, so kann der Geschäftsführer einen Sonderausgaben-Vorwegabzug nach § 10 Abs. 3 EStG vornehmen. Hierdurch soll eine Gleichstellung zwischen selbstständig tätigen Steuerpflichtigen, welche ihre Altersvorsorge aus versteuertem Einkommen bezahlen müssen, und nicht selbstständig tätigen Steuerpflichtigen, bei welchen die Leistungen zur Altersvorsorge durch den Arbeitgeber bezahlt werden, erreicht werden.

5. Die Altersvorsorge des Geschäftsführers

Zusätzlich zum laufenden Gehalt sollte jeder Anstellungsvertrag eine Regelung bezüglich der Altersvorsorge des Geschäftsführers enthalten. In der Praxis werden deshalb oft Regelungen vereinbart, wonach selbst sozialversicherungspflichtige Geschäftsführer, welche verpflichtet sind, in die gesetzliche Rentenversicherung einzubezahlen, eine betriebliche Altersvorsorge erhalten.

Neben der gesetzlichen Rentenversicherung und der Förderung nach dem Altersvermögensgesetz für sozialversicherungspflichtige Geschäftsführer besteht die Möglichkeit, dass dem Geschäftsführer von der GmbH eine Pensionszusage oder eine Direktversicherung erteilt wird. Hierbei handelt es sich um freiwillige Leistungen der Gesellschaft, welche bereits beim Abschluss des Anstellungsvertrages geregelt werden sollten.

a) Pensionszusage

Dem Geschäftsführer kann durch die Gesellschaft eine sog. Direktzusage für eine Altersvorsorge **(Pensionszusage)** erteilt werden. Der Geschäftsführer hat dann einen unmittelbaren Anspruch gegen die Gesellschaft auf Erfüllung dieser Zusage. Nach § 249 HGB muss die Gesellschaft hierfür in der Handelsbilanz Rückstellungen bilden. Wie die Gesellschaft die Zusage erfüllt, bleibt ihr überlassen.

Voraussetzung der steuerlichen Anerkennbarkeit der Pensionszusage ist, dass sie in schriftlicher Form erteilt wurde und keine steuerschädlichen Vorbehalte enthält. Steuerschädliche Vorbehalte sind insbesondere Möglichkeiten zu beliebigen, nachträglichen Veränderungen der Zusage oder gar des Entzugs der Zusageanwartschaft. Auch darf die Zusage keinen gewinnabhängigen Teil enthalten. Sollten diese Voraussetzungen vorliegen, ist die Rückstellung bei der Gesellschaft steuermindernd zu berücksichtigen. Sie mindert den Gewinn der Gesellschaft, ohne dass es zu einem Liquiditätsabfluss kommt.

Da der Geschäftsführer die Auszahlung erst im Pensionsalter erhält, muss er die Zahlungen auch erst zu diesem Zeitpunkt versteuern. Es kann somit zu einem Steuerstundungseffekt kommen.

Bei einem **Gesellschafter-Geschäftsführer** ist unter steuerlichen Gesichtspunkten darauf zu achten, dass die Zusage betrieblich veranlasst sein sollte. Hierunter versteht man, dass die Zusage:

- angemessen,
- finanzierbar,
- erdienbar und
- ernsthaftig ist.

Die Direktzusage ist nur dann „angemessen", sofern sie einem Drittvergleich standhält. Nach Ansicht der Finanzverwaltung darf keine Überversorgung vorliegen. Eine Überversorgung liegt regelmäßig dann vor, wenn der Pensionär mehr als 75% der letzten Aktivbezüge erhält.

Darüber hinaus kann die Angemessenheit ausscheiden, sofern sofort Unverfallbarkeit der Ansprüche des Geschäftsführers eintritt, wobei auch hier wiederum zwischen einem Fremdgeschäftsführer und einem Gesellschafter-Geschäftsführer unterschieden werden muss. Bei einem beherrschenden Gesellschafter-Geschäftsführer soll nach Auffassung der Finanzverwaltung eine Probezeit von 2 bis 3 Jahren eingehalten werden. Demgegenüber kann einem Fremdgeschäftsführer oder einem Gesellschafter-Geschäftsführer, der wie ein Fremdgeschäftsführer behandelt wird, bereits zum Zeitpunkt des Abschlusses des Vertrages, somit ohne Wartezeit, eine unverfallbare Zusage erteilt werden. Begründet wird dies damit, dass der einflussnehmende Gesellschafter-Geschäftsführer durch eine sofort unverfallbare Zusage die Gesellschaft aussaugen könnte, sofern er sein Anstellungsverhältnis kurzfristig wieder beendet. Warum dieses Argument nicht auch für den Fremdgeschäftsführer bzw. den Gesellschafter-Geschäftsführer, der wie ein Fremdgeschäftsführer behandelt wird, gelten soll, ist nicht nachvollziehbar.

Damit die Pensionszusage steuerlich anerkannt wird, muss die „Finanzierbarkeit" zum Zeitpunkt der Zusage gegeben sein.

Ferner muss die Pensionszusage „erdienbar" sein. Eine Erdienbarkeit scheidet dann aus, wenn der Geschäftsführer zum Zeitpunkt der Pensionszusage bereits das 60. Lebensjahr vollendet hat. Beim beherrschenden Gesellschafter-Geschäftsführer muss darüber hinaus ein 10-Jahreszeitraum ab der Zusage vorliegen, in welchem der Geschäftsführer durch seine aktive Tätigkeit die Zusage erdient. Beim nicht beherrschenden Gesellschafter-Geschäftsführer ist dieser Zeitraum auf fünf Jahre herabgesetzt.

Darüber hinaus muss die Zusage ernsthaft gemeint sein. Dies ist dann gegeben, wenn die zugesagte Leistung im Versorgungsfall tatsächlich erbracht werden kann und auf einer eindeutigen, zivilrechtlich wirksamen Zusage beruht. Die Zusage sollte daher auf einem Beschluss der Gesellschafterversammlung beruhen. Zwar ist der Abschluss einer Rückdeckungsversicherung hierfür grundsätzlich nicht erforderlich, jedoch wird die Gesellschaft im Regelfall eine Rückdeckungsversicherung abschließen, damit sichergestellt ist, dass die Zusage von der Gesellschaft auch eingehalten werden kann. Ferner wird eine Ernsthaftigkeit von der Finanzverwaltung nur dann angenommen, wenn die Auszahlung zu einem fremdüblichen Pensionsalter erfolgen soll. Beim beherrschenden Gesellschafter-Geschäftsführer ist dies nach Eintritt des 60. Lebensjahrs der Fall.

Wie die Gesellschaft die Zusage erfüllt, bleibt ihr überlassen. Zur Erfüllung der Pensionszusage gegenüber dem Geschäftsführer besteht neben dem Abschluss einer Direktversicherung die Möglichkeit, dass die Gesellschaft auf das Leben des Geschäftsführers eine Lebensversicherung abschließt. Im Gegensatz zur Direktversicherung, bei welcher der Geschäftsführer unmittelbar Bezugsberechtigter ist, ist bei der Rückdeckungsversicherung die Gesellschaft sowohl Versicherungsnehmerin als auch Bezugsberechtigte. Daher können die Ansprüche aus dieser Versicherung im Rahmen einer Insolvenz der Gesellschaft unmittelbar in die Insolvenzmasse fallen. Dem Geschäftsführer steht kein Aussonderungsrecht zu, er muss sein erworbenes Anwartschaftsrecht als einfache Insolvenzforderung anmelden. Die Insolvenzsicherung der Pensionszusage spielt somit eine wichtige Rolle.

aa) Absicherung der Pensionszusage bei Insolvenz der Gesellschaft

Nach dem Gesetz zur Verbesserung der betrieblichen Altersvorsorge (BetrAVG) erfolgt die Insolvenzsicherung der Pensionsanwartschaften durch den Pensionssicherungsverein (PSV). Die Ansprüche können im Insolvenzfall unmittelbar gegenüber dem Pensionssicherungsverein geltend gemacht werden.

Die Regelungen des BetrAVG gelten gem. § 17 Abs. 1 Satz 2 BetrAVG aber **nur** für Fremd- und Minderheitsgesellschafter-Geschäftsführer, wobei für die letztgenannte Gruppe Ausnahmen gemacht werden. Minderheitsgesellschafter fallen nur dann unter den Schutz des BetrAVG, wenn sie keine wesentliche Kapitalbeteiligung (ca. 10%) halten und nicht zusammen mit anderen Organen über eine beherrschende Stellung verfügen können.

Der durch das BetrAVG mögliche Insolvenzrechtsschutz greift bei Mehrheitsgesellschafter-Geschäftsführer nicht ein, so dass eine andere Art der Absicherung gefunden werden muss.

bb) Verpfändung

Zur Absicherung des Geschäftsführers besteht die Möglichkeit, dass die Ansprüche aus der Rückdeckungsversicherung an den Geschäftsführer verpfändet werden. Eine Abtretung der Versicherung kommt nicht in Betracht, da die ursprüngliche Rückdeckungsversicherung dann in eine Direktversicherung umgewandelt werden würde, was steuerlich erhebliche Folgen für den Sicherungsgläubiger hätte.

Der Nachteil der Verpfändung besteht allerdings darin, dass der Pfandgläubiger, also der Geschäftsführer, gegenwärtig keine Rechte geltend machen kann, da ihm ein Zugriff auf die Versicherung und die darin angesammelten Werte erst bei Eintritt der Pfandreife möglich ist. Die Verpfändung bietet sich auch bei Fremdgeschäftsführern oder bei Geschäftsführern, die unter das BetrAVG fallen, an, da § 7 Abs. 3 BetrAVG eine gesetzliche Obergrenze für die Leistungen des Pensionssicherungsvereins vorsieht, so dass durch die Verpfändung der Rückdeckungsversicherung auch wesentlich höhere Pensionszusagen insolvenzsicher gemacht werden können. Die Insolvenzsicherung ist davon abhängig, ob die Verpfändung wirksam vereinbart wurde und der Versicherungsgesellschaft angezeigt wurde. Grundvoraussetzung für eine wirksame Verpfändung ist, dass dem Geschäftsführer eine unwiderrufliche Versorgungszusage erteilt wurde. Ansonsten hat er keinen Anspruch auf eine Verpfändung einer Versicherungsleistung, da die Versorgungszusage jederzeit widerrufen werden kann.

Im Insolvenzfall der Gesellschaft ist die Abwicklung der verpfändeten Rückdeckungsversicherung problematisch und umstritten. Bei Fremdgeschäftsführern bzw. solchen Geschäftsführern, die unter den Schutzbereich des BetrAVG fallen, erfolgt die Abwicklung nach einer Entscheidung des Bundesarbeitsgerichts analog zur Abwicklung einer Rückdeckungsversicherung zugunsten eines Arbeitnehmers im Sinne des BetrAVG. Somit würde der Anspruch des Geschäftsführers mit Eröffnung des Insolvenzverfahrens über das Vermögen der GmbH in einen Zahlungsanspruch umgewandelt, so dass er aufgrund der eingetretenen Pfandreife Auszahlung der Versicherungsleistung an sich verlangen könnte.

Diese Auffassung wird vom BGH nicht geteilt, da es auf die Pfandreife ankomme. Die Pfandreife soll regelmäßig erst im Versorgungsfall eintreten, so dass es sich bei dem Anspruch des GmbH-Geschäftsführers um eine aufschiebend bedingte Forderung handle. Mangels Eintritt des Versorgungsfalls sei der Anspruch noch nicht fällig, so dass das Recht zum Einzug der gesicherten Forderung, d.h. der Anspruch aus dem Versicherungsvertrag ausschließlich dem Insolvenzverwalter zustehe (BGH, Urteil vom 7. 4. 2005 IX ZR 138/04). Die Auffassung des BGH führt zu erheblichen Abwicklungsproblemen in der Praxis.

Mangels Pfandreife hat der Geschäftsführer nach der Auffassung des BGH noch keinen fälligen Anspruch, den er umgehend gegen den Insolvenzverwalter durchsetzen kann. Dieser ist zwar berechtigt, die Forderung aus dem Versicherungsvertrag einzuziehen, jedoch ist er nicht verpflichtet, den Betrag auch umgehend an den Geschäftsführer auszubezahlen. Dies muss erst im Zeitpunkt des Eintritts des Versorgungsfalls geschehen. Neben dem Auszahlungszeitpunkt ist weiter problematisch, dass bei Auszahlung an den bezugsberechtigten Geschäftsführer der volle Abfindungsbetrag gem. § 19 EStG versteuert werden muss.

Die Freigabe der Ansprüche aus der verpfändeten Lebensversicherung an den Gesellschafter-Geschäftsführer sollte vermieden werden. Selbst bei Bezahlung eines Ablösebetrags durch den Geschäftsführer entsteht im Zeitpunkt der Übertragung der Rückdeckungsversicherung auf den Geschäftsführer ein lohnsteuerpflichtiger geldwerter Vorteil, der in aller Regel dem Deckungskapital der Versicherung entspricht (vgl. Steuerrichtlinie R 129 III 2 Nr. 3 LStR). Zwar ist der Insolvenzverwalter als Vertreter der Gesellschaft grundsätzlich zum Lohnsteuerabzug verpflichtet und hat die Lohnsteuer anzumelden und abzuführen, jedoch wird er regelmäßig den entfallenden Lohnsteuerbetrag vom Gesellschafter-Geschäftsführer verlangen. Die Freigabe stellt daher keinen gangbaren Weg dar. Zur Vermeidung dieser Nachteile sollte die Versorgungsverpflichtung aus der Pensionszusage im Insolvenzfall der Gesellschaft von einer Pensionskasse oder einem Unternehmen der Versicherungsbranche übernommen werden. § 4 Abs. 4 BetrAVG sieht diese Möglichkeit zugunsten von Arbeitnehmern oder Geschäftsführern, die in den Anwendungsbereich des BetrAVG fallen, vor. Nach einem Schreiben des Finanzministeriums NRW vom 7. November 2001 besteht die Möglichkeit jedoch auch für beherrschende Gesellschaftergeschäftsführer, die nicht unter das BetrAVG fallen. Allerdings ist hierzu eine vertragliche Regelung notwendig.

Gem. § 3 Nr. 65 EstG ist gewährleistet, dass die Leistungen genau so besteuert werden wie die Leistungen, die ohne Eintritt des Übernahmefalls zu zahlen gewesen wären. Eine sofortige Besteuerung des hohen Einmalbetrages unterbleibt somit. Allerdings erhält der Geschäftsführer dann auch keine sofortige hohe Einmalzahlung. Der steuerliche Vorteil für den Geschäftsführer wird jedoch in aller Regel dadurch gemindert, dass die entsprechenden Versicherungsunternehmen für die Übernahme der Versorgungsansprüche sowie den Abschluss der dazugehörigen Liquidationsversicherung und den damit verbundenen Verwaltungsaufwand einen Kostenbeitrag verlangen. Ebenso wird der Insolvenzverwalter seine Bereitschaft zur Übertragung der Versicherung von der Bezahlung eines Ablösebetrages abhängig machen.

> **Expertenrat:** Regelmäßig beinhalten Pensionszusagen nicht nur den Anspruch auf ein Altersruhegeld, sondern daneben auch eine Berufsunfähigkeits- und Hinterbliebenenversorgung. Im Fall der Verpfändung der Ansprüche aus der Rückdeckungsversicherung zur Insolvenzsicherung sollte daher darauf geachtet werden, dass die dem Geschäftsführer verpfändeten Ansprüche gegenüber der Lebensversicherung zwar in die Erbmasse fallen, jedoch der versorgungsberechtigte Hinterbliebene (z. B. Ehefrau) nicht unbedingt mit dem Erben übereinstimmen muss. Sollte der Geschäftsführer dann versterben, fallen die Ansprüche aus dem Pfandrecht und gesichertem Anspruch auseinander. Die hinterbliebene Ehefrau hat dann keinen Anspruch aus der Lebensversicherung, da sie nicht Erbin ist und ihre eigenen Ansprüche aus der Versorgungszusage nicht verpfändet wurden.

Es ist daher dringend anzuraten, dass auch der versorgungsberechtigten Person Ansprüche verpfändet werden. Dies kann entweder vom Geschäftsführer selbst erfolgen, sofern er bereits ein Pfandrecht an der Versicherung erworben hat oder durch die GmbH direkt.

b) Direktversicherung

Als weitere Möglichkeit zur Erfüllung der dem Geschäftsführer erteilten Versorgungszusage bietet sich der Abschluss einer Lebensversicherung an. Die GmbH schließt dann als Versicherungsnehmer und Beitragszahler zugunsten des Geschäftsführers als Begünstigter bzw. versicherte Person eine so genannte Direktversicherung ab. Es handelt sich um einen Vertrag zugunsten Dritter. Hierzu bieten sich insbesondere Kapitallebensversicherungen, Risikoversicherungen, Rentenversicherungen oder sonstige fondsgebundene Lebensversicherungen an. Im Gegensatz zur Direktzusage werden bei der GmbH keine Rückstellungen für die Direktversicherung gebildet, da der Geschäftsführer unmittelbar Anspruchinhaber ist. Die Beiträge zur Direktversicherung kann die GmbH jedoch gewinnmindernd als Betriebsausgaben abziehen.

Auch die Direktversicherung muss zugunsten des Geschäftsführers insolvenzsicher gestaltet werden. Hierbei muss wiederum zwischen einem **Fremdgeschäftsführer,** also einem solchen, der keinen maßgeblichen Einfluss auf die Geschicke der GmbH nehmen kann, und einem geschäftsführenden Gesellschafter unterschieden werden.

Fremdgeschäftsführer oder Geschäftsführer, die unter den Anwendungsbereich des Gesetzes zur betrieblichen Altersvorsorge fallen (siehe oben), werden durch dieses Gesetz geschützt. Im Falle der Insolvenz der Gesellschaft kann der Insolvenzverwalter das Bezugsrecht nicht widerrufen, wenn der Geschäftsführer eine unverfallbare Anwartschaft erlangt hat (§ 1 b Abs. 2 BetrAVG). Die Unverfallbarkeit liegt bei Versicherungen, die nach dem 1. 1. 2001 abgeschlossen wurden, dann vor, wenn das Arbeitsverhältnis vor Eintritt des Versorgungsfalls endet und der Geschäftsführer zu diesem Zeitpunkt sein **30. Lebensjahr vollendet** hat und die Versorgungszusage bereits **fünf Jahre** bestanden hat.

Bei Versicherungen die vor dem 1. 1. 2001 abgeschlossen wurden, bestimmt § 30 f. BetrAVG dass eine unverfallbare Anwartschaft entsteht, wenn das Anstellungsverhältnis vor Eintritt des Versorgungsfall endet und die Lebensversicherung mindestens zehn Jahre oder mindestens drei Jahre bei gleichzeitiger zehnjähriger Betriebszugehörigkeit bestanden hat.

Sind die Voraussetzungen erfüllt und hat der Geschäftsführer eine unverfallbare Anwartschaft erworben, so erlangt er im Insolvenzfall gem. § 7 Abs. 1 BetrAVG einen Anspruch gegen den Pensionssicherungsverein (PSV).

Trotz der unverfallbaren Anwartschaft kann ein Insolvenzverwalter der GmbH nach dem Wortlaut des § 1 BetrAVG die Lebensversicherung kündigen und das Bezugsrecht widerrufen. Dem Geschäftsführer steht dann **nur** ein Anspruch gegen den PSV zu.

Expertenrat: Im Insolvenzfall sollte der Geschäftsführer den Insolvenzverwalter darauf hinweisen, dass dieser verpflichtet ist, dem PSV die Daten der Lebensversicherung und des Geschäftsführers mitzuteilen (§ 11 Abs. 3 BetrAVG), damit der PSV von Amts wegen die jeweiligen Ansprüche an den Geschäftsführer auszahlen und seine übergegangenen Ansprüche im Insolvenzverfahren anmelden kann. Das fahrlässige oder vorsätzliche Unterlassen der Mitteilung stellt eine Ordnungswidrigkeit nach § 12 Abs. 1 Nr. 1 BetrAVG dar.

Für den **Gesellschafter-Geschäftsführer** ist die Insolvenzsicherung von der Art des Bezugsrechts abhängig. Ob dem Geschäftsführer ein widerrufliches oder ein unwiderrufliches Bezugsrecht zusteht, hängt einzig und allein von der Ausgestaltung des Versicherungsverhältnisses ab. Es kommt somit nicht darauf an, welche Regelungen zwischen der GmbH und dem Geschäftsführer im Geschäftsführeranstellungsverhältnis getroffen wurden. Unabhängig hiervon ist auch im Anstellungsvertrag ein unwiderrufliches Bezugsrecht zu vereinbaren, da der Geschäftsführer dann auf die vertragliche Gestaltung zwischen GmbH und Versicherungsgesellschaft Druck ausüben kann.

Sofern der Geschäftsführer aus der Lebensversicherung unwiderruflich bezugsberechtigt ist, steht ihm der Wert der Lebensversicherung zu. Im Falle der Insolvenz der Gesellschaft steht dem Geschäftsführer somit ein Aussonderungsrecht an der Lebensversicherung zu.

In derartigen Fällen ist der Geschäftsführer berechtigt, den Vertrag nach § 177 Abs. 1 VVG fortzusetzen oder die Ansprüche hieraus geltend zu machen. Er kann dann vom Insolvenzverwalter verlangen, dass der Vertrag auf ihn umgeschrieben wird. Dies gilt selbst dann, wenn die Ansprüche aus dem Versorgungsverhältnis noch nicht unverfallbar sind.

Expertenrat: Jeder Geschäftsführer sollte dringend darauf achten, dass sich aus dem Versicherungsvertragsverhältnis zwischen der Lebensversicherungsgesellschaft und der GmbH zu seinen Gunsten ein unwiderrufliches Bezugsrechts ergibt. Sofern der Geschäftsführer die Versicherung als Vertreter der Gesellschaft selbst abschließt, muss dringend darauf geachtet werden, dass der Gesellschaftergeschäftsführer vom Verbot der Selbstkontrahierung gem. § 181 BGB laut Handelsregisterauszug befreit ist. Ist er nicht befreit und schließt den Versicherungsvertrag als Vertreter der Gesellschaft ab, so ist die Bezugsrechtsvereinbarung zwischen der Gesellschaft und dem Geschäftsführer unwirksam. Die Lebensversicherung fällt dann in die Insolvenzmasse.

Wird in der Direktversicherung zwischen der GmbH und der Lebensversicherungsgesellschaft zugunsten des Geschäftsführers lediglich ein widerrufliches Bezugsrecht vereinbart und fällt der Geschäftsführer nicht unter den Schutz des BetrAVG, so fallen die Ansprüche aus der Lebensversicherung mit Eröffnung des Insolvenzverfahrens voll in die Insolvenzmasse (Urteil des BGH, vom 4.3. 1993 IX ZR 169/92). Der Insolvenzverwalter kann das Bezugsrecht widerrufen. Dies bedeutet, dass der Geschäftsführer keinerlei Ansprüche aus der Lebensversicherung geltend machen kann. Dies gilt selbst dann, wenn die Prämien für die Direktversicherung aus der ihm zustehenden Vergütung, z.B. im Rahmen einer Gehaltsumwandlung gezahlt worden sind (BGH, Urteil vom 18. 7. 2002, IX ZR 264/01).

Das Risiko des Geschäftsführers, dass die ihm von der GmbH zugesagte Altersvorsorge im Fall der Insolvenz voll zur Insolvenzmasse gezogen wird, kann dadurch minimiert werden, dass ihm die Ansprüche aus der Lebensversicherung **abgetreten oder verpfändet** werden.

Hierbei muss allerdings strikt darauf geachtet werden, welche Ansprüche abgetreten oder verpfändet werden. Aus steuerlichen Gründen ist zwischen der Abtretung „für den Todesfall" und „der Abtretung der Erlebensfallansprüche" zu unterscheiden.

In Fällen, in welchen die Ansprüche aus der Lebensversicherung lediglich „für den Todesfall" abgetreten oder verpfändet werden, fallen die Ansprüche voll in die Insolvenzmasse, sofern der Todesfall des Geschäftsführers bei Insolvenz der Gesellschaft noch nicht eingetreten ist.

Dies bedeutet, dass der Insolvenzverwalter die Lebensversicherung kündigen darf und den Rückkaufswert zur Insolvenzmasse ziehen kann.

Sollte die Lebensversicherung in der Krise der Gesellschaft gekündigt und an den Geschäftsführer ausbezahlt worden sein, so sind die Zahlungen in aller Regel durch den Insolvenzverwalter anfechtbar, da ihm lediglich die Ansprüche für den Todesfall abgetreten wurden. Der Geschäftsführer muss dann den erhaltenen Lebensversicherungsbetrag zurückbezahlen.

Die Abtretung der Lebensversicherung wird erst dann wirksam, wenn die Abtretung der Ansprüche von der GmbH an den Geschäftsführer gegenüber der Lebensversicherungsgesellschaft angezeigt wurde. Die Abtretung entfaltet erst zum Zeitpunkt der Anzeige gegenüber der Versicherungsgesellschaft ihre rechtliche Wirkung. Dies ist wichtig, da es im Rahmen der insolvenzrechtlichen Anfechtung auf den Zeitpunkt der Vornahme der Rechtshandlung abgestellt werden muss. Die insolvenzrechtlichen Anfechtungsfristen werden somit unnötig verlängert. Die Abtretung sollte daher der Versicherungsgesellschaft umgehend angezeigt werden.

Sofern die Lebensversicherungsansprüche vollständig und wirksam abgetreten wurden, ist der Insolvenzverwalter im Fall der Insolvenz der Gesellschaft zwar zur Einziehung gem. § 166 Abs. 2 InsO berechtigt, jedoch muss er dem Geschäftsführer die eingezogenen Beträge abzüglich der Feststellungs- und Verwertungskosten gem. § 170, 171 InsO ausbezahlen.

II. Die Aufgaben des Geschäftsführers

In der Praxis muss leider immer wieder festgestellt werden, dass Geschäftsführer nur geringe Kenntnisse über die ihnen in rechtlicher Hinsicht zugewiesenen Aufgaben und die sich daraus ergebenden Gefahren haben. Die Aufgaben sind vielfältig und ergeben sich aus mehreren Gesetzen. In aller Regel erfolgt keine Aufklärung durch den Notar. Hierzu ist er auch nicht verpflichtet.

Dem Geschäftsführer obliegen Pflichten sowohl gegenüber der Gesellschaft, als auch gegenüber Dritten. Dies bedeutet im Umkehrschluss, dass der Geschäftsführer sowohl gegenüber der Gesellschaft, als auch gegenüber Dritten haften kann, sofern er seine Pflichten verletzt. Im Nachfolgenden werden daher die Pflichten des Geschäftsführers von der Gründung der Gesellschaft bis zur Abwicklung der Gesellschaft durch Liquidation oder Insolvenz aufgezeigt.

1. Pflichten bei der Gründung der Gesellschaft

Vorrangig soll es in diesem Buch um die Aufgaben des Geschäftsführers gehen, so dass die Regelungen, welche hauptsächlich die Gesellschafter betreffen, vernachlässigt werden können. Aus den Handlungen der Gesellschafter können sich jedoch für den Geschäftsführer Risiken ergeben, da er den Willen der Gesellschafter umsetzen muss. Der Geschäftsführer muss daher wissen, was er zu tun hat, wie er den Willen der Gesellschafter umsetzen muss und welche Risiken hieraus für ihn erwachen können.

a) Pflicht zur Handelsregisteranmeldung

Nach § 78 GmbH muss der Geschäftsführer die im GmbHG genannten Anmeldungen gegenüber dem Handelsregister vornehmen. Sollten mehrere Geschäftsführer vorhanden sein, so reicht es grundsätzlich aus, dass ein Geschäftsführer die Anmeldung vornimmt. Lediglich bei der Anmeldung der Gründung, der Kapitalerhöhung und bei der Kapitalherabsetzung müssen sämtliche Geschäftsführer die Anmeldung gemeinsam vornehmen.

Angaben bei der Gründung: Die Gründung einer GmbH erfolgt bei einem Notar, der den Geschäftsführer in aller Regel bei der Anmeldung zum Handelsregister unterstützt. Dennoch sollte der Geschäftsführer wissen, welche Unterlagen er benötigt. § 8 GmbHG enthält eine Liste der für die Gründungsanmeldung notwendigen Unterlagen. Dies sind insbesondere:

- der Gesellschaftsvertrag,
- der Geschäftsführerbestellungsbeschluss, sofern der Geschäftsführer nicht im Gesellschaftsvertrag bestimmt wird,
- eine Gesellschafterliste,
- ein Sachgründungsbericht im Fall der Sachgründung und Unterlagen über den Wert der Sacheinlage,
- eine Versicherung, dass die Einlagen zu seiner freien Verfügung geleistet wurden und,
- eine Versicherung, dass keine Gründe vorliegen, die seiner Bestellung entgegenstehen.

Die Gesellschafterliste ist von allen Geschäftsführern zu unterzeichnen (§ 78 GmbHG). Die Liste muss den Namen, den Vornamen, das Geburtsdatum und den Wohnort jedes Gesellschafters enthalten. Ferner sind Angaben zu den Nennbeträgen der von jedem Gesellschafter übernommenen Geschäftsanteile enthalten. Die Geschäftsanteile müssen durchgehend nummerieren werden.

Beispiel für eine Gesellschafterliste:

Nr. des Geschäfts- anteils	Name des Gesell- schafters	Geburts- datum	Wohnsitz	Nenn- betrag
1.	Mani Muster	11. 8. 1964	Dorfkneipe 8, 72074 Tübingen	10.000,– EUR
2.	Bea Beispiel	10. 8. 1965	Eberhardstr. 1, 72764 Reutlingen	10.000,– EUR
3.	Fred Fingiert	13. 1. 1963	Hausserstr. 14, 74564 Crailsheim	10.000,– EUR

Bei einer Beteiligung von Handelsgesellschaften als Gesellschafter sind statt Name, Geburtsdatum und Wohnort, die Firma und der Gesellschaftssitz anzugeben.

Jede Veränderung im Gesellschafterbestand hat der Geschäftsführer gem. § 40 GmbHG dem Handelsregister unverzüglich durch Einreichung einer abgeänderten und von ihm unterschriebene Gesellschafterliste mitzuteilen, falls bei der Änderung nicht ein Notar mitgewirkt hat. Grundsätzlich können Gesellschaftsanteile nur mittels eines in notarieller Form geschlossenen Vertrages übertragen werden. Die Geschäftsführer werden somit nur im Fall der Erbfolge, bei einem Wechsel im Gesellschafterkreis einer beteiligten GbR oder in der Zusammensetzung einer Erbengemeinschaft sowie bei privatschriftlichen Beschlüssen zur Zusammenlegung, Teilung oder Einziehung von Geschäftsanteilen, und im Fall der Kaduzierung (Verlustigerklärung des Gesellschaftsanteils, falls der Gesellschafter seiner Pflicht zur Einzahlung des Stammkapitals nicht nachkommt) oder bei einer öffentlichen Versteigerung tätig.

Durch die Gesellschafterliste soll Transparenz über die Beteiligungsstruktur geschaffen werden. Die Einreichungspflicht kann durch das Registergericht mit Zwangsgeld durchgesetzt werden.

Die Geschäftsführer sind bei schuldhafter Verletzung ihrer Pflicht zur Einreichung einer aktualisierten Gesellschafterliste zum einen den Gläubigern und gemäß § 16 Abs. 3 GmbHG nunmehr auch denjenigen Personen gegenüber zum Ersatz des daraus resultierenden Schadens verpflichtet, deren Beteiligung sich geändert hat. So z.B. jeder Gesellschafter, der durch die Ausübung von Gesellschafterrechten auf der Grundlage einer unrichtigen Gesellschafterliste geschädigt wurde. Die Pflichtverletzung des Geschäftsführers kann darin liegen, dass er die Liste gar nicht, verspätet oder mit unrichtigem Inhalt eingereicht hat.

b) Versicherung, dass die Stammeinlage zur freien Verfügung geleistet wurde

Der Vorteil einer GmbH besteht darin, dass gemäß § 13 Abs. 2 GmbHG für die Verbindlichkeiten nur das Gesellschaftsvermögen haftet. Aus diesem Grund muss sichergestellt sein, dass das Gesellschaftsvermögen auch tatsächlich eingezahlt wurde.

Gemäß § 8 Abs. 2 Satz 1 GmbHG muss der Geschäftsführer bei der Anmeldung zum Handelsregister die Versicherung abgeben, dass die erforderlichen Leistungen auf die Stammeinlage bewirkt sind und dass sich die Stammeinlage endgültig in seiner freien Verfügung befindet.

Werden zum Zweck der Errichtung der Gesellschaft falsche Angaben gemacht, so haben die Gesellschafter und die Geschäftsführer der Gesellschaft als Gesamtschuldner fehlende Einzahlungen zu leisten und für den sonstigen entstandenen Schaden aufzukommen (§ 9a Abs. 1 GmbHG). Die Ersatzpflicht trifft nur diejenigen Geschäftsführer und Gesellschafter, welche die Unrichtigkeit der gemachten Angaben kannten oder bei Anwendung der Sorgfalt eines ordentlichen Geschäftsmannes hätten kennen müssen. D. h., das Verschulden wird vermutet und der in Anspruch Genommene muss den Entlastungsbeweis für fehlendes Verschulden führen. Für die Haftung genügt bereits leichte Fahrlässigkeit. Der Geschäftsführer kann sich auf mangelnde Vorbildung nicht berufen, weshalb er besonders sorgfältig handeln sollte. Aus diesem Grund werden nachfolgend die bei der Gründung bzw. Kapitalaufbringung lauernden Gefahren grob aufgezeigt.

In der Praxis kommt es immer wieder vor, dass bei der Kapitalaufbringung Fehler passieren. Im Rahmen eines Insolvenzverfahrens über das Vermögen der GmbH wird regelmäßig geprüft, ob die Stammeinlagen wirksam geleistet wurden. Da in aller Regel zwischen Gründung und Insolvenz ein großer Zeitraum liegt, sollte der Geschäftsführer die Gründungsunterlagen, insbesondere den Nachweis der Kapitalaufbringung, gut aufbewahren. Die GmbH-Gründung kann sowohl als Bargründung erfolgen, dies geschieht dadurch, dass das Gesellschaftsvermögen als Einlage in bar geleistet wird, oder durch eine so genannte Sachgründung. Bei einer Sachgründung wird die Einlageverpflichtung dadurch erfüllt, dass der Gesellschafter eine Sache, z. B. ein Grundstück oder Maschinen als Einlage leistet.

aa) Probleme bei der Bargründung

Selbst bei der eigentlich einfach abzuwickelnden Bargründung kann es zu rechtlichen Problemen kommen. Dies ist insbesondere dann der Fall, wenn die Bareinlage vom Gesellschafter auf ein debitorisches Konto einbezahlt wird und der Geschäftsführer hierüber nicht verfügen kann. Eine freie Verfügungsmöglichkeit besteht dann nicht, wenn das Konto gepfändet ist oder die Bank nach Saldenverrechnung keine neuen Verfügungen zulässt. Dies ist regelmäßig dann der Fall, wenn der auf dem debitorisch geführten Bankkonto aufgelaufene Kreditbetrag gekündigt ist (BGH, Urteil vom 3. 12. 1990, II ZR 215/89).

Darüber hinaus kann es zu Problemen kommen, wenn eine Absprache über die Verwendung der erbrachten Stammeinlage erfolgt. Nach der Rechtsprechung fehlt es an einer freien Verfügbarkeit, wenn der Einlagebetrag umgehend wieder an den einlegenden Gesellschafter zurückfließt, da es sich dann nur um eine vorübergehende und nicht um eine endgültige und effektive Mittelzufuhr handelt. Dies gilt sowohl bei Scheinzahlungen, als auch dann, wenn die erbrachte Einlage absprachegemäß nur vorübergehend mit der Maßgabe zur Verfügung gestellt wurde, dass sie umgehend dem Gesellschafter zur Befriedigung seiner gegen die Gesellschaft gerichteten Forderung zurückgezahlt wird. Die Rechtsprechung spricht in derartigen Fällen vom sog. **Hin- und Herzahlen.** Die Gerichte werden in diesem Zusammenhang mit zahlreichen Fallvarianten beschäftigt, da Gesellschafter immer wieder versuchen, die geleistete Einlage umgehend zurückzuerhalten. So wurde etwa versucht, die Einlageverpflichtung dadurch zu umgehen, dass die Gesellschaft dem Gesellschafter die Geldeinlage im Wege eines Neudarlehens direkt wieder ausbezahlt. Hierzu zählt auch der häufig vorkommende Fall, dass bei einer GmbH & Co. KG die Komplementär-GmbH den von ihrem Gesellschafter als Einlage empfangenen Betrag unmittelbar als Darlehen an die GmbH & Co. KG weiterleitet. Von einem Hin- und Herzahlen muss auch bei einer Rückzahlung in Raten ausgegangen werden.

Die Versicherung des Geschäftsführers, dass die Einlage zu seiner freien Verfügung steht, ist in diesen Fällen regelmäßig falsch

(BGH, Urteil vom 16.1.2006, II ZR 65/04). Nach der bisherigen Rechtsprechung hatte das so genannte Hin- und Herzahlen keine Erfüllungswirkung, mit der Folge, dass die Leistung nochmals bewirkt werden musste und der Geschäftsführer neben dem Gesellschafter hierfür haftete.

Dieser scharfe Grundsatz wurde nun durch eine Gesetzesänderung in § 19 Abs. 5 GmbHG eingeschränkt. Hiernach ist eine Absprache zulässig, die von der erneuten Einlageverpflichtung befreit. Voraussetzung ist, dass **vor** der Einlageerbringung eine Leistung der Gesellschaft an den entsprechenden Gesellschafter vereinbart wurde, die zwar wirtschaftlich einer Rückzahlung der Einlage entspricht, aber durch einen vollwertigen Rückgewährsanspruch gedeckt ist. Dieser muss jederzeit fällig sein oder durch fristlose Kündigung durch die Gesellschaft fällig werden. Eine solche Leistung oder die Vereinbarung einer solchen Leistung ist in der Anmeldung zum Handelsregister nach § 8 GmbHG anzugeben, um dem Registergericht die Möglichkeit der Prüfung zu eröffnen. Gegenstand der Prüfung ist, ob die oben genannten Voraussetzungen einer Erfüllungswirkung gegeben sind.

Ist der Gegenanspruch nicht vollwertig, so liegt eine falsche Anmeldung vor. Zur Vermeidung der Haftung des Geschäftsführers ist daher dringend anzuraten, dass er die Vollwertigkeit und Realisierbarkeit der Forderung gegen den Gesellschafter überprüft und dokumentiert.

Maßgeblicher Zeitpunkt für die Beurteilung der Vollwertigkeit ist der Zeitpunkt der Mittelausreichung durch die Gesellschaft an den Gesellschafter. Fraglich ist jedoch, ob den Geschäftsführer eine Haftung treffen kann, wenn sich die Vermögensverhältnisse des Gesellschafters nachträglich verschlechtern. Dies kann nach der hier vertretenen Auffassung nur dann der Fall sein, sofern den Geschäftsführer eine Rückforderungspflicht bei der Vermögensverschlechterung treffen würde. Dies würde allerdings eine regelmäßige Vermögensüberwachungspflicht voraus setzen, was über die an den Geschäftsführer zu stellenden Anforderungen hinausgehen würde. Rechtsprechung zu dieser Frage liegt noch nicht vor, so dass die Entwicklung abzuwarten bleibt.

Neben der Werthaltigkeit muss gewährleistet sein, dass der Rückgewähranspruch jederzeit fällig ist oder durch die Gesellschaft fällig gestellt werden kann. Nur so ist sichergestellt, dass dem Erfordernis der Leistung der Einlage zur endgültigen freien Verfügung des Geschäftsführers Genüge getan ist. Dem dürften z. B. Darlehensverträge mit einer festen Laufzeit wohl nicht genügen, weil man die Darlehensrückzahlung nicht jederzeit fordern kann.

Sind die oben genannten Voraussetzungen nicht gegeben, hat die Einlage **keine Erfüllungswirkung** und muss somit nochmals in voller Höhe erbracht werden. Es erfolgt auch keine Anrechnung, wenn der Rückzahlungsanspruch nur teilweise werthaltig sein sollte.

Expertenrat: Derartige Fallkonstellationen bergen ein erhöhtes Risiko für den Geschäftsführer, da er neben dem Gesellschafter hinsichtlich der vollen Einlagenhöhe schadensersatzpflichtig ist. Der Geschäftsführer sollte in derartigen Fällen besonders sorgfältig prüfen.

---

bb) Probleme bei der Sachgründung

Als Ausnahmeregelung zur Bargründung lässt das Gesetz auch eine Sachgründung zu. Derartige Fälle sind wesentlich problematischer als die Erbringung der Bareinlage, da die Aufbringung des Kapitals durch eine Sacheinlage erfolgt. In der Praxis stellt dies jedoch meistens ein erhebliches Problem dar, da eine gesetzliche Verpflichtung zur Offenlegung der Sacheinlage gegenüber dem Registergericht besteht und ferner ein Sachgründungsbericht erstellt werden muss, in welchem der Wert der Sacheinlage angegeben und nachgewiesen werden muss. Ferner muss die Sacheinlage vor Eintragung der Gesellschaft vollständig geleistet worden sein (§ 7 Abs. 3 GmbHG). Das Registergericht prüft die Sachgründung detailliert.

Bei der Sachgründung wird anhand eines Gutachtens der Wert der einzubringenden Sachen ermittelt. Nicht selten kommt es dabei zu einer bewussten Täuschung des Gutachters mit dem Ziel, die Sacheinlage überzubewerten. Wird die Überbewertung zu einem späteren Zeitpunkt aufgedeckt, so besteht die Verpflichtung, den fehlenden Teil zwischen dem tatsächlich geleisteten Wert und dem eingetragenen Stammkapital auszugleichen.

Problematisch sind insbesondere Fälle der so genannte **verdeckten Sacheinlage**. Von einer verdeckten Sacheinlage spricht man, wenn die gesetzlichen Regeln für Sacheinlagen dadurch unterlaufen werden, dass zwar eine Bareinlage vereinbart wird, die Gesellschaft aber bei wirtschaftlicher Betrachtung aufgrund einer im Zusammenhang mit der Übernahme der Einlage getroffenen Absprache nur einen Sachwert erhalten soll. In § 19 Abs. 4 GmbHG findet sich nun eine Legaldefinition der verdeckten Sacheinlage:

> „Ist eine Geldeinlage eines Gesellschafters bei wirtschaftlicher Betrachtung und aufgrund einer im Zusammenhang mit der Übernahme der Geldeinlage getroffenen Abrede vollständig oder teilweise als Sacheinlage zu bewerten (verdeckte Sacheinlage), so befreit dies den Gesellschafter nicht von seiner Einlageverpflichtung."

Eine verdeckte Sacheinlage liegt vor, wenn der Gesellschafter seine Einlage zwar in bar erbringt, die Gesellschaft mit der erbrachten Stammeinlage aber umgehend etwas von dem Gesellschafter erwirbt. Der eingelegte Geldbetrag fließt somit unmittelbar an den Gesellschafter zurück. Wirtschaftlich betrachtet erhält die Gesellschaft keine Geldmittel zur freien Verfügung, sondern nur einen Sachgegenstand. Die Kapitalaufbringung dient in erster Linie dem Gläubigerschutz, der dadurch beeinträchtigt werden kann, dass der Wert der verdeckt eingebrachten Sachgegenstände nicht dem Nennbetrag der dafür übernommenen Geschäftsanteile entspricht. Entgegen der formal richtigen Sachkapitalaufbringung erfolgt bei der verdeckten Sacheinlage keine Prüfung durch einen Gutachter bzw. das Registergericht.

Nach der früheren Rechtsprechung des BGH (BGHZ 155, 329, 338) hatte die Erbringung einer so genannten verdeckten Sacheinlage keine Erfüllungswirkung. Dies hatte zur Folge, dass der Gesellschafter weiterhin in vollem Umfang verpflichtet war, die Einlage zu erbringen. Die Verträge, z. B. der Kaufvertrag zwischen Gesellschaft und Gesellschafter, waren nichtig. Das bedeutete, dass der Gesellschafter zwar das Geleistete herausverlangen konnte, aber im Gegenzug zur Leistung seiner Einlage in voller Höhe verpflichtet war.

Nach der Änderung des § 19 Abs. 4 Satz 2 GmbHG folgt nunmehr, dass die Verträge nicht mehr nichtig sind, sondern die Gesellschaft Eigentümerin der geleisteten Einlage bleibt, der Gesellschafter jedoch die Wertdifferenz zwischen dem Wert des Vermögensgegenstandes und dem Betrag der übernommenen Einlageverpflichtung über die **so genannte Differenzhaftung** in bar zu erbringen hat. Der betreffende Gesellschafter wird zwar nicht von seiner Einlagepflicht befreit, der Wert des Vermögensgegenstands wird aber auf die Einlageverpflichtung angerechnet. Im Ergebnis beschränkt sich die Haftung des betreffenden Gesellschafters somit auf den Differenzbetrag, um welchen der Wert des eingebrachten Vermögensgegenstandes den Nennbetrag des übernommenen Geschäftsanteils unterschreitet.

Hierbei trägt der Gesellschafter die volle Beweislast für die Vollwertigkeit des Vermögensgegenstandes, da mangels Sachgründungsbericht keine Wertermittlung des Gegenstandes stattgefunden hat. Neben dem Gesellschafter haftet der Geschäftsführer.

In der Praxis kommen immer wieder Fälle vor, in welchen Gesellschafterdarlehen in Eigenkapital umgewandelt werden sollen. Auf neudeutsch wird ein solches Vorgehen als dept-equity swap bezeichnet. Auch hierbei handelt es sich um eine Sachgründung, da Darlehen im rechtlichen Sinne als Sache zu betrachten sind. Auch hier muss die Werthaltigkeit der Darlehensforderung zum Zeitpunkt der Umwandlung ermittelt und ggf. nachgewiesen werden.

Expertenrat: In Fallgestaltungen, die möglicherweise als verdeckte Sacheinlage zu qualifizieren sind, sollte der Geschäftsführer darauf drängen, dass die Werthaltigkeit der Sacheinlage durch ein Gutachten festgehalten wird.

---

c) Versicherung, dass keine Umstände vorliegen, die der Bestellung als Geschäftsführer entgegenstehen

Neben der Versicherung der Erbringung der Einlage zur freien Verfügung müssen die Geschäftsführer in der Anmeldung weiter versichern, dass keine Umstände vorliegen, die ihrer Bestellung nach § 6 Abs. 2 Satz 3 und 4 GmbHG entgegenstehen, und dass sie über ihre unbeschränkte Auskunftspflicht gegenüber dem Gericht belehrt worden sind (§ 8 Abs. 3 GmbHG). Auf die Einzelheiten wurde bereits oben unter I 1. eingegangen.

Die Versicherung, die der Geschäftsführer gegenüber dem Handelsregister abgeben muss, wird in aller Regel vom Notar vorbereitet und sieht wie folgt aus:

Amtsgericht Stuttgart ...... **Urkundenrolle-Nr.** **/2008**
– Handelsregister ...... des Notars ......

Firma ..., Sitz ..., HRB ...
Geschäftsführerbestellung

Als Geschäftsführer melde ich Eintragung in das Handelsregister an:

→ Beschluss einfach der Anmeldung beifügen, ohne Hinweis in Anmeldung

Herr/Frau ..., geb. am ..., wohnhaft in ..., ...,
ist zum alleinvertretungsberechtigten und von den Beschränkungen des § 181 BGB befreiten Geschäftsführer bestellt. Er/Sie ist stets einzelvertretungsberechtigt.

Der neue Geschäftsführer versichert, dass ihm weder durch gerichtliches Urteil noch durch die vollziehbare Entscheidung einer Verwaltungsbehörde die Ausübung eines Berufes, eines Berufszweiges, eines Gewerbes oder Gewerbezweigs ganz oder teilweise untersagt worden ist und dass er nicht wegen einer oder mehrerer der folgenden vorsätzlichen Straftaten verurteilt worden ist und auch keine vergleichbaren ausländischen strafrechtlichen Entscheidungen gegen ihn vorliegen:

a) Unterlassen der Stellung eines Antrags auf Eröffnung des Insolvenzverfahrens (Insolvenzverschleppung),

b) Insolvenzstraftaten nach den §§ 283 bis 283d StGB,

c) falsche Angaben nach § 82 GmbHG oder § 399 AktG,

d) unrichtige Darstellung nach § 400 AktG, § 331 HGB, § 313 UmwG oder § 17 PublG,

e) Betrugs- bzw. Untreuestraftatbestände nach §§ 263 -264 a StGB oder den §§ 265 b–266 a StGB.

Der neue Geschäftsführer bestätigt ferner, dass eine Belehrung durch den Notar heute erfolgt ist hinsichtlich der Bestimmungen § 53 Abs. 2 des Bundeszentralregistergesetzes in der Fassung der Bekanntmachung vom 21. September 1984 und vom 28. Januar 1985 (Bundesgesetzblatt I S. 1229; 1985 I S. 195), wonach eine unbeschränkte Auskunft gegenüber dem Registergericht zu erfolgen hat.

Vollmacht

Den Notariatsangestellten, alle geschäftsansässig bei Notar …,

Frau …

wird **Vollmacht und Auftrag** erteilt, alle Erklärungen abzugeben, die zum Vollzug der vorstehenden Urkunde erforderlich sind. Die Bevollmächtigten sind berechtigt, die vorstehende Urkunde abzuändern und nach freiem Ermessen Nachtragsbestimmungen, auch Gesellschafterbeschlüsse, zu treffen. Die Bevollmächtigten sind ferner befugt, Anmeldungen zum Handelsregister durchzuführen und solche zurückzunehmen sowie erneut zu stellen.

Die Bevollmächtigten sind von den Beschränkungen des § 181 BGB befreit. Die Vollmachten sind übertragbar. Von ihnen darf nur bei Notar … oder seinem Stellvertreter Gebrauch gemacht werden.

Ort / Datum …   Unterschrift
                           (kann auch der neue Geschäftsführer unterzeichnen)

Notarielle Beglaubigung

Darüber hinaus haben die Geschäftsführer ihre Unterschrift in notariell beglaubigter Form zur Aufbewahrung beim Handelsregister zu hinterlegen (§ 8 Abs. 5 GmbHG).

d) Strafbarkeit bei falschen Angaben gegenüber dem Registergericht

Neben der zivilrechtlichen Haftung des Geschäftsführers für falsche Angaben im Rahmen der Errichtung der Gesellschaft bzw. bei der Kapitalerhöhung muss berücksichtigt werden, dass sich der Geschäftsführer gem. § 82 GmbH strafbar machen kann.

So wird nach § 82 GmbHG mit Freiheitsstrafe bis zu drei Jahren oder mit Geldstrafe bestraft, wer als Geschäftsführer zum Zweck der Eintragung der Gesellschaft über die Übernahme der Geschäftsanteile, die Leistung der Einlagen, die Verwendung eingezahlter Beträge, über Sondervorteile, Gründungsaufwand und Sacheinlagen oder in der nach § 8 Abs. 3 Satz 1 GmbHG abzugebenden Versicherung falsche Angaben macht.

Falsch sind neben unzutreffenden auch unvollständige Angaben. Angaben zur Übernahme der Geschäftsanteile können unrichtig sein, wenn eine zweifelsfreie Identifizierung des übernehmenden Gesellschafters nicht möglich ist oder die Unwirksamkeit des Beitritts verschwiegen wird. Dies zeigt die Bedeutung der Gesellschafterliste.

Besonders bedeutend sind die Angaben über die Leistung der Einlage zur freien Verfügung. Die Angaben sind falsch, wenn die Einlage nicht effektiv erbracht ist, insbesondere weil die Leistung nicht oder nicht in der angegebenen Höhe erfolgt ist oder im Fall einer unzulässigen Aufrechnung, sowie bei einer Leistung aus einem Kredit, den die GmbH gewährt.

Nach alldem wird deutlich, dass der Geschäftsführer bereits zu Beginn seiner Tätigkeit im Rahmen der Gründung der Gesellschaft größte Sorgfalt an den Tag legen sollte.

e) Handelndenhaftung

Die Gesellschaft mit beschränkter Haftung entsteht erst mit Eintragung ins Handelsregister. Zuvor existiert sie nicht, und man kann sich nicht auf die Haftungsbeschränkung berufen. Kommt es nicht zu einer Eintragung der Gesellschaft ins Handelsregister und scheitert somit die Gründung der GmbH, so tritt neben die Haftung der Gründungsgesellschafter die Haftung des Handelnden (§ 11 Abs. 2 GmbHG). Jeder, der im Namen der Gesellschaft handelt, haftet bis zur Eintragung der Gesellschaft ins Handelsregister persönlich für die hieraus entstehenden Verpflichtungen.

Beispiel: Der Geschäftsführer schließt einen Mietvertrag über Büroräume im Namen der noch nicht ins Handelsregister eingetragenen Gesellschaft ab. Später unterbleibt die Eintragung ins Handelsregister weil das Registergericht moniert, dass das Stammkapital nicht wirksam aufgebracht wurde. Der Geschäftsführer haftet nun persönlich für die Miete.

Der Begriff des Handelnden ist weit gefasst. **Handelnder** ist nicht nur der Geschäftsführer, sondern auch, wer wie ein solcher für die künftige GmbH auftritt. Selbstverständlich haftet neben ihm die so genannte Vorgesellschaft (so wird die Gesellschaft bis zu ihrer Eintragung ins Handelsregister bezeichnet). Die Haftung besteht nur gegenüber Dritten, nicht aber auch gegenüber Gesellschaftern, selbst wenn sie als Drittgläubiger eine Forderung gegen die Gesellschaft erworben haben. Die Haftung kann im Wege einer Vereinbarung mit dem Gläubiger aber ausgeschlossen werden. Ferner besteht im Fall einer Inanspruchnahme ein Erstattungsanspruch bzw. Freistellungsanspruch des Handelnden gegenüber der Vorgesellschaft.

Sobald die Gesellschaft ins Handelsregister eingetragen wird, erlischt die Handelndenhaftung. In der Praxis kommt es in aller Regel letztlich zur Eintragung, so dass eine tatsächliche Inanspruchnahme des Handelnden kaum vorkommt. Dennoch ist jedem Geschäftsführer dringend anzuraten, Geschäfte im Namen der Gesellschaft erst nach Eintragung ins Handelsregister abzuschließen.

2. Pflichten nach der Gründung im Rahmen einer vitalen Gesellschaft

Nach der Gründung beginnt die Hauptaufgabe des Geschäftsführers, da er sämtliche zur Verwirklichung des Unternehmensgegenstandes gebotenen Maßnahmen und Entscheidungen durchführen muss. Er ist für die Verfolgung des im Gesellschaftsvertrag genannten Gesellschaftszwecks verantwortlich. Darüber hinaus sind dem Geschäftsführer per Gesetz ausdrücklich bestimmte Aufgaben zugewiesen. Dies sind insbesondere Aufgaben wie Buchführung und Bilanzierung (§§ 41, 42 GmbHG), Einberufung der Gesellschafterversammlung (§ 49 GmbHG), Antrag auf Eröffnung des Insolvenzverfahrens (§ 15a InsO) oder Anmeldungen zum Handelsregister (§ 78 GmbHG).

a) Vertretung der Gesellschaft

Hauptaufgaben des Geschäftsführers sind die Führung der Geschäfte und die Vertretung der Gesellschaft, da die Gesellschaft als juristische Person selbst nicht handeln kann. Sie wird durch den Geschäftsführer per Gesetz gerichtlich und außergerichtlich vertreten (§§ 35, 36 GmbHG).

Die Vertretungsmacht des Geschäftsführers ist grundsätzlich unbeschränkt und weder durch die Satzung noch im Anstellungsverhältnis beschränkbar. Dies gilt allerdings nur gegenüber Dritten. Der Geschäftsführer kann von der Vertretungsmacht nicht ausgeschlossen werden.

Von der gesetzlichen, organschaftlichen Vertretungsmacht (Außenverhältnis) ist jedoch die Geschäftsführungsbefugnis (Innenverhältnis) zu unterscheiden. Denn die Vertretungsmacht regelt das „Können" nach Außen, wohingegen die Geschäftsführungsbefugnis das „Dürfen" im Innenverhältnis regelt. Diese Unterscheidung wird dadurch deutlich, dass gem. § 37 Abs. 2 GmbHG eine Beschränkung der Befugnis der Geschäftsführer, die Gesellschaft gegenüber Dritten nach außen zu vertreten, keine rechtliche Wirkung hat. Im Innenverhältnis, also zwischen der Gesellschaft und dem Geschäftsführer, können ihm sehr wohl Beschränkungen auferlegt werden. Sollte er sich hieran nicht halten, hat dies zwar keine Auswirkungen auf die mit Dritten getätigten Geschäfte, er macht sich aber u.U. gegenüber der Gesellschaft schadensersatzpflichtig.

Die außergerichtliche Vertretung umfasst die Abgabe von Willenserklärungen der GmbH nach außen (Aktivvertretung) sowie die Entgegennahme von an die GmbH gerichteten Willenserklärungen (Passivvertretung). Auch die gerichtliche Vertretung der GmbH obliegt grundsätzlich dem Geschäftsführer. So muss im Klagerubrum die Gesellschaft samt Geschäftsführer angegeben werden. Die Zustellung einer Klage erfolgt an ihn. Der Geschäftsführer kann nicht als Zeuge vernommen werden, da er Partei ist.

Ist der Geschäftsführer der Prozessgegner der GmbH (z.B. falls die GmbH den Geschäftsführer auf Schadensersatz in Anspruch nimmt), so muss gem. § 46 Nr. 8 GmbHG ein besonderer (Prozess-)Vertreter für die GmbH bestellt werden.

aa) Beschränkung der Vertretungsmacht durch gesetzliche Regelungen

Der Geschäftsführer darf die Gesellschaft grundsätzlich gemäß § 181 BGB nicht bei einem mit sich selbst abzuschließenden Geschäft vertreten und ebenso nicht bei einem Geschäft der GmbH mit einem Dritten, den er ebenfalls vertritt. Dabei kommt es nicht darauf an, ob er als gesetzlicher oder rechtsgeschäftlich bestellter Vertreter des Dritten auftritt. Durch diese gesetzliche Regelung soll ein Missbrauch der Vertretungsmacht verhindert werden, da anderenfalls auf beiden Seiten des Rechtsgeschäfts ein und dieselbe Person stehen würde. Man spricht vom **Verbot der Selbstkontrahierung.**

Folge eines Verstoßes gegen § 181 BGB ist die schwebende Unwirksamkeit des Geschäfts. Die Wirksamkeit des Geschäfts ist dann abhängig von einer nachträglichen Genehmigung des Rechtsgeschäfts durch die Gesellschaft.

Die Beschränkung trifft auch den alleinigen, geschäftsführenden Gesellschafter einer Einmann-GmbH. In diesem Fall bedarf es nach der Rechtsprechung des BGH einer Befreiung bereits in der Satzung. Die nachträgliche Befreiung durch einen Gesellschafterbeschluss ist nicht ausreichend. In derartigen Fällen muss die Satzung nachträglich geändert werden.

> **Expertenrat:** Ein Geschäftsführer sollte zur Erlangung der notwendigen Rechtssicherheit prüfen, ob die Befreiung bereits in der Satzung verankert ist. Ansonsten besteht die Gefahr, dass die von ihm abgeschlossenen Verträge mit sich selbst oder mit ihm als Vertreter schwebend unwirksam sind.

Selbstverständlich kann diese Gefahr dadurch umgangen werden, dass die GmbH sich durch einen Handlungsbevollmächtigten, zum Beispiel einen Prokuristen, vertreten lässt, der dann die Geschäfte mit dem Geschäftsführer abschließt.

Es gibt Maßnahmen oder Entscheidungen, die per Gesetz vorrangig nicht in die Kompetenz des Geschäftsführers, sondern der

Gesellschafterversammlung oder anderer satzungsgemäß bestellter Organe fallen. Dies sind nach § 46 GmbHG regelmäßig nachfolgende Geschäfte:

1. Die Feststellung des Jahresabschluss und die Verwendung des Ergebnisses.

   Der Geschäftsführer stellt zwar den Jahresabschluss auf und macht ihn den Gesellschaftern innerhalb einer angemessene Zeit vor Beschlussfassung zugänglich, jedoch beschließen die Gesellschafter über die Feststellung des Jahresabschlusses und die Verwendung des Ergebnisses (§ 264 HGB).

1 a. Die Entscheidung über die Offenlegung eines Einzelabschlusses nach internationalen Rechnungslegungsstandards (§ 325 Abs. 2 a HGB) und über die Billigung des von den Geschäftsführern aufgestellten Abschlusses.

1 b. Die Billigung eines von den Geschäftsführern aufgestellten Konzernabschlusses.

2. Die Einforderung von Einzahlungen auf die Stammeinlage.

   Während Sacheinlagen bereits zum Zeitpunkt der Anmeldung vollständig erbracht sein müssen, können Bareinlagen auch nur teilweise geleistet werden (Mindesteinlage). Die Resteinlage wird regelmäßig erst dann fällig, wenn die Gesellschafter die Einforderung beschließen oder im Gesellschaftsvertrag die sofortige Fälligkeit geregelt ist.

3. Die Rückzahlung von Nachschüssen.

4. Die Teilung sowie die Einziehung von Gesellschaftsanteilen.

5. Die Bestellung und die Abberufung von Geschäftsführern sowie die Entlastung derselben.

6. Die Maßregelung zur Prüfung und Überwachung der Geschäftsführung.

7. Die Bestellung von Prokuristen und von Handelsbevollmächtigten zum gesamten Geschäftsbetrieb.

8. Die Geltendmachung von Ersatzansprüchen, welche der Gesellschaft aus der Gründung oder Geschäftsführung gegen Geschäftsführer oder Gesellschafter zustehen, sowie die Vertretung der Gesellschaft in Prozessen, welche sie gegen die Geschäftsführer zu führen hat.

Nicht zur Vertretungsmacht des Geschäftsführers gehören ferner alle gesellschaftsrechtlichen Rechtsgeschäfte mit einzelnen Gesellschaftern, wie z.B. die Genehmigung der Veräußerung von Gesellschaftsanteilen oder der Erwerb eigener Anteile. Der Geschäftsführer kann allerdings zuständig sein, sofern ihm die Kompetenz durch Satzung oder Beschluss übertragen wird. Ebenfalls nicht zum rechtsgeschäftlichen Außenverkehr und damit auch nicht zur außergerichtlichen Vertretungsmacht des Geschäftsführers gehören zudem alle satzungsändernde Erklärungen einschließlich Kapitalerhöhungen oder -herabsetzungen, Änderungen der Firma (Name der Gesellschaft) und natürlich die Auflösung der Gesellschaft.

Der Gesellschaftsvertrag, aber auch nur dieser, kann in weitem Umfang abweichende Regelungen treffen und insbesondere Zuständigkeiten auf ein anderes Organ übertragen. So kommt es in der Praxis regelmäßig vor, dass dem Geschäftsführer die Aufgabe zugewiesen wird, die noch nicht geleisteten Stammeinlagen anzufordern.

Die laufenden Geschäfte fallen in den originären Zuständigkeitsbereich des Geschäftsführers, so dass der Geschäftsführer diese grundsätzlich ohne eine Befragung der Gesellschafterversammlung vornehmen kann. Darüber hinaus gibt es Geschäfte, die wegen ihrer Bedeutung für die Gesellschaft oder der mit ihnen verbundenen Gefahren Ausnahmecharakter haben und deshalb den Gesellschaftern vorgelegt werden müssen. Hierzu zählen insbesondere der Verkauf von wesentlichen Betriebsteilen, die Vergabe großer Kredite, die Verlegung des Geschäftssitzes. Bei derartigen Geschäften haben die Geschäftsführer eine Vorlagepflicht.

bb) Geschäftsführungsverteilung unter mehreren Geschäftsführern

Verfügt eine GmbH über mehrere Geschäftsführer, so gilt nach § 35 Abs. 2 S. 1 GmbHG der Grundsatz der **Gesamtgeschäftsführung.** Dies bedeutet, dass kein Geschäftsführer ohne die Mitwirkung der anderen Geschäftsführer handeln darf. Hiervon wird in der Praxis jedoch regelmäßig abgewichen und eine Regelung dahingehend bestimmt, dass jeder Geschäftsführer einzelvertretungsberechtigt ist.

In einer Geschäftsordnung kann die Aufgabenverteilung unter mehreren Geschäftsführern geregelt werden. So kann z. B. allen Geschäftsführern Einzelgeschäftsführungsbefugnis gewährt werden oder einem jeden Geschäftsführer ein eigenes Ressort zugewiesen werden. Dies bedeutet aber nicht, dass durch einen Geschäftsverteilungsplan oder eine Geschäftsordnung der Grundsatz der Gesamtverantwortung sämtlicher Geschäftsführer aufgehoben wird.

Den zuständigen Geschäftsführer trifft die volle Handlungsverantwortung für die ihm zugewiesenen Aufgaben. Man spricht von Ressortverantwortlichkeit. Den Mitgeschäftsführer trifft dann die Verpflichtung, den zuständigen Geschäftsführer zu überwachen. Als Umkehrschluss hieraus folgt, dass jedem Geschäftsführer ein Informationsrecht hinsichtlich aller Angelegenheiten der Gesellschaft zusteht.

Allerdings kann auch geregelt werden, dass einzelne Geschäftsführer eine Alleingeschäftsführungsbefugnis erhalten, andere hingegen an die Mitwirkung eines zweiten Geschäftsführers oder eines Prokuristen gebunden sind. Der Umfang der Vertretungsmacht wird ins Handelsregister eingetragen.

Im Anhang findet sich ein **Muster** einer **Geschäftsordnung.**

b) Geschäftsführungsbefugnis

Nach § 37 Abs. 1 GmbHG sind die Geschäftsführer der Gesellschaft gegenüber verpflichtet, bei der Verfolgung des Gesellschaftszwecks die Beschränkungen einzuhalten, welche ihnen durch den Gesellschaftsvertrag, Beschlüsse der Gesellschafterversammlung, Weisungen der Gesellschafterversammlung oder durch gesetzliche Regelungen auferlegt werden.

Sollte der Geschäftsführer sich nicht an die Beschränkungen halten, so macht er sich schadensersatzpflichtig. Die internen Beschränkungen haben jedoch gegenüber Dritten keine Wirkung.

Beispiel: Dem Geschäftsführer wird durch die Gesellschafterversammlung verboten, ein teures Auto als Dienstwagen für die Gesellschaft zu kaufen. Sofern der Geschäftsführer den Vertrag trotzdem abschließt, so ist der Vertrag mit dem Autoverkäufer zwar wirksam, die Gesellschaft kann allerdings vom Geschäftsführer auch verlangen, dass er den Kaufpreis selbst bezahlt. In dem Fall wird der Geschäftsführer Eigentümer des Autos.

Regelmäßig finden sich Beschränkungen der Geschäftsführungsbefugnis im Gesellschaftsvertrag und/oder im Geschäftsführeranstellungsvertrag durch die Vereinbarung eines so genannten **Zustimmungskataloges**. Unter I. 3.d wurden die in der Praxis häufig vorkommenden zustimmungspflichtigen Rechtsgeschäfte bereits aufgeführt. Der Geschäftsführer ist verpflichtet, sich an den Zustimmungskatalog zu halten und keine Rechtgeschäfte ohne die ausdrückliche Einwilligung der Gesellschafterversammlung vorzunehmen. Vor der Ausführung der zustimmungspflichtigen Geschäfte sollte sich der Geschäftsführer die schriftliche Zustimmung der Gesellschafterversammlung einholen. Die zustimmungspflichtigen Geschäfte können sich sowohl aus der Satzung als auch aus dem Anstellungsvertrag ergeben.

Ferner kann die Gesellschafterversammlung dem Geschäftsführer jederzeit Weisungen erteilen. Voraussetzung ist allerdings, dass ein entsprechender wirksamer Gesellschafterbeschluss vorliegt. Die Gesellschafter können mit ihren Weisungen nach der h. M. in Rechtsprechung und Literatur auch so weit gehen, dass die Geschäftsführer zu einem reinen Exekutivorgan herabgestuft werden. Die Geschäftsführer dürfen allerdings **rechtswidrige Weisungen** nicht befolgen, deren Ausführung zu einem Verstoß gegen zwingende Gläubigerschutzvorschriften oder öffentlich-rechtliche Pflichten führen würde. Hierzu gehören insbesondere die Pflicht zur Insolvenzantragstellung, sozialversicherungsrechtliche Pflichten, die Pflicht zur Kapitalerhaltung sowie steuerrechtliche Verpflichtungen.

Weisungen, welche die Existenz der Gesellschaft gefährden, müssen vom Geschäftsführer ebenfalls nicht eingehalten werden. Unzulässig sind selbstverständlich auch Weisungen, die sittenwidrig oder rechtswidrig sind oder gar strafbare Geschäftsführungsmaßnahmen fordern. In derartigen Fällen ist der Geschäftsführer berechtigt, den Weisungen zu widersprechen.

Die Weisungsbeschlüsse bedürfen grundsätzlich keiner Form. Allerdings ist beim Alleingesellschafter die **Dokumentationspflicht des § 48 Abs. 3 GmbHG** zu beachten, wonach über die Beschlussfassung unverzüglich eine Niederschrift zu erstellen und zu unterschreiben ist.

Nichtige und anfechtbare Gesellschafterbeschlüsse entfalten keine rechtliche Bindung des Geschäftsführers. Sofern der Geschäftsführer jedoch nicht zugleich Gesellschafter ist, wird er die Nichtigkeit oder Anfechtbarkeit eines Beschlusses schwerlich beurteilen können. Er selbst kann die Beschlüsse nicht gerichtlich anfechten. Das Einzige, was er tun kann, ist die Ausführung der Beschlüsse zu verweigern.

Expertenrat: Der Geschäftsführer sollte sich Weisungsbeschlüsse grundsätzlich schriftlich geben lassen.

Handelt ein Geschäftsführer in Ausführung einer rechtmäßige Gesellschafterweisung, so kann er für deren Folgen grundsätzlich von den Gesellschaftern oder der Gesellschaft nicht zur Verantwortung gezogen werden.

c) Wahrnehmung der Geschäftsführungsaufgaben (Geschäftsleitung)

Die Pflicht zur Führung der Geschäfte beginnt mit Wirksamwerden der Bestellung und endet mit Beendigung der Geschäftsführerstellung. Hauptpflicht des Geschäftsführers ist die Wahrnehmung der Geschäftsführungsaufgaben. Der Geschäftsführer leitet das Unternehmen. Er führt die Geschäfte der Gesellschaft und ist zur ordnungsgemäßen Unternehmensleitung verpflichtet. Er trifft die für die Erreichung des Gesellschaftszwecks erforderlichen Entscheidungen, wobei ihm ein weiter unternehmerischer Handlungsspielraum eingeräumt ist. Dabei muss er stets das Interesse der Gesellschaft berücksichtigen, da er lediglich fremdes Vermögen treuhänderisch verwaltet. Die Interessenswahrnehmung wird durch den Gesellschaftszweck, den Unternehmensgegenstand und die dem Geschäftsführer erteilten Weisungen bestimmt.

Der Unternehmensgegenstand stellt aber auch zugleich die Grenze der Geschäftsführung dar. Die Geschäfte müssen sich grundsätzlich im Rahmen des satzungsmäßigen Unternehmensgegenstands halten und dürfen diesen nicht ausweiten oder auf andere Felder verlagern. Sie müssen so zweckfördernd wie möglich geführt werden. Hierzu gehört die **Pflicht zur Kooperation** mit den anderen Geschäftsführern, aber auch die **Pflicht zur Überwachung von Mitgeschäftsführers.** Damit er diese Pflicht ausüben kann, steht dem Geschäftsführer ein weit reichendes **Informationsrecht** zu. Er muss jederzeit einen ausreichenden Überblick über die wirtschaftliche und finanzielle Situation der Gesellschaft haben.

Zur Erreichung der Unternehmensziele muss der Geschäftsführer alle Maßnahmen treffen, die dem Unternehmen zum Erfolg verhelfen. Hierbei ist er der Gesellschaft gegenüber zur Treue verpflichtet. In den Angelegenheiten der Gesellschaft hat der Geschäftsführer die **„Sorgfalt eines ordentlichen Geschäftsmannes"** anzuwenden (§ 43 Abs. 1 GmbHG). Die Haftung des Geschäftsführers beginnt dann, wenn er diesen Rahmen verlässt oder die ihm von den Gesellschaftern erteilten Weisungen nicht einhält. Leitgedanke muss immer sein, dass der Geschäftsführer fremdes Vermögen, nämliches solches der Gesellschaft verwaltet. Dies gilt auch dann, sofern der Geschäftsführer zugleich der einzige Gesellschafter ist.

Das Gesetz definiert nicht, was unter der „Sorgfalt eines ordentlichen Geschäftsmannes" zu verstehen ist. In der Rechtsprechung haben sich daher Fallgruppen herausgebildet, die dem Begriff Leben verleihen sollen. Auf persönliche Eigenschaften wie Alter oder Unerfahrenheit kommt es hierbei nicht an.

aa) Ordnungsgemäße Organisation

Der Geschäftsführer ist verpflichtet, dem Unternehmen eine zur Erreichung des Gesellschaftszwecks geeignete innere Organisation zu geben. Hierzu zählt insbesondere, dass den Mitarbeitern eine eindeutige Zuständigkeit zugeordnet und der Gesellschaft eine Organisationsstruktur gegeben wird.

bb) Überwachung der wirtschaftlichen Entwicklung der GmbH

Unabhängig davon, dass der Geschäftsführer verpflichtet ist, für eine ordnungsgemäße Buchführung und für die Aufstellung des Jahresabschlusses zu sorgen (§§ 41, 42 GmbHG), muss er sich stets über die wirtschaftliche Entwicklung des Unternehmens informieren. Nur dann ist es ihm möglich, die geeigneten Maßnahmen zu ergreifen, um dem Unternehmen zum wirtschaftlichen Erfolg zu verhelfen. Regelmäßig wird er diese Verpflichtung nur dann erfüllen können, wenn er eine Organisation geschaffen hat, die es ihm ermöglicht, sich jederzeit über alle betriebswirtschaftlich relevanten Daten, wie Ertragslage, Zahlungsfähigkeit und Überschuldung zu informieren. Nur so kann er seinen gesetzlichen Verpflichtungen zur rechtzeitigen Beantragung der Insolvenz (§ 15a InsO) oder zur Information der Gesellschafterversammlung über den Verlust des hälftigen Stammkapitals (§ 49 GmbHG) nachkommen.

cc) Ordnungsgemäße Unternehmensführung

Die Leitlinien der Geschäftsführertätigkeit werden durch den Grundsatz ordnungsgemäßer Unternehmungsführung und durch das unternehmerische Ermessen eingeschränkt. Von einem ordentlichen Geschäftsmann im Sinne des § 43 GmbHG wird verlangt, dass

- er Entscheidungen den Umständen und ihrer Bedeutung nach angemessen vorbereitet;
- sich die Entscheidungen und deren Durchführung innerhalb der Grenzen der gesicherten Erkenntnisse und bewährten Erfahrungen unternehmerischen Verhaltens halten;
- er eine angemessene Kontrolle ausgeübt.

In der Entscheidung des BGH vom 21. Juli 1997 (Az: II ZR 175/95) wurden die Anforderungen an das unternehmerische Handeln konkretisiert:

„Dem Geschäftsführer muss bei Leitung der Geschäfte des Unternehmens ein weiter Handlungsspielraum bewilligt werden, ohne den eine unternehmerische Tätigkeit schlechterdings nicht denkbar ist. Dazu gehört neben dem bewussten Eingehen geschäftlicher Risiken grundsätzlich auch die Gefahr von Beurteilungen und Fehleinschätzungen, der jeder Unternehmensleiter, mag er auch noch so verantwortungsbewusst handeln, ausgesetzt ist. Gewinnt der Aufsichtsrat den Eindruck, dass dem Vorstand das nötige Gespür für eine erfolgreiche Führung des Unternehmens fehlt, er also kein glückliches Händchen bei der Wahrnehmung seiner Leitungsaufgaben hat, kann ihm das Veranlassung geben, auf dessen Ablösung hinzuwirken.

Eine Schadensersatzpflicht des Vorstandes kann daraus nicht hergeleitet werden. Dies kann erst in Betracht kommen, wenn die Grenzen, in denen sich ein von Verantwortungsbewusstsein getragenes, ausschließlich am Unternehmenswohl orientiertes, auf sorgfältiger Ermittlung der Entscheidungsgrundlage beruhendes unternehmerisches Handeln bewegen muss, deutlich überschritten sind, die Bereitschaft unternehmerische Risiken einzugehen, in verantwortlicher Weise überspannt worden ist oder das Verhalten des Vorstandes pflichtwidrig gelten muss."

Diese Rechtsprechung hat der BGH im Jahr 2001 gefestigt und dabei festgestellt, dass der Grundsatz unternehmerischen Ermessens kein Freibrief für riskantes Handeln zum Nachteil des anvertrauten Gesellschaftsvermögens sein darf. In der vorgenannten Entscheidung wurde festgestellt, dass eine Schadensersatzpflicht dann besteht, wenn aus der Sicht eines ordentlichen und gewissenhaften Geschäftsleiters das hohe Risiko eines Schadens unabweisbar ist und keine vernünftigen geschäftlichen Gründe dafür sprechen, es dennoch einzugehen. So ist eine Pflichtverletzung insbesondere dann gegeben, wenn der Verantwortliche entgegen den in dieser Branche anerkannten Erkenntnissen und Erfahrungsgrundsätzen handelt.

dd) Risikomanagement

Jedem Geschäftsführer steht bei der Leitung der Geschäfte der Gesellschaft ein weiter Handlungsspielraum zu, da ansonsten eine unternehmerische Tätigkeit nicht denkbar wäre. Hierzu gehört neben dem bewussten Eingehen geschäftlicher Risiken auch die Gefahr von Fehlbeurteilungen und Fehleinschätzungen. Hieran fehlt es jedoch, wenn die Entscheidungen verantwortungslos sind und sich nicht ausschließlich am Unternehmenswohl orientieren und die Entscheidungsgrundlagen nicht sorgfältig ermittelt wurden. Die Intensität der sorgfältigen Ermittlung der Entscheidungsgrundlage ist jeweils abhängig von der Bedeutung des Geschäfts oder der Investition für die Gesellschaft.

Expertenrat: Jeder Geschäftsführer sollte die Entscheidungsgrundlage seines Handelns ausführlich dokumentieren und seine Entscheidungen sorgfältig vorbereiten.

Das Eingehen von unüberschaubaren Risiken oder Entscheidungen aus dem „Bauch heraus" sind daher eine Verletzung des Handlungsspielraums und führen zu einer entsprechenden Schadensersatzpflicht des Geschäftsführers.

ee) Schadensersatzpflicht bei nicht ordnungsgemäßer Geschäftsleitung

Der dem Geschäftsführer eingeräumte weite Handlungsspielraum wird durch das Erfordernis des Handelns mit der Sorgfalt eines ordentlichen Geschäftsmanns eingeschränkt. Handelt der Geschäftsführer nicht mit der Sorgfalt eines ordentlichen Geschäftsmanns, so macht er sich schadensersatzpflichtig. Selbstverständlich kann nicht nur das aktive Handeln des Geschäftsführers eine Schadensersatzpflicht auslösen, sondern auch ein Unterlassen.

Der weite Handlungsspielraum kann nur eingeschränkt gerichtlich überprüft werden. Die Rechtsprechung zieht die Grenzen der Kontrolle des Geschäftsführers dabei sehr eng. Die Grenzen unternehmerisch verantwortlichen Handelns müssen nicht nur überschritten, sondern **deutlich überschritten** worden sein. Das Risiko muss in unverantwortlicher Weise eingegangen worden sein. In diesem Zusammenhang wird regelmäßig auf die Grundsätze der Business Judgement Rules des US-amerikanischen Rechts zurückgegriffen. Danach ist eine unternehmerische Entscheidung eines Geschäftsführers der gerichtlichen Überprüfung entzogen, und er haftet dann nicht, wenn er:

- kein eigenes relevantes Interesse an der getroffenen Entscheidung hat;
- sich zur Vorbereitung seiner Entscheidung hinreichend informiert und
- nachvollziehbar nach seiner Überzeugung im besten Interesse des Unternehmens gehandelt hat.

Die Grundsätze der Business Judgement Rules haben bereits Eingang in das deutsche Recht gefunden. So wurde in § 93 Abs. 1 AktG, welcher auch auf den GmbH-Geschäftsführer entsprechend anzuwenden ist, der folgende Satz eingefügt:

„eine Pflichtverletzung liegt nicht vor, wenn das Vorstandsmitglied bei einer unternehmerischen Entscheidung vernünftigerweise annehmen durfte, auf der Grundlage angemessener Informationen zum Wohle der Gesellschaft zu handeln."

Was unter einer „angemessenen" Information zu verstehen ist, ist abhängig von den Umständen des Einzelfalls. Ist der Geschäftsführer nicht in der Lage, sich alleine ausreichende Informationen zu verschaffen, ist er verpflichtet, sich um sachverständigen Rat zu bemühen. Die auf dieser Informationsgrundlage getroffene Entscheidung muss ausschließlich am Unternehmensinteresse orientiert sein. Eigeninteressen des Geschäftsführer oder einzelner Gesellschafter dürfen dabei keinen Einfluss haben.

Eine Haftung des Geschäftsführers kann nicht dadurch ausgeschlossen werden, dass er sich darauf beruft, dass er mit der ihm übertragenen Aufgabe überfordert ist, oder dass er wegen Alter, Unerfahrenheit, Krankheit oder mangelnder Ausbildung für die Einhaltung der Sorgfaltspflicht nicht geeignet ist. In diesen Fällen muss er sein Amt niederlegen. Der Geschäftsführer muss nicht sämtliche Tätigkeiten selbst ausüben, sondern kann hierfür fachkundiges Personal einsetzen. Für ein fehlerhaftes Verhalten des von ihm eingesetzten Personals haftet er nur dann, wenn er es unterlassen hat, das Personal ausreichend zu überwachen.

Mehrere Geschäftsführer haften grundsätzlich solidarisch (§ 43 Abs. 2 GmbHG). Dies bedeutet, dass jeder Geschäftsführer voll als Gesamtschuldner in Anspruch genommen werden kann. Der in Anspruch genommene Geschäftsführer kann dann jedoch von den anderen Geschäftsführern einen Ausgleich verlangen. In der Praxis kommt es häufig vor, dass die Gesellschafterversammlung eine Geschäftsordnung beschließt, sofern mehrere Geschäftsführer vorhanden sind und einzelne Ressorts auf unterschiedliche Geschäftsführer übertragen werden. Dann ist jeder Geschäftsführer in erster Linie für das ihm zugewiesene Ressort verantwortlich. Eine Haftung des Geschäftsführers im Bereich ihm nicht zugewiesener Ressorts kommt nur dann in Betracht, wenn er seine Überwachungspflicht gegenüber den anderen Geschäftsführer verletzt. Aus diesem Grund ist auch bei einer Ressortaufteilung jeder Geschäftsführer verpflichtet, den anderen Geschäftsführer ressortübergreifend über alle wichtigen Ereignisse in seinem Zuständigkeitsbereich zu informieren und alle Angelegenheiten, die über das Tagesgeschäft hinausgehen, gemeinsam zu entscheiden. Fehlt es an einem formellen Ressortaufteilungsbeschluss durch die Gesellschafterversammlung, so besteht eine verstärkte Überwachungspflicht.

Hat die Gesellschaft mehrere Geschäftsführer, besteht die Pflicht der Geschäftsführer zur kollegialen Zusammenarbeit. Dies bedeutet, dass die Tätigkeitsmöglichkeit eines Mitgeschäftsführers nicht durch die anderen Geschäftsführer beeinträchtigt werden darf. Hieraus folgt auch die Unterrichtungspflicht des Mitgeschäftsführers über die eigenen Ressortangelegenheiten.

Im Rahmen der Ressortverteilung ist jedoch zu berücksichtigen, dass grundlegende Pflichten nicht auf einzelne Geschäftsführer delegiert werden können. So können gesetzliche Verpflichtungen, wie beispielsweise die Insolvenzantragspflicht, die Buchführung und Bilanzierungspflicht nicht auf einen bestimmten Geschäftsführer allein übertragen werden.

Ferner muss die Ressortaufteilung eindeutig und schriftlich klargestellt sein, und der zuständige Geschäftsführer muss über die erforderliche persönliche und fachliche Qualifikation verfügen.

Expertenrat: In der Praxis kommt es immer wieder vor, dass die Ressortverteilung zwar faktisch besteht, jedoch kein Gesellschafterbeschluss darüber gefasst wurde. Der Geschäftsführer sollte daher auf die Fassung eines Beschlusses drängen, der die Ressortverteilung eindeutig regelt. In der Folge sollte er dann zumindest stichprobenartig seine Mitgeschäftsführer überwachen.

Stellt ein Geschäftsführer fest, dass sein Mitgeschäftsführer eine schadensträchtige Maßnahme durchführt oder durchführen will, sollte er unverzüglich dieser Maßnahme widersprechen und gegebenenfalls die Gesellschafterversammlung informieren. Aus der Pflicht zur kollegialen Zusammenarbeit folgt jedoch, dass der Geschäftsführer vor einer Information der Gesellschafterversammlung oder eines sonstigen Aufsichtsorgans versuchen muss, den Missstand innerhalb der Geschäftsleitung abzustellen.

ff) Haftungsausschluss

Eine Haftung des Geschäftsführers gegenüber der Gesellschaft besteht dann nicht, wenn er bei der Geschäftsleitung die Grenzen der ordnungsgemäßen Geschäftsführung einhält oder die Gesellschafterversammlung den Geschäftsführer zur Vornahme von gewissen Maßnahmen per Beschluss anweist.

Hierbei ist jedoch darauf zu achten, dass der Geschäftsführer nur rechtmäßige Weisungsbeschlüsse befolgen muss (§ 37 Abs. 1 GmbHG). Die Weisungen sind jedoch unverbindlich, wenn die zugrunde liegenden Beschlüsse nichtig sind. Beschlüsse sind dann nichtig, wenn sie gegen die guten Sitten verstoßen oder gegen Gesetze, die dem öffentlichen Interesse oder dem Gläubigerschutz dienen. Die Haftung des Geschäftsführers ist dann nicht ausgeschlossen, wenn er nichtige Weisungsbeschlüsse umsetzt und hierbei ein Schaden entsteht.

Ferner muss der Geschäftsführer berücksichtigen, dass die Gesellschafterversammlung ihm in einigen Bereichen keine Weisungen erteilen darf. Hierunter fallen insbesondere die Pflicht zur Sicherung des Stammkapitals, die Buchführungspflicht, die Publizitätspflicht, die Erfüllung der Steuerpflichten, die Abführung von Sozialversicherungsleistungen und insbesondere die rechtzeitige Beantragung der Insolvenz.

Expertenrat: Der Geschäftsführer sollte die Weisungen der Gesellschafterversammlung nicht unreflektiert ausführen. Vielmehr ist ihm zu raten, jede Weisung ausführlich zu prüfen, insbesondere dahingehend, ob der Weisungsbeschluss nichtig ist oder angefochten werden kann. Stellt der Geschäftsführer letzteres fest, so sollte er seine Bedenken gegenüber der Gesellschafterversammlung äußern. Es ist empfehlenswert, die Beschlüsse zunächst nicht auszuführen.

Da das dem Geschäftsführer eingeräumte Ermessen recht weit geht, finden sich in der Praxis sehr wenige Fälle, welche sich mit Schadensersatzansprüchen gegen Geschäftsführer wegen Überschreitung ihres Ermessens beschäftigen.

Ein bedeutender Fall wurde mit Beschluss des BGH vom 18. Februar 2008 (Az. II ZR 62/07) behandelt. In diesem Fall ging es darum, dass ein Geschäftsführer zur Akquisition eines Auftrages für eine GmbH ein Angebot abgegeben hatte. Im Nachhinein musste festgestellt werden, dass die mit dem Auftrag verbundenen Kosten bei Weitem zu niedrig kalkuliert waren, so dass der Auftrag von der Gesellschaft nicht kostendeckend durchgeführt werden konnte. In der Folge verlangte die GmbH von dem Geschäftsführer Schadensersatz nach § 43 Abs. 2 GmbHG. Der BGH führt aus, dass die Handlung bzw. ein Unterlassen des Geschäftsführers für den dadurch entstandenen Schaden **kausal** sein muss. Der Gesellschaft obliegt es dann, den entstandenen Schaden und die Kausalität zwischen Handlung und Schaden nachzuweisen, wobei ihr eine Beweiserleichterung eingeräumt werden.

Ein Schadensersatzanspruch besteht nur dann, wenn das Verhalten des Geschäftsführers objektiv und subjektiv pflichtwidrig war. In entsprechender Anwendung von § 93 Abs. 2 Satz 2 AktG ist der **GmbH-Geschäftsführer dafür beweis- und darlegungspflichtig, dass sein Handeln objektiv und subjektiv nicht pflichtwidrig war.** Die vom Gesetz vorgenommene Umkehr der Beweislast wird damit begründet, dass der Geschäftsführer bzw. der Vorstand die Umstände seines Verhaltens und damit auch die Gesichtspunkte überschauen kann, die für die Beurteilung der Pflichtwidrigkeit seines Verhaltens relevant sind. Aus diesem Grund ist jedem Geschäftsführer anzuraten, dass er z.B. im Rahmen von Akquisitionsangeboten die Berechnungsgrundlage sorgfältig ermittelt und dokumentiert.

Nach § 43 Abs. 4 GmbHG verjähren Ansprüche der Gesellschaft gegenüber dem Geschäftsführer innerhalb von fünf Jahren. Die Frist kann gem. § 202 Abs. 2 BGB auf bis zu 30 Jahre verlängert werden. Allerdings ist auch eine **Verkürzung der Frist zur Geltendmachung von Schadensersatzansprüchen** zulässig. So hat der BGH (Urteil vom 16. 9. 2002, AZ: II ZR 107/01) entschieden, dass eine Regelung in einem Anstellungsvertrag, wonach

„alle Ansprüche aus dem Beschäftigungsverhältnis innerhalb von sechs Monaten nach Fälligkeit, im Fall der Beendigung des Arbeitsverhältnisses jedoch innerhalb von drei Monaten nach Beendigung schriftlich geltend zu machen sind."

wirksam ist. Die Verkürzung der Verjährungsfrist kann nur für solche Verstöße gelten, die nicht im Zusammenhang mit einem Verstoß gegen Gläubiger- und Kapitalschutzvorschriften stehen.

Expertenrat: Der Geschäftsführer sollte darauf achten, dass in seinem Anstellungsvertrag Schadensersatzansprüche innerhalb einer Frist, die kürzer ist als fünf Jahre, geltend gemacht werden müssen.

---

3. Pflicht zur Kapitalerhaltung

Die Geschäftsführer sind verpflichtet, das Stammkapital zu erhalten und zu sichern. Das zur Erhaltung des Stammkapitals erforderliche Vermögen der Gesellschaft darf an die Gesellschafter nicht ausgezahlt werden (§ 30 Abs. 1 GmbHG). Die Vorschrift dient dem Gläubigerschutz. Die Gesellschaftsgläubiger sollen davor geschützt werden, dass das in der Satzung bestimmte Stammkapital, welches von den Gesellschaftern einbezahlt wurde, an sie zurückbezahlt wird. Hierunter fällt allerdings nicht eine Verwirtschaftung des Stammkapitals, also dessen Aufzehrung durch Verlust bzw. die Ausgabe des Stammkapitals für laufende Geschäfte.

Den Geschäftsführern sind nicht nur eigenhändige Auszahlungen verboten, sondern aufgrund ihrer Überwachungspflicht müssen sie auch dafür Sorge tragen, dass Auszahlungen an Gesellschafter nicht von Mitgeschäftsführern oder anderen zur Vertretung der Gesellschaft ermächtigten Personen wie Prokuristen und Handlungsbevollmächtigten vorgenommen werden.

Eine verbotene Auszahlung liegt dann vor, wenn bei bilanzieller Betrachtung die Aktiva der Gesellschaft (ohne stille Reserven), abzüglich der Verbindlichkeiten (einschließlich der Rückstellungen für ungewisse Verbindlichkeiten ohne passivierte Rücklagen), einen Negativwert ergeben würden. Man spricht dann von einer so genannten Unterbilanz. Eine Auszahlung ist erst recht unzulässig, wenn durch sie nicht nur eine Unterbilanz entsteht oder vertieft wird, sondern die Leistung an den Gesellschafter zu einer Überschuldung führt oder diese vergrößert.

Eine Auszahlung liegt nicht nur beim Auskehren von Barmitteln vor, sondern bei jeder Verringerung des Gesellschaftsvermögens, so z. B. auch bei einer unentgeltlichen Sachübereignung oder im Rahmen eines Austauschgeschäfts als überhöhte Gegenleistung. Gehaltszahlungen an einen Gesellschafter-Geschäftsführer können nicht gegen das Kapitalerhaltungsgebot verstoßen, solange sie angemessen sind. Kritisch sind allerdings Begründungen von Verbindlichkeit ohne Gegenleistung gegenüber einem Dritten durch die Gesellschaft, die lediglich den Interessen des Gesellschafters dient. Die rein bilanzielle Betrachtung kann auch bei der Bestellung von Sicherheiten zugunsten von Gläubigern des Gesellschafters zu einer verbotenen Auszahlung führen. Der Vorgang ist dann bilanzneutral, wenn bei Stellung der Sicherheit mit einer Inanspruchnahme nicht gerechnet werden muss. Sollte aber wegen drohender Inanspruchnahme eine Rückstellung gebildet werden müssen, hängt die Zulässigkeit davon ab, ob die Rückstellung durch einen werthaltigen Rückgriffsanspruch gegen den Gesellschafter neutralisiert wird.

Empfänger der Leistung muss ein Gesellschafter oder ein Dritter sein, wenn die Leistung aus dem Gesellschaftsvermögen auf Weisung und Rechnung des Gesellschafters geschieht, z. B. um den Gesellschafter von privaten Verbindlichkeiten zu entlasten. Auch kann die Leistung an einen Dritten dem Gesellschafter zugerechnet werden, sofern eine besondere Nähebeziehung zwischen Gesellschafter und Dritten besteht. Dies ist nach der Rechtsprechung bei Ehegatten oder minderjährigen Kindern der Fall.

Ein Auszahlungsverstoß ist unzulässig und durch die Geschäftsführer zu verweigern. Der Kapitalerhaltungsgrundsatz ist zwingend, so dass der Geschäftsführer dahingehende Weisungsbeschlüsse der Gesellschafter nicht ausführen darf und muss.

Die Gesellschafter haben die verbotswidrig erhaltenen Auszahlungen an die Gesellschaft zurückzuerstatten. Die Geschäftsführer sind verpflichtet, diese Ansprüche im Namen der Gesellschaft gegenüber den Gesellschaftern geltend zu machen. Die Pflicht zur Rückforderung einer verbotswidrigen Zahlung umfasst dabei die gesamte verbotswidrige Leistung, nicht nur den Teil, der zu einer

Unterbilanz geführt hat. Zur Geltendmachung des Anspruchs bedarf es keines Gesellschafterbeschlusses. Der Anspruch ist sofort fällig und entfällt durch eine spätere Auffüllung des Stammkapitals nicht. Sofern der Empfänger in gutem Glauben war, kann die Erstattung nur insoweit verlangt werden, als sie zur Befriedigung der Gesellschaftsgläubiger erforderlich ist. Die Rückzahlungsverpflichtung kann nicht erlassen werden.

Neben der Rückzahlungspflicht besteht eine Haftung des Geschäftsführers gemäß § 43 Abs. 3 bzw. § 31 Abs. 6 GmbHG, wenn ihm bezüglich der geleisteten Zahlungen ein Verschulden zur Last fällt. Ein vorsätzlicher Verstoß gegen das Auszahlungsverbot begründet darüber hinaus eine Strafbarkeit des Geschäftsführers wegen Untreue gemäß § 266 StGB.

Von dem Grundsatz der verbotenen Rückzahlung werden durch § 30 Abs. 1 S. 2 und S. 3 GmbHG **Ausnahmen** gemacht.

Nach § 30 Abs. 1 S. 2 GmbHG gilt das Zahlungsverbot nicht bei Leistungen, die bei Bestehen eines Beherrschungs- oder Gewinnabführungsvertrags (gem. § 291 AktG) erfolgen oder durch einen vollwertigen Gegenleistungs- oder Rückgewähranspruch gegen den Gesellschafter gedeckt sind.

In der Praxis finden sich **Beherrschungs- und Gewinnabführungsverträge** selten. Hierbei handelt es sich um solche Verträge, wonach die Leitung der Gesellschaft einem anderen Unternehmen unterstellt (Beherrschungsvertrag) wird oder die Gesellschaft sich verpflichtet, ihren ganzen Gewinn an ein anderes Unternehmen abzuführen (Gewinnabführungsvertrag). Die Gesellschaft ist in diesen Fällen aufgrund des bestehenden Vertragsverhältnisses verpflichtet den Gewinn abzuführen. Der Geschäftsführer muss keine weiteren Handlungen vornehmen weshalb ihm kein Haftungsvorwurf gemacht werden kann.

Eine unzulässige Auszahlung liegt nicht vor, wenn nach einer Auszahlung ein **vollwertiger Gegenleistungs- oder Rückgewähranspruch** gegen den Gesellschafter besteht. In diesen Fällen handelt es sich um einen bloßen bilanziellen Aktivtausch. Wie bereits oben bei der Kapitalaufbringung aufgezeigt, bergen diese Fallkonstellationen ein enormes Haftungspotenzial, da die Vollwertigkeit der Gegenleistung sichergestellt sein muss.

Nach § 30 Abs. 1 S. 3 GmbHG führt die **Rückzahlung eines Gesellschafterdarlehens** nicht zu einem Verstoß gegen das Auszahlungsverbot. Die Ansprüche des Gesellschafters müssen aber fällig und durchsetzbar sein.

In persönlicher Hinsicht finden die beschriebenen Regeln zunächst auf Leistungen an Gesellschafter Anwendung. Hierbei kommt es nicht darauf an, ob die Darlehensforderung nachträglich an einen Nichtgesellschafter abgetreten wurde, oder der Gesellschafter nach Darlehensgewährung aus der Gesellschaft ausgeschieden ist. Streitig ist, ob die Regelung auch auf nachträglich als Gesellschafter eintretende Darlehensgeber angewendet werden kann.

Auch Nichtgesellschafter fallen als Kreditgeber unter die Sonderregelungen für Gesellschafterdarlehen, da Forderungen aus Rechtshandlungen, die einem solchen Darlehen wirtschaftlich entsprechen, dem Gesellschafterdarlehen gleichzustellen sind. Dies sind z.B. gestundete Forderungen oder (Dritt-)Forderungen, welche durch den Gesellschafter abgesichert sind.

Ferner müssen die Geschäftsführer auf Beschluss der Gesellschafterversammlung Nachschüsse (§ 26 GmbHG) einziehen, sofern dies in der Satzung vorgesehen ist und ferner den Erwerb eigener Anteile durch die Gesellschafter verhindern, wenn diese Anteile nicht voll eingezahlt sind oder durch den Erwerb das Stammkapital angegriffen wird, da die Abfindung für die eingezogenen Anteile nur aus dem nicht gebundenen Eigenkapital erfolgen darf (§ 33 Abs. 2 GmbHG).

4. Pflichten aus der organschaftlichen Treuepflicht

Als Organ ist der Geschäftsführer der Gesellschaft zu Treue verpflichtet. Diese Selbstverständlichkeit ist gesetzlich nicht normiert. Der Geschäftsführer ist verpflichtet, in allen Angelegenheiten, die das Interesse der Gesellschaft berühren, allein das Wohl der Gesellschaft und nicht seine eigenen Vorteile oder den Vorteil Dritter im Auge zu haben. Er muss seine Fähigkeiten, Kenntnisse und Erfahrungen der Gesellschaft vollumfänglich zur Verfügung stellen.

Seine Arbeitskraft muss er nach Maßgabe seines Dienstvertrages und den Bedürfnissen der Gesellschaft widmen. Aus der Treuepflicht resultieren zahlreiche Einzelverpflichtungen. Nachfolgend werden die wichtigsten benannt:

a) Wettbewerbsverbot

Unabhängig von den Regelungen im Anstellungsvertrag unterliegt jeder Geschäftsführer zwingend einem Wettbewerbsverbot. Ihm ist jede unternehmerische Tätigkeit im Bereich des satzungsgemäßen Unternehmensgegenstands der Gesellschaft verboten, soweit hieraus ein Interessenkonflikt mit den von ihm in dieser Funktion wahrzunehmenden Aufgaben entstehen kann. Allerdings kann dem Geschäftsführer eine Befreiung vom Wettbewerbsverbot erteilt werden. Die Gesellschafterversammlung muss dann ausdrücklich einen Beschluss fassen, der dem Geschäftsführer seine weitere Tätigkeit, die im Wettbewerb zur Gesellschaft steht, erlaubt. Nach seiner Amtszeit unterliegt der Geschäftsführer grundsätzlich keinem Wettbewerbsverbot. Allerdings kann im Anstellungsvertrag ein nachvertragliches Wettbewerbsverbot vereinbart werden. Nachvertragliche Wettbewerbsverbote sind jedoch nur dann wirksam, wenn sie im Einzelfall das in zeitlicher, räumlicher und gegenständlicher Hinsicht notwendige Maß nicht überschreiten. Das nachvertragliche Wettbewerbsverbot setzt ein berechtigtes Interesse der Gesellschaft voraus. Es darf die Berufsausübung und die wirtschaftliche Betätigung des Geschäftsführers nicht unbillig erschweren. Aus diesem Grund muss es nach Ort, Zeit und Gegenstand beschränkt werden. Der räumliche Geltungsbereich muss genau umschrieben sein. Fehlt eine räumliche Begrenzung, ist von einer weltweiten Geltung auszugehen. Für ein weltweites Wettbewerbsverbot fehlt jedoch regelmäßig ein berechtigtes geschäftliches Interesse der Gesellschaft. Im Regelfall kann das nachvertragliche Wettbewerbsverbot für die Dauer von zwei Jahren beschränkt werden. Auch der Gegenstand des nachvertraglichen Wettbewerbsverbots darf das berufliche Fortkommen des ehemaligen Geschäftsführers nicht unbillig erschweren. Vollständige Tätigkeitsverbote sind nur dann zulässig, wenn Kunden- bzw. Mandantenschutzklauseln keinen ausreichenden Schutz bieten.

Fraglich ist, ob ein nachvertragliches Wettbewerbsverbot nur dann wirksam ist, wenn dem ausgeschiedenen Geschäftsführer eine Karenzentschädigung bezahlt wird. Hierbei muss berücksichtigt werden, dass umfassende Wettbewerbsverbote in aller Regel zu einem Tätigkeitsverbot des Geschäftsführers führen, weshalb in der Praxis davon ausgegangen wird, dass solche eine Karenzentschädigung auslösen. Lediglich bei einer Kunden- bzw. Mandantenschutzklausel ist eine Karenzentschädigung zur Wirksamkeit der Vereinbarung nicht erforderlich.

b) Geschäftschancen

Über das Wettbewerbsverbot hinaus sind Geschäftsführer verpflichtet, sich ihnen bietende Geschäftschancen nicht für sich persönlich oder Dritte auszunutzen, sondern für die GmbH, wenn sie dieser zustehen. Hierbei soll es unerheblich sein, ob der Geschäftsführer von der Geschäftschance in seiner Eigenschaft als Geschäftsführer erfahren hat oder privat Kenntnis davon erlangt hat. Aus der Geschäftschancenlehre folgt auch, dass die Interessen der Gesellschaft grundsätzlich Vorrang vor den Interessen des Geschäftsführers haben. Kommt es zu einer Kollision der Interessen der Gesellschaft mit denen des Geschäftsführers oder eines ihm nahe stehenden Dritten, so muss der Geschäftsführer vorrangig die Interessen der Gesellschaft berücksichtigen.

c) Verschwiegenheitspflicht

Zur Treuepflicht gehört auch, dass der Geschäftsführer sämtliche Angelegenheiten der Gesellschaft sowie Betriebs- und Geschäftsgeheimnisse vertraulich behandelt und nicht gegenüber Dritten offenbart.

Die Verletzung der Verschwiegenheitspflicht kann nach § 85 GmbHG strafrechtlich verfolgt werden. So wird mit Freiheitsstrafe bis zu einem Jahr oder mit Geldstrafe bestraft, wer ein Geheimnis der Gesellschaft, namentlich ein Betriebs- oder Geschäftsgeheimnis, dass ihm in seiner Eigenschaft als Geschäftsführer bekannt geworden ist, unbefugt offenbart.

Handelt der Täter gegen Entgelt oder in der Absicht sich oder einen anderen zu bereichern oder einen anderen zu schädigen, so wird das Mindeststrafmaß erhöht.

5. Pflicht des Geschäftsführers zu Angaben auf Geschäftsbriefen

Nach § 35 a GmbH müssen auf allen Geschäftsbriefen die Rechtsform und der Sitz der Gesellschaft, das zuständige Registergericht, die Nummer, unter der die Gesellschaft in das Handelsregister eingetragen ist sowie alle Geschäftsführer angegeben werden.

Die Vorschrift hat den Zweck, Geschäftspartnern wesentliche Informationen über die GmbH zu verschaffen und durch Mitteilung handelsregisterlicher Daten die Möglichkeit weiterer Aufklärung zu eröffnen.

Der Begriff der „Geschäftsbriefe" ist weit auszulegen und umfasst sämtliche, nach außen gerichtete geschäftliche Mitteilungen, gleichgültig ob es sich um Schreiben in Textform oder im Wege der elektronischen Kommunikation, wie z. B. per E-Mail, handelt. Hierunter fallen auch Preislisten, Angebote, Lieferscheine und Rechnungen. Nicht darunter fällt der interne Schriftverkehr der GmbH, z. B. zwischen Gesellschaftern und dem Geschäftsführer.

Bei Verstößen kann ein Zwangsgeld gegen den Geschäftsführer festgesetzt werden.

Der Geschäftsführer haftet persönlich für die Schäden, die sich aus fehlenden Pflichtangaben auf GmbH-Geschäftsbriefen ergeben können. Jedem Geschäftsführer ist daher dringend anzuraten, die Geschäftsbriefe auf den notwendigen Inhalt sorgfältig zu kontrollieren.

6. Pflicht zur ordnungsgemäßen Buchführung und Veröffentlichungspflichten

Die GmbH unterliegt als Handelsgesellschaft der für Kaufleute geltenden öffentlich-rechtlichen Buchführungspflicht gemäß §§ 238 ff. HGB, ergänzt durch die Vorschriften für Kapitalgesellschaften in den §§ 264 ff. HGB.

Gemäß den §§ 41, 42 GmbHG sind die Geschäftsführer verpflichtet, „für eine ordnungsgemäße Buchführung der Gesellschaft zu sorgen". Sind mehrere Geschäftsführer vorhanden, so trifft die Buchführungspflicht jeden Geschäftsführer einzeln. Allerdings muss er sie nicht persönlich erfüllen, sondern hat nur für die ordnungsgemäße Buchführung der Gesellschaft Sorge zu tragen. Dies geschieht in der Praxis regelmäßig durch qualifiziertes Fachpersonal oder einen Steuerberater bzw. Wirtschaftsprüfer. Falls der Geschäftsführer die Aufgaben auf Dritte überträgt, hat er eine Überwachungs- und Kontrollpflicht.

Der Geschäftsführer kann von der gesetzlichen Verpflichtung zur ordnungsgemäßen Buchführung nicht durch Weisungen der Gesellschaft entbunden werden, da die Pflicht im öffentlichen Interesse und insbesondere im Interesse des Gläubigerschutzes besteht.

Der Geschäftsführer sollte wissen, dass die Gesellschaft gem. §§ 264 Abs. 1, 242 Abs. 1 und. 2 HGB verpflichtet ist, jährlich zum Abschluss ihres Geschäftsjahres einen Jahresabschluss zu erstellen. Der Jahresabschluss besteht grundsätzlich aus der Bilanz, einer Gewinn- und Verlustrechnung, dem Anhang sowie dem Lagebericht. Ferner muss jährlich eine Inventur durchgeführt werden (§ 240 HGB). Die Pflicht zur Buchführung beginnt schon mit dem ersten Geschäftsvorfall der Vorgesellschaft nach Abschluss des Gesellschaftsvertrages, selbst wenn die Gesellschaft noch nicht im Handelsregister eingetragen ist. Zur ordnungsgemäßen Buchführung gehört auch, dass Handelsbücher, Inventare, Eröffnungsbilanzen sowie die Jahresabschlüsse, Lageberichte und die Buchungsbelege für die Dauer von zehn Jahren aufbewahrt werden. Nach der Aufstellung müssen der Jahresabschluss und der

Lagebericht unverzüglich durch den Geschäftsführer der Gesellschafterversammlung vorgelegt werden. Die Gesellschafterversammlung muss den Jahresabschluss dann feststellen. Nach der Feststellung ist der Jahresabschluss von allen Geschäftsführern mit Datumsangabe zu unterzeichnen.

Die Pflicht zur ordnungsgemäßen Buchführung wird durch strafrechtliche Sanktionen flankiert. Der Geschäftsführer macht sich wegen Bankrotts gem. § 283 StGB strafbar, wenn er bei Überschuldung oder bei drohender oder eingetretener Zahlungsunfähigkeit entgegen dem Handelsrecht Bilanzen so aufstellt, dass die Übersicht über den Vermögensstand erschwert wird oder er es unterlässt, die Bilanz oder das Inventar in der vorgeschriebenen Zeit aufzustellen. Hierauf muss der Geschäftsführer ein besonderes Augenmerk legen, da eine Verurteilung wegen Bankrotts dazu führen kann, dass dem Geschäftsführer in seiner persönlichen Insolvenz die Restschuldbefreiung versagt wird.

Kommt der Geschäftsführer seiner Pflicht zur ordnungsgemäßen Buchführung nicht nach, so macht er sich nicht nur strafbar, sondern die Pflichtverletzung stellt zugleich einen fristlosen Kündigungsgrund dar. Unabhängig von der Kündigungsmöglichkeit stellt sich die Frage, ob die Gesellschaft bei nicht ordnungsgemäßer Buchführung einen Schadensersatzanspruch gegen den Geschäftsführer geltend machen kann. In aller Regel ist dies nicht der Fall, da der Gesellschaft kein Schaden entstanden ist. Ist durch die nicht ordnungsgemäße Buchführung tatsächlich nachweislich ein Schaden entstanden, so kann die Gesellschaft diesen gegenüber dem Geschäftsführer geltend machen.

Aufgrund der möglichen Strafbarkeit sollte der Geschäftsführer nicht nur darauf achten, dass der Jahresabschluss und die Buchführung ordnungsgemäß durchgeführt werden, sondern auch, dass der Jahresabschluss **rechtzeitig** aufgestellt wird.

Bei kleinen GmbHs ist der Jahresabschluss innerhalb der ersten sechs Monate des nachfolgenden Geschäftsjahres aufzustellen. Bei mittleren und großen Kapitalgesellschaften muss der Jahresabschluss innerhalb der ersten drei Monate des laufenden Geschäftsjahres für das vergangene Geschäftsjahr zusammen mit dem Lagebericht aufgestellt werden.

Die Einteilung der Größenklassen ergibt sich aus § 267 HGB:

Kriterien/ Kapitalgesell- schaften	Bilanzsumme in Mio. EUR	Umsatz in Mio. EUR	Arbeit- nehmer
Kleine	≤ 4,015	≤ 8,030	≤ 50
Mittlere	≤ 16,060	≤ 32,120	≤ 250
Große	> 16,060	> 32,120	> 250
Großunternehmen	> 65	> 130	> 5000

Die Kriterien greifen, wenn zwei von drei Kriterien an zwei aufeinander folgenden Stichtagen erfüllt werden. Kapitalmarktorientierte Kapitalgesellschaften gelten als große Gesellschaften (§ 267 Abs. 3 HGB).

Durch eine Gesetzesänderung wurden neue Bilanzierungsregelungen eingeführt, die verpflichtend auf die ab dem 1. Januar 2010 beginnende Geschäftsjahre anzuwenden sind. Bereits für den Abschluss 2009 können sie freiwillig angewendet werden. Die Größenklassen, die darüber entscheiden, welche Informationspflichten ein Unternehmen treffen, werden durch die Neuregelung geändert. Die in § 267 HGB geregelten Schwellenwerte für Bilanzsumme und Umsatzerlöse wurden um 20% erhöht.

Kleine Kapitalgesellschaften sind zukünftig solche, die nicht mehr als rund 4,8 Mio. Euro Bilanzsumme (bisher rund 4 Mio. Euro), rund 9,8 Mio. Euro Umsatzerlöse (bisher rd. 8 Mio. Euro), bzw. 50 Arbeitnehmer im Jahresdurchschnitt aufweisen. Von den Kriterien müssen mindestens zwei erfüllt sein, um als klein klassifiziert zu werden.

Als **mittelgroß** gelten künftig solche Kapitalgesellschaften, die nicht mehr als rund 19,2 Mio. Euro Bilanzsumme (bisher rund 16 Mio. Euro), rund 38,5 Mio. Euro Umsatzerlöse (bisher rund 32 Mio. Euro), bzw. 250 Arbeitnehmer im Jahresdurchschnitt aufweisen.

Somit kommen mehr Unternehmen als bisher in den Genuss der Erleichterungen, die für kleine und mittelgroße Kapitalgesellschaften gelten. Abhängig von der Größenklasse muss eine Kapitalgesellschaft mehr oder weniger weit reichende Informationspflichten erfüllen. Kleine Kapitalgesellschaften brauchen z. B. ihren Jahresabschluss nicht von einem Abschlussprüfer prüfen zu lassen und müssen nur die Bilanz, nicht aber die Gewinn- und Verlustrechnung offen legen. Dies ist ein großer Vorteil, da Konkurrenten anhand der G+V-Rechnung Rückschlüsse auf Preiskalkulationen und Gewinnmargen ziehen können. Mittelgroße Kapitalgesellschaften können auf eine Reihe von Angaben verzichten, die große Kapitalgesellschaften machen müssen, und dürfen Bilanzpositionen zusammenfassen.

Der Jahresabschluss nebst Lagebericht und der Beschluss über die Ergebnisverwendung sind nach seiner Vorlage an die Gesellschafter innerhalb von bestimmten Fristen beim Handelsregister einzureichen. Die Veröffentlichungsfristen ergeben sich aus § 325 Abs. 1 HGB.

Kap.Ges.	Prüfung	Offenlegung	Fristen
Klein	Nein	Elektronischer Bundesanzeiger	3–6/12 Monat
Mittel	Ja (auch vBP)	Elektronischer Bundesanzeiger	3/9 Monate
Groß	Ja (nur WP)	Elektronischer Bundesanzeiger	3/9 Monate
Großunt. §1 PublG	Wie große Kap.Ges.	Wie große Kap.Ges.	wie große Kap.Ges.

Kommt der Geschäftsführer dieser Verpflichtung nicht nach, so kann das Handelsregister ein Zwangsgeld gegen ihn festsetzen. Der Jahresabschluss wird in verkürzter Form im Bundesanzeiger veröffentlicht und kann unter www.ebundesanzeiger.de abgerufen werden.

7. Pflicht zur Information der Gesellschafterversammlung bei Verlust des hälftigen Stammkapitals

Stellt der Geschäftsführer aus der Jahresbilanz oder einer im Laufe des Geschäftsjahres aufgestellten Bilanz fest, dass die Hälfte des Stammkapitals aufgebraucht ist, so ist er gemäß § 49 Abs. 3 GmbHG verpflichtet, umgehend eine Gesellschafterversammlung einzuberufen und diese über den Verlust bzw. die Krise zu informieren.

Ein Verlust in Höhe der Hälfte des Stammkapitals liegt dann vor, wenn der Verlust zzgl. eines Verlustvortrages so hoch ist, dass er nach Verrechnung mit den Kapital- und Gewinnrücklagen und einem Gewinnvortrag die Hälfte des Stammkapitals übersteigt.

Der Geschäftsführer ist somit frühzeitig verpflichtet, die Gesellschafterversammlung über die wirtschaftlichen Verhältnisse der Gesellschaft zu unterrichten.

Die Buchführungspflicht dient daher auch der Selbstinformation der Gesellschaft, da der Geschäftsführer verpflichtet ist, unverzüglich eine Gesellschafterversammlung einzuberufen, wenn die Hälfte des Stammkapitals verloren ist (§ 49 Abs. 3 GmbHG).

8. Auskunftspflichten

Nach § 51a GmbHG haben die Geschäftsführer jedem Gesellschafter auf Verlangen unverzüglich Auskunft über die Angelegenheiten der Gesellschaft zu geben und Einsicht in die Bücher und Schriften der Gesellschaft zu gestatten.

Das Recht auf Auskunft steht jedem Gesellschafter unabhängig von der Größe seiner Beteiligung an der Gesellschaft zu. Einem ausgeschiedenen Gesellschafter steht es nicht mehr zu, auch dann nicht, wenn er noch Ansprüche aus dem Gesellschaftsverhältnis verfolgt. Der Gesellschafter kann Auskunft über alle Angelegenheiten der Gesellschaft verlangen. Hierzu gehören alle die Unternehmensführung betreffenden und für die Gewinnermittlung und Verwendung wesentlichen Tatsachen. Ferner fällt hierunter alles, was mit der Geschäftsführung der Gesellschaft, ihren wirtschaftlichen Verhältnissen und ihren Beziehungen zu Dritten in Zusammenhang steht. Die Auskunft ist vollständig und inhaltlich zutreffend zu erteilen. Ihr Umfang richtet sich nach der Fragestellung.

Neben dem Auskunftsrecht steht jedem Gesellschafter ein Einsichtsrecht zur Verfügung. Dies ist ebenso weit reichend wie das Auskunftsrecht und umfasst alle Bücher und Schriften der Gesellschaft. Einsichtnahme muss die Gesellschaft nur in ihren Geschäftsräumen gewähren. Die Einsichtnahme an einem anderen Ort ist nur dann zulässig, wenn sich die Unterlagen im Rahmen der ordnungsgemäßen Geschäftsführung ohnehin dort befinden. Dies ist z. B. dann der Fall, wenn sich die Buchführungsunterlagen beim Steuerberater befinden. Die notwendigen Informationen kann der Geschäftsführer nur dann verweigern, wenn zu befürchten ist, dass der Gesellschafter sie zu gesellschaftsfremden Zwecken verwendet und dadurch der Gesellschaft oder einem verbundenen Unternehmen ein nicht unerheblicher Nachteil zugefügt wird. Jedoch kann der Geschäftsführer über die Verweigerung nicht selbst entscheiden. Vielmehr ist hierfür ein Beschluss der Gesellschafterversammlung notwendig. Will der Geschäftsführer allerdings die Information erteilen, muss er nicht an die Gesellschafterversammlung herantreten.

Jedem Gesellschafter steht das Recht auf eine gerichtliche Entscheidung über das Auskunfts- und Einsichtsrecht zu, falls die Informationserteilung vom Geschäftsführer verweigert wird.

Neben dem einzelnen Gesellschafter steht selbstverständlich auch der Gesellschafterversammlung ein umfassendes Auskunfts- und Einsichtsrecht gegenüber dem Geschäftsführer zu. Sollte der Geschäftsführer dem nicht nachkommen, so hat die Gesellschafterversammlung gem. § 46 Nr. 6 GmbHG die Möglichkeit, Maßregeln zur Prüfung und Überwachung der Geschäftsführung zu bestimmen. Solche Maßregeln können die Einführung eines Zustimmungskataloges für gewisse Geschäfte sein, die Prüfung von Unterlagen der Gesellschaft oder die Aufstellung besonderer Berichtspflichten. Zudem kann die Gesellschafterversammlung auch bestimmen, dass ein Sonderprüfer benannt wird, der die Tätigkeit des Geschäftsführers kontrolliert.

9. Pflichten des Geschäftsführers im Rahmen der Gesellschafterversammlung und des Vollzugs der Gesellschafterbeschlüsse

Soweit die Satzung der GmbH nichts anderes regelt, ist der Geschäftsführer nach § 49 Abs. 1 GmbHG für die Einberufung der Gesellschafterversammlung verantwortlich. Hierzu ist er mindestens einmal im Jahr zur Feststellung des Jahresabschlusses durch die Gesellschafterversammlung verpflichtet. In der Satzung können sich hiervon abweichende Regelungen ergeben.

Die Gesellschafterversammlung muss zudem unverzüglich einberufen werden, wenn sich aus der Jahresbilanz oder aus einer im Laufe des Geschäftsjahrs aufgestellten Bilanz ergibt, dass die Hälfte des Stammkapitals verloren ist (§ 49 GmbHG). Hierdurch sollen die Gesellschafter über die wirtschaftliche Situation der Gesellschaft informiert werden.

Darüber hinaus muss die Gesellschafterversammlung einberufen werden, sofern Gesellschafter, deren Geschäftsanteil zusammen mindestens 10% des Stammkapitals betragen, die Einberufung verlangen (§ 50 GmbHG). Sie müssen hierbei die Gründe und den Zweck für die Einberufung der Gesellschafterversammlung angeben. Kommt der Geschäftsführer dem nicht nach, so können die Gesellschafter die Einberufung der Gesellschafterversammlung selbst vornehmen.

Sind mehrere Geschäftsführer vorhanden, kann jeder von ihnen alleine, unabhängig von seiner Geschäftsführungs- und Vertretungsbefugnis, die Einberufung vornehmen. Hierbei kommt es nicht darauf an, ob er bereits ins Handelsregister eingetragen wurde. Ausschlaggebend ist allein die wirksame Bestellung zum Geschäftsführer. Streitig ist, ob auch ein bereits abberufener oder nicht wirksam bestellter Geschäftsführer einberufungsberechtigt ist, nur weil er noch bzw. schon im Handelsregister eingetragen ist. Nach h. M. ist der Geschäftsführer in derartigen Fällen einberufungsberechtigt.

Die Satzung der Gesellschaft kann allerdings bestimmen, dass andere Organe als der Geschäftführer die Gesellschafterversammlung einberufen dürfen. Dies kann sogar so weit gehen, dass dem Geschäftsführer das Recht zur Einberufung vollständig entzogen wird.

Die Einberufung der Gesellschafterversammlung erfolgt durch die Einladung der Gesellschafter mittels **eingeschriebenem Brief.** Hier wird nochmals die Bedeutung der Gesellschafterliste deutlich. Einzuladen sind nur die Gesellschafter, welche sich auf der Gesellschafterliste befinden. Der Gesellschafter muss unter der in der Gesellschafterliste angegebenen Adresse geladen werden. Wenn der Geschäftsführer weiß, dass die Gesellschafterliste hinsichtlich der Adresse falsch ist, ist eine Ladung ausnahmsweise auch an einer anderen Adresse zulässig. Beispiel: Der Gesellschafter hat einen Umzug mitgeteilt, nur wurde Gesellschafterliste noch nicht entsprechend abgeändert. Die Einladung muss nur dann mit eingeschriebenem Brief erfolgen, wenn die Satzung keine andere Form vorschreibt. Unter einem eingeschriebenen Brief im oben genannten Sinn versteht man ein Übergabe-Einschreiben. Dieses muss vom Einwurf-Einschreiben unterschieden werden. Beim Übergabe-Einschreiben muss der Empfänger den Empfang quittieren, beim Einwurf-Einschreiben nicht.

Die **Einladung muss den Ort, das Datum und die Uhrzeit der Versammlung** nennen. In aller Regel finden sich in der Satzung Bestimmungen, wonach die Gesellschafterversammlung am Sitz der Gesellschaft stattzufinden hat. Hierdurch soll vermieden werden, dass es im Ermessen des Geschäftsführers liegt, Gesellschafterversammlungen auch im Ausland oder an einem anderen für die Gesellschafter ungünstigen Ort stattfinden zu lassen, um einem Gesellschafter die Teilnahme zu erschweren. Dies bedeutet aber nicht, dass sich die Gesellschafter nicht auch auf einen anderen Ort einigen können.

Der Geschäftsführer muss sich bei der Einberufung der Gesellschafterversammlung an den Interessen aller Beteiligten orientieren. Das Gesetz schreibt in § 51 Abs. 2 GmbHG vor, dass der Zweck der Versammlung bereits bei der Einberufung angekündigt werden muss. Hieraus folgt, dass der Einberufung bereits eine Tagesordnung über die abzustimmenden Beschlüsse beigefügt werden muss. Bis zu drei Tage vor der Versammlung kann die Tagesordnung ergänzt werden. Die Ergänzung muss selbstverständlich auch in der entsprechend vorgeschriebenen Form vorgenommen und angekündigt werden.

Aus der Tagesordnung muss für die Gesellschafter zu ersehen sein, worüber verhandelt und beschlossen werden soll. Da das Gesetz nur vorschreibt, dass der Zweck der Versammlung angekündigt werden muss, herrscht oft Streit darüber, ob die in der Tagesordnung genannten Punkte für eine angemessene Vorbereitung ausreichen.

> **Expertenrat:** Jedem Geschäftsführer ist daher anzuraten, die zu fassenden Gesellschafterbeschlüsse in der Tagesordnung so genau wie möglich anzugeben und gegebenenfalls zu erläutern. Dies dürfte insbesondere dann wichtig sein, sofern bereits absehbar ist, dass die in der Gesellschafterversammlung gefassten Beschlüsse angefochten werden.

Zwar ist ein bestimmter Vorschlag zur Beschlussfassung im GmbH-Recht nicht nötig, jedoch sollten die Gegenstände der Tagesordnung bereits in der Ladung so genau wie möglich bezeichnet werden.

Im Fall der geplanten Abberufung eines Geschäftsführers muss in der Ladung mitgeteilt werden, welcher Geschäftsführer abberufen werden soll. Nicht erforderlich ist hingegen die Mitteilung, dass eine Abberufung aus „wichtigem Grund" erfolgen soll. Außerdem brauchen die Gründe im Einzelnen nicht wiedergegeben zu werden. Unzureichend ist jedoch die bloße Ankündigung, dass Änderungen in der Geschäftsführung erfolgen sollen. Ferner reichen Stichworte, wie zum Beispiel „Geschäftsführerangelegenheiten" oder gar „Verschiedenes" nicht aus. Keiner Ankündigung bedürfen reine Beratungsgegenstände, über die nicht beschlossen werden soll. Unter dem Tagesordnungspunkt „Verschiedenes" darf daher nur beraten und nicht beschlossen werden.

Ist die Versammlung nicht ordnungsgemäß einberufen worden, können dennoch Beschlüsse gefasst werden, wenn sämtliche Gesellschafter anwesend sind. Diese Beschlüsse sind jedoch anfechtbar. Eine Anfechtung ist ausgeschlossen, wenn der Verfahrensmangel geheilt wurde. Eine Heilung kommt insbesondere dann in Betracht, wenn ein Verfahrensmangel von einem in der Gesellschafterversammlung erschienenen Gesellschafter nicht gerügt wurde.

Muster einer **Einberufung** zu einer **Gesellschafterversammlung:**

Übergabe/Einschreiben

An die Gesellschafter der ABC- Beispiel GmbH

Ich, der unterzeichnende Geschäftsführer der ABC-Beispiel GmbH lade Sie hiermit zu einer Gesellschafterversammlung auf Freitag, den 13. Februar 2009, um 09.00 Uhr in den Geschäftsräumen der Gesellschaft ein.

Über nachfolgende Tagesordnungspunkte soll Beschluss gefasst werden:

1. Feststellung des Jahresabschlusses zum 31. Dezember 2008.

   Einen vorläufigen Entwurf des Jahresabschlusses und des Lageberichts füge ich bei.

2. Gewinnverwendung

   Als Geschäftsführer schlage ich vor, den Jahresüberschuss in Höhe von … auf neue Rechnung vorzutragen.

3. Entlastung des Geschäftsführers.

Ort, Datum u. Unterschrift des Geschäftsführers

Zwar ist der Geschäftsführer gem. § 49 Abs. 1 GmbHG für die Einberufung der Gesellschafterversammlung zuständig, ein **Teilnahmerecht** hat er aber nicht. Allerdings finden sich in der Satzung regelmäßig Bestimmungen, wonach der Geschäftsführer zum Versammlungsleiter der Gesellschafterversammlung bestimmt wird. Er ist dann auch für die ordnungsgemäße Durchführung der Gesellschafterversammlung verantwortlich. Besteht eine solche Regelung nicht, kann dem Geschäftsführer durch die Gesellschafter ein Teilnahmerecht bewilligt werden. Der Geschäftsführer als Versammlungsleiter ist dann u. a. für die Führung des Protokolls und die Feststellung der Beschlüsse zuständig.

Der Versammlungsleiter wird die Gesellschafterversammlung mit der Präsenzfeststellung und der Festlegung der Reihenfolge der Abstimmungspunkte eröffnen. In aller Regel werden die Tagesordnungspunkte in der bereits angekündigten Reihenfolge zur Abstimmung gestellt. Der Geschäftsführer muss die entsprechenden

Wortmeldungen, Anträge und Stimmabgaben entgegennehmen. Er muss die Beschlussfähigkeit und das Abstimmungsergebnis feststellen und dies protokollieren. Darüber hinaus obliegt ihm als Versammlungsleiter die Sitzungsgewalt, die ihn dazu berechtigt, Ordnungsmaßnahmen wie Wortentziehungen, Schluss der Rednerliste oder sogar Saalverweisungen zu verhängen.

Da dem Versammlungsleiter auch die Feststellung der Beschlussfähigkeit obliegt, ist die Kenntnis der Satzung erforderlich. Dritte dürfen grundsätzlich nicht an der Gesellschafterversammlung teilnehmen. Dies gilt auch für die Teilnahme von Beratern eines Gesellschafters, da die Gesellschafterversammlung nicht zusätzlich durch ihre Anwesenheit erschwert werden soll. Es steht jedem Gesellschafter frei, einen Berater an seiner Stelle in die Gesellschafterversammlung zu entsenden, es sei denn in der Satzung wurde keine entgegenstehende Regelung vereinbart.

Unter welchen Voraussetzungen die **Beschlussfähigkeit** der Gesellschafterversammlung vorliegt, ist eine Frage der Satzung. Hierin wird in aller Regel bestimmt, ob nach Köpfen, Stimmzahl oder Beteiligungshöhe abgestimmt wird. Auch legt die Satzung fest, ob bereits jede Gesellschafterversammlung, unabhängig von der Anwesenheit der Anzahl der Gesellschafter, beschlussfähig ist. Der Beschluss ist dann gefasst, wenn Beschlussfähigkeit vorlag und er mit der in der Satzung geregelten Mehrheit gefasst wurde. Sollte sich eine Regelung in der Satzung nicht finden, so werden Beschlüsse mit einfacher Mehrheit gefasst. Stimmberechtigt ist jeder Inhaber eines Geschäftsanteils, auch wenn er seine Einlage noch nicht oder nicht vollständig geleistet hat.

Ein Gesellschafter, der durch die Beschlussfassung entlastet oder von einer Verbindlichkeit befreit werden soll, hat hierbei kein Stimmrecht und darf ein solches auch nicht für andere ausüben (§ 47 Abs. 4 GmbHG). Das **Stimmverbot** greift somit auch bei der Entlastung des Gesellschafter-Geschäftsführers. Hierunter fällt auch die Abberufung des Gesellschafter-Geschäftsführers aus wichtigem Grund. Bei diesem Tagesordnungspunkt hat er kein Stimmrecht. Oftmals herrscht jedoch Streit darüber, ob ein wichtiger Grund vorliegt, weshalb es dem Gesellschafter-Geschäftsführer anzuraten ist, in jedem Fall mit abzustimmen. Will der Gesellschafter-Geschäftsführer sich gegen seine Abberufung wehren, muss er den Weg der Anfechtungsklage wählen. Im Rahmen der Anfechtungsklage wird dann geprüft, ob tatsächlich ein wichtiger Grund zur Abberufung vorlag. In der Versammlung selbst reicht die Behauptung eines wichtigen Grundes aus, damit der Versammlungsleiter die Stimme des Betroffenen nicht berücksichtigen muss.

Auch die Befreiung des Gesellschafter-Geschäftsführers von einem gesetzlichen oder satzungsmäßigen Wettbewerbsverbot wird vom Stimmverbot umfasst.

Eine verbotswidrig abgegebene Stimme ist nichtig und darf für das Abstimmungsergebnis nicht mitgezählt werden.

Das Gesetz sieht für bestimmte Beschlüsse eine ¾-Mehrheit der abgegebenen Stimme vor. Dies sind:

- Satzungsänderungen, insbesondere Kapitalmaßnahmen wie Kapitalerhöhungen oder Kapitalherabsetzungen,
- Auflösung oder Umwandlung der Gesellschaft sowie
- Zustimmung zu Unternehmensverträgen.

Der Geschäftsführer als Versammlungsleiter muss nach der Abstimmung das Ergebnis feststellen und verkünden. Dann ist der Beschluss vorläufig verbindlich. Er kann nur noch zeitlich begrenzt im Wege der **Anfechtungsklage** aufgehoben werden. Dies gilt nicht für nichtige Beschlüsse, solche die zum Beispiel gegen die guten Sitten verstoßen.

Grundsätzlich können Gesellschafterbeschlüsse formfrei gefasst werden. Jedoch bietet sich die schriftliche Protokollierung der gefassten Beschlüsse an. Das Gesetz schreibt zudem vor, dass Satzungsänderungen, insbesondere Kapitalmaßnahmen und Umwandlungsbeschlüsse der **notariellen Beurkundung** bedürfen. Wenn derartige Beschlüsse gefasst werden, ist es daher sinnvoll, die Gesellschafterversammlung in Anwesenheit eines Notars stattfinden zu lassen.

Im Einverständnis aller Gesellschafter können Beschlüsse auch im so genannten **Umlaufverfahren** gefasst werden, ohne dass es einer Gesellschafterversammlung bedarf. Voraussetzung ist hierfür gem. § 48 Abs. 2 GmbHG, dass sich sämtliche Gesellschafter in Textform mit der zu treffenden Bestimmung oder mit der schriftlichen Abgabe der Stimmen einverstanden erklären. Hierzu kann bereits die Satzung bestimmen, dass Gesellschafterversammlungen nur im Ausnahmefall stattfinden und im Übrigen die Gesellschafterbeschlüsse im so genannten Umlaufverfahren erfolgen.

Eine Besonderheit besteht bei der Ein-Mann-Gesellschaft, bei der sich alle Geschäftsanteile in der Hand eines Gesellschafters befinden. Der Ein-Mann-Gesellschafter kann jederzeit formlose Beschlüsse fassen. Allerdings ist er per Gesetz verpflichtet, unverzüglich nach der Beschlussfassung eine Niederschrift aufzunehmen und zu unterschreiben. Hierbei sind Ort und Zeit der Beschlussfassung anzugeben.

10. Aufgaben bei der Kapitalerhöhung

Die Gesellschafterversammlung kann die Erhöhung des Stammkapitals jederzeit beschließen. Die Geschäftsführer müssen den Beschluss umsetzen und sind, wie bei der Gründung der Gesellschaft, für die ordnungsgemäße Kapitalaufbringung verantwortlich. Er muss daher wissen, wie eine Kapitalerhöhung abläuft:

- notariell beurkundeter Kapitalerhöhungsbeschluss mit qualifizierter Mehrheit (§ 53 GmbHG);
- ggf. Bezugsrechtsausschluss und Zulassungsbeschluss;
- Übernahmevertrag zwischen GmbH und Übernehmer des erhöhten Kapitals;
- Leistung der Einlage (§ 56a GmbHG);
- Anmeldung zum Handelsregister (§ 57 GmbHG) durch sämtliche Geschäftsführer;
- Eintragung und Bekanntmachung.

Da es sich bei der Kapitalerhöhung um eine Satzungsänderung handelt, muss der Beschluss mindestens mit einer Dreiviertelmehrheit der abgegebenen Stimmen gefasst werden. Der notariell zu beurkundende Beschluss muss angeben, ob im Rahmen der Kapitalerhöhung neue Anteile ausgegeben werden oder ob der Nennbetrag der bereits bestehenden Anteile erhöht wird. Ferner bedarf es bei der Kapitalerhöhung einer notariell aufgenommenen oder beglaubigten Erklärung des Übernehmers. Durch die Übernahmeerklärung kommt ein Übernahmevertrag hinsichtlich der Stammeinlage zustande. Es reicht aus, wenn die Übernahmeerklärung zusammen mit dem Beschluss beurkundet wird. Die Gesellschaft wird bei Annahme der Übernahmeerklärung durch die Gesellschafter vertreten, die hierzu eine dritte Person, wie insbesondere den Geschäftsführer, ermächtigen können. Die Annahmeerklärung ist nicht formgebunden und kann konkludent erfolgen.

Die bisherigen Gesellschafter haben bei einer Kapitalerhöhung nach herrschender Meinung ein gesetzliches Bezugsrecht auf das erhöhte Stammkapital entsprechend ihrem Anteil. Es kann allerdings auch beschlossen werden, dass Gesellschafter ganz oder teilweise vom Bezugsrecht ausgeschlossen werden und wer zur Übernahme der Stammeinlage zugelassen wird. Der Bezugsrechtsausschluss führt zu einem Eingriff in die Mitgliedschaftsrechte. Aus diesem Grund ist er gegen den Willen des betroffenen Gesellschafters nur mit einer Dreiviertelmehrheit möglich und muss im Interesse der Gesellschaft erfolgen. Dies ist beispielsweise bei der Kapitalerhöhung durch Sacheinlage denkbar. Der Bezugsrechtsausschluss muss in der Tagesordnung zur Gesellschafterversammlung besonders angekündigt werden.

Im Beschluss ist der übernommene Gesellschaftsanteil betragsmäßig zu beziffern, und die Person des Übernehmers ist anzugeben. Auch Nichtgesellschafter können die neuen Geschäftsanteile übernehmen. Bei einer Leistung von Sacheinlagen sind deren Gegenstand und der betreffende Geschäftsanteil anzugeben.

Der Ausgabepreis muss mindestens dem Nennwert des Erhöhungsbetrags entsprechen (sog. Verbot der Unterpari-Emission). Soll zusätzlich ein Aufgeld (oder Agio) für die Übernahme der Geschäftsanteile zu leisten sein, muss dies ausdrücklich im Kapitalerhöhungsbeschluss festgelegt werden. Ausnahmsweise muss der Ausgabepreis den inneren Wert der neuen Anteile angemessen widerspiegeln, wenn ein Gesellschafter vom Bezugsrecht ausgeschlossen wird, da er ansonsten faktisch zur Übernahme gezwungen wäre, um eine Verwässerung des Werts seines Anteils zu vermeiden. Die neuen Geschäftsanteile kommen erst mit Eintragung im Handelsregister zur Entstehung. Die Übernehmer sind aber, genau wie bei der Kapitalaufbringung im Rahmen der Gründung, verpflichtet, die fällige Leistung sofort zu bewirken.

Die Einlageleistung muss zur freien Verfügung der Geschäftsführer erbracht werden. Bei einer Kapitalerhöhung wird die Bareinlage schon dann zur freien Verfügung der Geschäftsführung geleistet, wenn sie nach dem Kapitalerhöhungsbeschluss in den uneingeschränkten Verfügungsbereich des Geschäftsführers gelangt ist und nicht an die Einleger zurückfließt. Im Unterschied zur Gründung ist daher eine wertgleiche Deckung zum Zeitpunkt der Anmeldung der Kapitalerhöhung in das Handelsregister nicht erforderlich. Im Rahmen einer Kapitalerhöhung ist es nicht erforderlich, dass die Einlagen noch im Zeitpunkt der Anmeldung unverändert zur freien Verfügung der Geschäftsführer vorhanden sind. Es genügt die Versicherung, dass der Einzahlungsbetrag zur freien Verfügung der Geschäftsführer für die Zwecke der Gesellschaft eingezahlt und in der Folge nicht an die Einleger zurückgezahlt worden ist. Bei falschen Angaben haften die Geschäftsführer auf Schadensersatz.

Die Kapitalerhöhung muss unabhängig von der Vertretungsbefugnis von sämtlichen Geschäftsführern zum Handelsregister angemeldet werden. Die Anmeldung darf erst erfolgen, wenn das erhöhte Kapital durch die Übernahme der Geschäftsanteile gedeckt ist. Der Anmeldung sind gem. § 57 Abs. II GmbHG beizufügen:

- die Versicherung, dass der Gegenstand der Leistungen sich endgültig in der freien Verfügung der Geschäftsführer befindet,
- der Kapitalerhöhungsbeschluss sowie Übernahmeerklärung in notarieller Form,
- eine von den Anmeldenden unterschriebene Liste der Personen, welche die neuen Geschäftsanteile übernommen haben; aus der Liste müssen die Nennbeträge der von jedem übernommenen Geschäftsanteile ersichtlich sein sowie
- bei einer Kapitalerhöhung mit Sacheinlagen die Verträge, die den Festsetzungen nach § 56 GmbHG zugrunde liegen oder zu ihrer Ausführung geschlossen worden sind.

Die Kapitalerhöhung kann gem. § 57 c GmbHG auch aus Gesellschaftsmitteln erfolgen. Dann sind neben dem Erhöhungsbeschluss in notariell beurkundeter Form die der Erhöhung zugrunde gelegte und testierte Bilanz und die von sämtlichen Geschäftsführern unterschriebene Erklärung nach § 57 i Abs. 1 S. 2 GmbHG vorzulegen. Hiernach müssen die Geschäftsführer versichern, dass nach ihrer Kenntnis seit dem Stichtag der zugrunde gelegten Bilanz bis zum Tag der Anmeldung keine Vermögensminderung eingetreten ist, die der Kapitalerhöhung entgegenstünde, wenn sie am Tag der Anmeldung geschlossen worden wäre.

Die Kapitalerhöhung wird als Satzungsänderung erst mit Anmeldung und Eintragung im Handelsregister wirksam.

11. Aufgaben des Geschäftsführers in der Krise der Gesellschaft

In der Krise erhöhen sich die Anforderungen an den Geschäftsführer. Die Definition der Krise ist nicht einfach, und es muss zwischen betriebswirtschaftlicher Krise und rechtlicher Krise unterscheiden werden. Die betriebswirtschaftliche Krise zeichnet sich dadurch aus, dass der wirtschaftliche Fortbestand des Unternehmens gefährdet ist. In aller Regel macht sich die betriebswirtschaftliche Krise zuerst durch ein Absatzproblem bemerkbar. Die **betriebswirtschaftliche Krise** kann zahlreiche Gründe haben, wie z. B. Führungsfehler, fehlerhafte Organisation oder eine verfehlte und veraltete Produktpalette. Krisenursachen können auch außerhalb des Unternehmens liegen.

Die **rechtliche Krise** ist zumeist das Ergebnis der betriebswirtschaftlichen Krise. Eine Legaldefinition der Krise im rechtlichen Sinn fehlt. Nach überwiegender Ansicht soll jedoch eine rechtliche Krise dann vorliegen, wenn die Gesellschaft kreditunwürdig ist und somit von dritter Seite keinen Kredit mehr zu marktüblichen Bedingungen erhält und die Gesellschaft ohne Kapitalzufuhr durch die Gesellschafter liquidiert werden müsste. Kann die Krise durch geeignete Maßnahmen nicht überwunden werden, folgt entweder die Liquidation oder die Insolvenz der Gesellschaft.

Der Geschäftsführer ist verpflichtet, sich regelmäßig einen Überblick über den wirtschaftlichen Stand der Gesellschaft zu verschaffen. Bemerkt er, dass sich die Gesellschaft in der Krise befindet, besteht die **Pflicht zur Ergreifung von Sanierungsmaßnahmen.**

a) Pflicht zur Aufstellung einer Überschuldungsbilanz

In der Praxis muss immer wieder festgestellt werden, dass wirtschaftliche Krisen von Geschäftsführern häufig zu spät erkannt werden. Nach dem „Prinzip Hoffnung" werden die notwendigen Sanierungsmaßnahmen zumeist verschoben oder überhaupt nicht eingeleitet. In derartigen Fallkonstellationen übersieht der Geschäftsführer leider, dass er zu Beginn einer Krise noch sinnvoll agieren kann. Sobald die Krise weiter fortgeschritten ist, kann er lediglich reagieren. Sein Handlungsspielraum nimmt mit zunehmender Krisendauer sukzessive ab. Der Geschäftsführer ist bei Krisenanzeichen verpflichtet, sich durch **Aufstellung eines Vermögensstatus** in der Form einer Überschuldungsbilanz einen Überblick über den Vermögensstand der Gesellschaft zu verschaffen und notfalls unter fachkundiger Prüfung zu entscheiden, ob eine positive Fortführungsprognose für das Unternehmen besteht. Hierzu kommt es oft erst auf Drängen der eigenen Hausbank der Gesellschaft. Es gibt selten Fälle, in denen die Geschäftsführer aus eigener Motivation einen externen Sanierungsberater mit der wirtschaftlichen Beratung und Erstellung einer Fortführungsprognose beauftragen. Nicht selten verweisen Geschäftsführer in diesem Zusammenhang auf den Steuerberater und Wirtschaftsprüfer der Gesellschaft. Hierbei übersehen sie allerdings, dass die Erstellung einer Fortführungsprognose nicht die originäre Aufgabe eines Wirtschaftsprüfers oder Steuerberaters ist. Es kommt daher regelmäßig vor, dass die Hausbank eine betriebswirtschaftliche Krise vor dem Geschäftsführer feststellt und diesen dazu drängt, einen externen Berater mit der Erstellung einer Fortführungsprognose und gegebenenfalls einem Sanierungsgutachten zu beauftragen.

> **Expertenrat:** Geschäftsführer sollten regelmäßig den wirtschaftlichen Zustand der Gesellschaft überprüfen. Falls Krisenanzeichen festgestellt werden, muss umgehend ein Überschuldungsstatus/Vermögensstatus erstellt werden. Nur so kann der Geschäftsführer die notwendigen Maßnahmen zur Sanierung der Gesellschaft einleiten oder im schlimmsten Fall den Insolvenzantrag stellen.

Einer persönlichen Haftung wegen Insolvenzverschleppung kann der Geschäftsführer nur entgehen, wenn er sich regelmäßig um die finanzielle Situation der Gesellschaft kümmert und im Fall einer Krise eine Überschuldungsbilanz erstellt und fortschreibt. Nur so kann der Geschäftsführer feststellen, ob die Gesellschaft fortgeführt werden kann oder ob unverzüglich ein Insolvenzantrag gestellt werden muss. Zur Vermeidung einer Haftungsinanspruchnahme durch die Gesellschaft oder deren Gläubiger kann sich der Geschäftsführer nicht auf den Standpunkt zurückziehen, dass er keine Kenntnis von der Krise der Gesellschaft gehabt habe, da er sich regelmäßig über die wirtschaftliche Situation der Gesellschaft informieren muss. Das OLG Celle (Urteil vom 17. 5. 2008, 9 U 191/07) hat entschieden, dass die Haftung wegen Insolvenzverschleppung voraussetzt, dass der Geschäftsführer die Überschuldung kennt oder fahrlässig nicht kennt. Auf fehlende Kenntnis könne er sich aber nicht berufen, wenn er seiner Beobachtungspflicht nicht nachgekommen sei und im Fall der Aufstellung eines Überschuldungsstatus diesen regelmäßig bis zur Überwindung der Krise fortschreibt.

In der Entscheidung hat das OLG Celle weiter ausgeführt, dass Zahlungen des Geschäftsführers, die den Betrieb vorläufig aufrecht erhalten sollen, nur dann mit der Sorgfalt eines ordentlichen Geschäftsmannes im Sinne von § 64 GmbHG vereinbar sind, wenn sich der Geschäftsführer ausreichend um die finanzielle Situation der Gesellschaft gekümmert hat. Für eine solche „Fortführung" ist regelmäßig kein Raum, wenn sich die Gesellschaft bereits in der Liquidation befindet.

In aller Regel wird dem Geschäftsführer das handwerkliche Wissen zur Erstellung einer Überschuldingbilanz fehlen, weshalb ihm dringend anzuraten ist, sich extern beraten zu lassen. Ob dies durch den eigenen Steuerberater/Wirtschaftsprüfer oder einen spezialisierter Sanierungsberater erfolgt, bleibt dem Geschäftsführer überlassen. Die Erfahrung hat allerdings gezeigt, dass ein externer Dritter, der bisher im Unternehmen noch nicht tätig war, unter Umständen eine andere Sichtweise hat und andere Ansatzpunkte findet. Dies ist auch der Grund, weshalb viele Banken die Erstellung des Überschuldungsstatus durch einen spezialisierten, externen Sanierungsberater bevorzugen.

Jeder Überschuldungsstatus basiert auf der Fortschreibung der letzten Handelsbilanz. Die Hauptproblematik liegt bei der Erstellung des Überschuldungsstatus in der Bewertung der Unternehmensaktiva, da in aller Regel die Verbindlichkeiten des Unternehmens und somit die Passivseite der Bilanz bekannt ist. Entgegen dem Ansatz in der Handelsbilanz sind in der Überschuldungsbilanz die Aktiva mit dem jeweiligen mutmaßlichen Verkehrswert unter Aufdeckung etwaiger stiller Reserven anzusetzen. Die handels- oder gegebenenfalls davon abweichenden steuerbilanziellen Ansätze der Aktiva sind im Überschuldungsstatus wenig dienlich, da hieraus nicht unmittelbar der Wert des Unternehmens geschlossen werden kann. In aller Regel schlummern im Unternehmen stille Reserven, die nicht aus der Handelsbilanz hervorgehen. Auch kommt es bei der Erstellung der Überschuldungsbilanz immer wieder zu Problemen bei der Bewertung halbfertiger Produkte. Halbfertige Produkte sind im Überschuldungsstatus mit den Fortführungswerten anzugeben.

Grundsätzlich müssen **Verbindlichkeiten gegenüber Gesellschaftern,** beispielsweise aus Gesellschafterdarlehen im Überschuldungsstatus, passiviert werden. Dies folgt nach der Gesetzesänderung nun eindeutig aus § 19 Abs. 2 Satz 3 InsO. Unter die passivierungspflichtigen Gesellschafterdarlehen fallen klassische Darlehen und Kredite, aber auch Forderungen aus Rechtshandlungen, die einem Darlehen wirtschaftlich entsprechen (§ 39 Abs. 1 Nr. 5 InsO). Einem Darlehen entsprechen alle gestundeten Forderungen, auch wenn sie aus Austauschverhältnissen, wie etwa Kaufverträgen zwischen der Gesellschaft und dem Gesellschafter, stammen, weil wirtschaftlich betrachtet jede Stundung einem Darlehen gleichkommt. Hierunter fallen auch Mieten, sofern die Gesellschaft mit den Mieten an den Gesellschafter, zum Beispiel für ein vom Gesellschafter angemietetes Betriebsgebäude, in Rückstand ist. In aller Regel machen Banken Darlehensgewährung an die GmbH von der Stellung von ausreichenden Sicherheiten durch die Gesellschafter und Geschäftsführern, also beispielsweise Bürgschaften oder Grundschulden auf Privatgrundstücken der Gesellschafter abhängig. Als wirtschaftlich einem Darlehen entsprechend muss daher die Besicherung des Darlehens eines Dritten durch einen Gesellschafter angesehen werden. Es macht keinen Unterschied, ob der Gesellschafter selbst Darlehen gewährt, oder ob er dingliche oder persönliche Sicherheiten stellt, die es einem Dritten ermöglichen, seinerseits der Gesellschaft Kredit einzuräumen.

Die zuvor genannten Grundsätze gelten ausnahmsweise nicht für geschäftsführende Gesellschafter mit einer Beteiligung von weniger als 10 % am Gesellschaftsvermögen (§ 39 Abs. 5 InsO). Man spricht in diesen Fällen vom Kleinbeteiligungsprivileg.

Die Passivierung im Überschuldungsstatus ist nur dann nicht notwendig, wenn für die Gesellschafterleistung zwischen Gesellschafter und GmbH der Nachrang im Insolvenzverfahren hinter den in § 39 Abs. 1 Nr. 1–5 InsO bezeichneten Forderungen vereinbart worden ist. Der Nachrang wird regelmäßig durch eine sog. **Rangrücktrittserklärung** vereinbart. Die Rangrücktrittserklärung führt dazu, dass die Verbindlichkeiten im Überschuldungsstatus nicht berücksichtigt werden müssen. Folglich muss die Gesellschaft weniger Vermögen aufbringen, um die verbleibenden Schulden abzudecken. Sind Rangrücktrittserklärungen in ausreichender Höhe abgegeben worden, dann kann hierdurch eine bilanzielle Überschuldung beseitigt werden. Die Rangrücktrittserklärung kann nicht nur von Gesellschaftern, sondern von jedem Darlehensgeber abgegeben werden.

Eine Rangrücktrittserklärung kann wie folgt **formuliert** werden:

Rangrücktrittserklärung

zwischen

Name und Adresse der Darlehensgeberin
Im Folgenden **„Darlehensgeberin"** genannt.

und der

ABC Beispiel GmbH, Eberhardstr. 1, 72764 Reutlingen
Im Folgenden **„Gesellschaft"** genannt.

1. Die Darlehensgeberin ist Gesellschafterin der Gesellschaft. Sie hat der Gesellschaft ein Gesellschafterdarlehen in Höhe von ...... EUR gewährt.

2. Zur Vermeidung einer bilanziellen Überschuldung erklärt die Darlehensgeberin mit sämtlichen Darlehen, insbesondere den unter Ziffer 1 genannten Darlehen bei Notwendigkeit und in der notwendigen Höhe im Rang hinter allen anderen Gläubigern der Gesellschaft, die keinen Rangrücktritt abgegeben haben und daher nach § 39 Abs. I InsO befriedigt werden – bis zur Abwendung der Krise – zurückzutreten.

Dieser Rangrücktritt reduziert sich sofern keine Überschuldung oder Krise mehr vorliegt bzw. erhöht sich wieder, sofern eine erneute Krise oder Überschuldung entsteht und die Rückzahlung aus zukünftigen Gewinnen oder sonstigem, die anderen Schulden der Gesellschaft übersteigendem Vermögen oder aus einem Liquiditätsüberschuss erfolgt.

Die Gesellschaft nimmt die Erklärung an.

....
Ort/ Datum   Ort/ Datum

....
Unterschrift Darlehnsgeberin   Unterschrift Gesellschaft

Durch die Rangrücktrittserklärung rückt der Gesellschafterkreditgeber nach § 39 Abs. 2 InsO noch einen Rang hinter die Gesellschafter, die keine solche Erklärung abgegeben haben. Er bekommt seine Leistung also als allerletzter zurückbezahlt. Regelmäßig liegen die Befriedigungsquoten in Insolvenzverfahren im einstelligen Prozentbereich, so dass die gesetzliche Regelung nur theoretische Bedeutung haben dürfte.

Ein ausdrücklicher Verzicht auf die Rückzahlung des Gesellschafterdarlehens ist nicht notwendig. Jedoch wird die Rangrücktrittserklärung regelmäßig einem Verzicht gleich kommen. Ein ausdrücklicher Verzicht führt buchhalterisch zu einem außerordentlichen Ertrag bei der Gesellschaft, der zu einem steuerpflichtigen Gewinn führen kann, sofern die Gesellschaft keine entsprechenden bilanziellen Verluste hat.

Ergibt sich aus dem Überschuldungsstatus eine bilanzielle Überschuldung, so muss anhand einer Fortführungsprognose geprüft werden, ob das Unternehmen überlebensfähig ist.

Gesetzlich ist nicht geregelt, nach welchen Kriterien eine Fortführungsprognose aufgestellt werden muss. Die Fortführungsprognose basiert auf einer Liquiditätsberechnung, anhand welcher ermittelt wird, ob das Unternehmen für eine Dauer von ca. zwei Jahren der Betriebsfortführung in der Lage ist, seinen Zahlungsverpflichtungen nachzukommen. Sofern dies mit einer überwiegenden Wahrscheinlichkeit eintritt, spricht man von einer **positiven Fortführungsprognose.** Im Rahmen der Erstellung der Fortführungsprognose müssen geplante Sanierungsmaßnahmen, wie Personalfreisetzung oder der Verkauf von Unternehmensteilen, berücksichtigt werden. Nach dem Urteil des BGH vom 23.02.2004 (II ZR 2007/01) darf „eine positive Fortführungsprognose nicht auf einseitige Sanierungsbemühungen der Gesellschaft und ein von ihr entworfenes Sanierungskonzept gestützt werden, wenn dessen Umsetzung vom Einverständnis eines Gläubigers abhängt und diese seine Zustimmung verweigert hat."

b) In Kenntnissetzung der Gesellschafter

Im Rahmen der Krise kommt es regelmäßig zum Verlust des Stammkapitals. Der Geschäftsführer muss die Gesellschafterversammlung unverzüglich einberufen, wenn die Hälfte des Stammkapitals verloren ist. Hierdurch wird sichergestellt, dass die Gesellschafter vom Eintritt der Unternehmenskrise in Kenntnis gesetzt werden. Nur so können geeignete Sanierungsmaßnahmen, insbesondere die Erhöhung des Stammkapitals vorgenommen werden.

Expertenrat: Selbst wenn die Hälfte des Stammkapitals nicht aufgebraucht ist, ist dem Geschäftsführer anzuraten, dass er die Gesellschafter umgehend über die Krise informiert.

---

c) Zahlungen an Gesellschafter und aufgrund öffentlich-rechtlicher Verpflichtungen

Nach der bisherigen Rechtslage war es dem Geschäftsführer verboten, sog. „kapitalersetzende" Gesellschafterdarlehen, die der GmbH in der Krise durch den Gesellschafter gewährt oder belassen wurden, zurückzuzahlen. Hierunter fielen auch Mietzahlungen an den Gesellschafter. Den Gesellschafter traf eine sog. „Finanzierungsfolgenverantwortung", da es ihm jederzeit frei stand, die Gesellschaft zu liquidieren. Die Verantwortung ging so weit, dass die Gesellschaft im Insolvenzfall die vom Gesellschafter gemieteten Grundstücke unentgeltlich weiternutzen durfte.

Die Rechtslage ist durch das Gesetz zur Modernisierung des GmbH-Rechts überholt. Das bisherige Eigenkapitalersatzrecht bleibt jedoch für vor dem 1. November 2008 eröffnete Insolvenzverfahren anwendbar. Nunmehr dürfen auch in der Krise Zahlungen auf Gesellschafterdarlehen oder solche wirtschaftlich gleichgestellte Forderungen geleistet werden. Das bedeutet, dass sowohl Zahlungen auf von Gesellschafter abgesicherte Darlehen als auch Mietzahlungen an Gesellschafter erbracht werden dürfen. Die Zahlungen können aber im Insolvenzfall nach § 135 InsO angefochten werden, wenn sie im letzten Jahr vor Insolvenzantragstellung (§ 135 Abs. 1 Nr. 2 InsO) oder vor Erlangung eines vollstreckbaren Schuldtitels durch einen Gläubiger der GmbH (§ 6 Abs. 1 Nr. 2 AnfG) erbracht wurden. Der Gesellschafter darf somit zum Auszahlungszeitpunkt nicht davon ausgehen, dass er die erhaltene Zahlung nicht wieder zurückzahlen muss.

Neben Gesellschafterdarlehen sind die Fälle der Betriebsaufspaltungen von nicht unerheblicher Bedeutung. Dies sind solche, in welchen der Gesellschafter der GmbH ein Grundstück als Betriebsmittel zur Verfügung stellt. Der Gesellschafter läuft dann Gefahr, dass die Mietzahlung, die ein Jahr vor Insolvenzantragstellung von der Gesellschaft an ihn erbracht wurden, gemäß § 135 Abs. 1 InsO angefochten und zurückgefordert werden. Für die Zeit nach Eröffnung des Insolvenzverfahrens steht dem Gesellschafter nach der Änderung des GmbHG nunmehr ein Ausgleichsanspruch für den weiteren Gebrauch des Grundstücks durch die GmbH zu. Bei der Berechnung ist der Durchschnitt der im letzten Jahr vor Verfahrenseröffnung geleisteten Vergütung in Ansatz zu bringen, bei kürzerer Dauer der Überlassung ist der Durchschnitt während dieses Zeitraums maßgebend. Entscheidend ist nicht die vereinbarte, sondern die tatsächlich geleistete Vergütung.

Hat der Gesellschafter in dem relevanten Jahreszeitraum keine Mietzahlung erhalten, wird ihm dies auch während des Insolvenzverfahrens zugemutet. Er kann dann keinen Nutzungsanspruch gegenüber der Gesellschaft geltend machen. Selbst sofern die insolvente GmbH bis zur Insolvenzantragsstellung die entsprechende Miete tatsächlich ausgezahlt hat, kann der vorläufige Insolvenzverwalter jegliche Zahlungen einstellen, so dass für den Zeitraum zwischen Insolvenzbeantragung und der Eröffnung des Insolvenzverfahrens kein Ausgleichsanspruch gefordert werden kann. Nach Insolvenzeröffnung ist der Ausgleichsanspruch eine Masseverbindlichkeit und muss von der Insolvenzmasse vorrangig bedient werden. Die vorher entstandenen Forderungen sind einfache Insolvenzforderungen. Hinzu kommt, dass der Gesellschafter gemäß § 135 Abs. 3 Satz 3 InsO der Gesellschaft während der Dauer des Insolvenzverfahrens, höchstens aber für eine Zeit von einem Jahr ab der Eröffnung des Insolvenzverfahrens, das Grundstück zur Verfügung stellen muss. Da es sich in seinem Eigentum befindet, hat er zwar einen Aussonderungsanspruch, den er aber für die Dauer von einem Jahr nicht geltend machen kann, wenn der Gegenstand, somit das Grundstück, für die Fortführung des Unternehmens von erheblicher Bedeutung ist. Als Begründung hierfür wird angeführt, dass der Gesellschafter auch in der Insolvenz eine besondere gesellschaftsrechtliche Treuepflicht hat und alles unterlassen muss, was die Interessen der Gesellschaft nachhaltig schädigt. Er kann somit sein Grundstück bei der Fortführung der Gesellschaft nicht vor einem Jahr nach Insolvenzeröffnung herausverlangen.

Eine Sicherheitengewährung für Gesellschafterdarlehen ist darüber hinaus für die Dauer von zehn Jahren anfechtbar (§ 135 Abs. 1 Nr. 1 InsO, § 6 Abs. 1 Nr. 1 AnfG).

Der Geschäftsführer muss allerdings darauf achten, dass die Rückzahlung an den Gesellschafter nicht zur Zahlungsunfähigkeit der Gesellschaft führt, da er sich dann gemäß § 64 S. 3 GmbHG schadensersatzpflichtig macht. Durch das Gesetz zur Modernisierung des GmbH-Rechts und zur Bekämpfung von Missbräuchen (MoMiG) wurde § 64 GmbHG dahingehend erweitert, dass der Geschäftsführer auch für Zahlungen an Gesellschafter haftet, sofern diese erkennbar zur Zahlungsunfähigkeit der Gesellschaft führen mussten. Die Neuregelung muss im Kontext mit § 30 Abs. 1 GmbHG gesehen werden, wonach das zur Erhaltung des Stammkapitals erforderliche Vermögen nicht an die Gesellschafter ausgezahlt werden darf. Aufgrund der Neuregelung kommt es somit nicht mehr darauf an, ob die Zahlungen an den Gesellschafter das Stammkapital gefährden. Es wird lediglich darauf abgestellt, ob die Zahlungen die Zahlungsunfähigkeit herbeigeführt haben.

Nach der Gesetzesbegründung soll die erweiterte Haftung dem Geschäftsführer einen Insolvenztest auferlegen, da das Zahlungsverbot bereits vor der materiellen Insolvenz eingreift und die an den Gesellschafter geleistete Zahlung zur Zahlungsunfähigkeit der Gesellschaft führt. Der Geschäftsführer haftet somit für die Verursachung der Zahlungsunfähigkeit der Gesellschaft. Er haftet primär und nicht nur dann, soweit der Insolvenzverwalter mit berechtigten Ansprüchen gegen den Empfänger ausfällt. Abgemildert wird die Haftung des Geschäftsführers für Zahlungen an die Gesellschafter allerdings dadurch, dass die Zahlungen zur Zahlungsunfähigkeit der Gesellschaft führen müssen. Die Ersatzpflicht des Geschäftsführers setzt somit eine Kausalität für den Eintritt der Zahlungsunfähigkeit voraus. Nach der Gesetzesbegründung ist das schon dann nicht der Fall, wenn der Gesellschaft durch eine Gegenleistung des Gesellschafters im Ergebnis im gleichen Maße wieder liquide Vermögenswerte zugeführt werden.

Expertenrat: Zur Vermeidung der Haftung nach dem neu eingeführten § 64 Satz 3 GmbHG ist dem Geschäftsführer dringend anzuraten, bei möglichen Krisen noch schneller und genauer zu reagieren und einen Liquiditätsplan zu erstellen, bevor er eine Zahlung an den Gesellschafter veranlasst.

Auch in der Krise muss der Geschäftsführer dafür Sorge tragen, dass Sozialversicherungsleistungen und Steuern zum Fälligkeitszeitpunkt durch die GmbH bezahlt werden. Diese Zahlungen erfolgen mit der Sorgfalt eines ordentlichen Geschäftsmannes, und er kann im Insolvenzfall vom Insolvenzverwalter nicht auf Schadensersatz in Anspruch genommen werden. Werden die Zahlungen nicht geleistet, so haftet er im Insolvenzfall u. U. persönlich für die offenen Steuern und Sozialversicherungsleistungen.

12. Insolvenzantragspflicht

Kann der Geschäftsführer die Krise nicht durch geeignete Maßnahmen beseitigen, so kommt es in aller Regel zur Insolvenz der Gesellschaft. Die Gesellschaft ist dann insolvent, wenn sie drohend zahlungsunfähig, zahlungsunfähig oder überschuldet ist (§ 17 InsO).

Der Geschäftsführer ist verpflichtet, bei Vorliegen von Zahlungsunfähigkeit oder Überschuldung unverzüglich, spätestens aber innerhalb von drei Wochen einen Insolvenzantrag für die Gesellschaft zu stellen. Die Drei-Wochenfrist darf nur ausgeschöpft werden, wenn in dieser Zeit Sanierungsversuche zur Beseitigung der Insolvenzgründe unternommen werden.

a) Definition der Überschuldung und Zahlungsunfähigkeit

Angesichts der Krise an den internationalen Finanzmärkten wurde das Finanzmarktstabilisierungsgesetz erlassen. Dies hat zum Ziel, bestehende Liquiditätsengpässe zu überwinden. Aus diesem Grund wurde die Definition des Überschuldungsbegriffes geändert. Es ist allerdings darauf zu achten, dass dieser Überschuldungsbegriff lediglich zeitlich befristet bis zum 31. Dezember 2010 gilt. Es muss davon ausgegangen werden, dass danach der ursprüngliche, bis zum 18. Oktober 2008 geltende Überschuldungsbegriff wieder eingeführt wird. Bis zu diesem Zeitpunkt lag gemäß § 19 Abs. 2 InsO eine Überschuldung vor, wenn das Vermögen des Schuldners die bestehenden Verbindlichkeiten nicht mehr deckt. Bei der Bewertung des Vermögens des Schuldners ist jedoch die Fortführung des Unternehmens zugrunde zu legen, wenn dies nach den Umständen überwiegend wahrscheinlich ist. Hiernach war eine dreistufige Überschuldungsprüfung vorzunehmen. Eine erste Überschuldungsbilanz musste mit Liquidationswerten erstellt werden. In dieser wurden Aktiva und Passiva zu Liquidationswerten gegenüber gestellt. Nachrangige Verbindlichkeiten im Sinne des § 39 InsO, insbesondere Gesellschafterdarlehen, waren zu passivieren. Sollte sich auf dieser Stufe eine rechnerische Überschuldung ergeben, so musste eine Prognose hinsichtlich der Fortführung des Unternehmens erstellt werden. Sofern die Fortführung überwiegend wahrscheinlich war, konnte eine zweite Überschuldungsbilanz der Gesellschaft zu Fortführungswerten aufgestellt werden. Eine positive Fortführungsprognose liegt vor, wenn die Gesellschaft voraussichtlich innerhalb der nächsten zwei Jahre in der Lage sein wird, sämtliche fälligen Verbindlichkeiten zu bezahlen. Bei Vorliegen einer positiven Fortführungsprognose konnte der Wert des Unternehmens mit den regelmäßig höheren Fortführungswerten neu berechnet werden. Hierbei durften sowohl der Goodwill des Unternehmens als auch die stillen Reserven mit einbezogen werden. Ergab sich im Rahmen der Bewertung zu Fortführungswerten immer noch eine Überschuldung, so lag eine Überschuldung im insolvenzrechtlichen Sinne vor. Der Geschäftsführer war dann verpflichtet, umgehend Insolvenzantrag zu stellen.

Nach der Gesetzesänderung und dem **neuen Überschuldungsbegriff** liegt eine Überschuldung vor, wenn das Vermögen des Schuldners die bestehenden Verbindlichkeiten nicht mehr deckt, es sei denn, die Fortführung des Unternehmens ist nach den Umständen überwiegend wahrscheinlich. Der neue Überschuldungsbegriff macht die Unternehmen im Rahmen einer Wirtschaftskrise unabhängiger. Schwankungen im Bestand der Aktiva einer Gesellschaft können eine Überschuldung nicht mehr begründen, wenn eine positive Fortführungsprognose besteht. Selbst für den Fall, dass eine bilanzielle Überschuldung bei der Bewertung des Vermögens zu Liquidationswerten gegeben sein sollte, so besteht keine Insolvenzantragspflicht, wenn eine positive Fortführungsprognose gegeben ist. Nach dem neuen Überschuldungsbegriff braucht dann keine erneute Bewertung des Vermögens zu Fortführungswerten vorgenommen werden. Die positive Fortführungsprognose reicht für die Beseitigung der Insolvenzantragspflicht aus. Der Begriff der positiven Fortführungsprognose ist von der Zahlungsunfähigkeit (§ 17 Abs. 2 InsO) exakt zu unterscheiden, da der Prognosezeitraum bei der Fortführungsprognose länger ist.

Nach der Rechtsprechung des BGH liegt **Zahlungsunfähigkeit** bereits dann vor, wenn das Unternehmen nicht der Lage ist, 90% der fälligen Verbindlichkeiten innerhalb von drei Wochen zu bezahlen. Der Begriff der Fälligkeit wird im Insolvenzrecht jedoch anders als im Zivilrecht definiert. Um Fälligkeit im Sinne des § 17 Abs. 2 InsO bejahen zu können, muss der Gläubiger nicht nur die Zahlungen verlangen können, sondern die Forderung auch tatsächlich „ernsthaft eingefordert" haben (BGH, Urteil vom 19. 7. 2007 – IX ZR 36/07).

In der Praxis sind wichtige Indizien die offenen Kreditoren und die Ausschöpfung der offenen Kreditlinien. Eine Forderung wird dann nicht ernsthaft eingefordert, wenn der Gläubiger zum Ausdruck bringt, dass er derzeit nicht auf die Bezahlung besteht.

Expertenrat: Die Zahlungsunfähigkeit kann durch die Vereinbarung einer Forderungsstundung beseitigt werden. Schon aus Beweiszecken ist die Stundungsvereinbarung schriftlich abzuschließen.

Bei Vorliegen von Insolvenzantragspflichtgründen ist der Geschäftsführer verpflichtet, **ohne schuldhaftes Zögern, spätestens aber drei Wochen** nach Eintritt der Zahlungsunfähigkeit oder Überschuldung der Gesellschaft Insolvenzantrag zu stellen (§ 15a InsO). In der Praxis wird immer wieder die Fehlvorstellung festgestellt, dass Geschäftsführer davon ausgehen, dass ihnen grundsätzlich die Dreiwochenfrist zur Verfügung steht. Dies ist falsch. Der Geschäftsführer hat nur dann drei Wochen Zeit, wenn er entsprechende Sanierungsmaßnahmen ergreift. Selbstverständlich müssen diese aussichtsreich sein. Sofern keine Aussicht auf Sanierung besteht, ist der Geschäftsführer verpflichtet, sofort Insolvenzantrag zu stellen. Versäumt er diese Frist, so haftet er gegenüber den Gesellschaftsgläubigern. Darüber hinaus macht er sich wegen Insolvenzverschleppung strafbar.

b) Haftung wegen Insolvenzverschleppung

Nach § 64 GmbHG ist der Geschäftsführer der Gesellschaft zum Ersatz sämtlicher Zahlungen verpflichtet, die nach Insolvenzreife von der Gesellschaft erbracht wurden. Dies gilt nicht für Zahlungen die mit der Sorgfalt eines ordentlichen Geschäftsmannes vereinbar sind. Der Begriff der Zahlung muss weit gefasst werden. Er ist nicht nur auf reine Geldleistungen beschränkt, sondern erfasst auch sonstige vergleichbare Leistungen zulasten des Gesellschaftsvermögens, wie z. B. die Sicherheitenbestellung für Verbindlichkeiten eines Gesellschafters oder die Einreichung von Schecks auf einem debitorischen Konto.

Die verspätete Insolvenzantragstellung führt aber nicht nur zu einer Haftung gegenüber der Gesellschaft bzw. dem Insolvenzverwalter, sondern auch gegenüber Gläubigern der Gesellschaft. Hier muss zwischen so genannten „Neugläubigern" und „Altgläubigern" unterschieden werden. Die Differenzierung ist zur Feststellung des Umfangs der Schadensersatzpflicht des Geschäftsführers notwendig. **Neugläubiger** sind solche, die nach Eintritt der Insolvenzreife mit der GmbH Geschäfte machen. Diesen muss der Geschäftsführer den gesamten durch die Insolvenz der GmbH entstandenen Schaden ersetzen. Begründet wird dies damit, dass die Neugläubiger bei rechtzeitiger Stellung eines Insolvenzantrags überhaupt keine Geschäfte mehr mit der Gesellschaft abgeschlossen hätten.

Den Schaden und seine Verursachung hat der Neugläubiger darzulegen und zu beweisen. Den Anspruch gegen den Geschäftsführer kann der Neugläubiger selbst geltend machen.

Im Gegensatz dazu sind **Altgläubiger** solche, die vor dem Eintritt der Insolvenzreife Geschäfte mit der Gesellschaft gemacht haben. Diesen steht nach der Rechtsprechung des BGH (Urteil vom 6. 6. 1994 – II ZR 292/91) nur ein sog. Quotenschaden zu. Der Quotenschaden ist der Schaden, den die Altgläubiger dadurch erlitten haben, dass sie die zu ihrer Befriedigung dienende Insolvenzmasse zwischen dem fiktiven Zeitpunkt ordnungsgemäßer Insolvenzanmeldung und dem Zeitpunkt des Insolvenzantrags verringert hat. Aufgrund der Schwierigkeiten bei der Ermittlung des Quotenschadens kommen derartige Fälle in der Praxis selten vor. Der Schaden der Altgläubiger kann nur vom Insolvenzverwalter geltend gemacht werden. In aller Regel wird er die Schadensgeltendmachung androhen, um einen Geschäftsführer zu einer vergleichsweisen Regelung bewegen zu können. In aller Regel wird es den Gläubigern schwer fallen, den Zeitpunkt der Insolvenzantragspflicht genau festzulegen. Es kommt daher häufig vor, dass Gläubiger den Geschäftsführer wegen Betruges anzeigen, wenn sie kurz vor dem Insolvenzantrag noch Leistungen für die GmbH erbracht haben. Die Betrugsanzeige führt zur Ermittlung der Staatsanwaltschaft, die dann neben dem Betrugsvorwurf regelmäßig auch eine Strafbarkeit wegen Insolvenzverschleppung prüft. Liegt tatsächlich ein Betrug durch den Geschäftsführer zulasten des Gesellschaftsgläubigers vor, so führt dies zu einer Haftung des Geschäftsführers für den entstandenen Schaden.

Die Haftung wegen Insolvenzverschleppung setzt voraus, dass der Geschäftsführer vorsätzlich oder grob fahrlässig gehandelt hat. Für die grobe Fahrlässigkeit reicht es bereits aus, dass der Geschäftsführer sich bei Anzeichen einer Krise nicht eine gewissenhafte Prüfung über die Fortführungsfähigkeit der Gesellschaft vornimmt. Allein die Behauptung, dass er die Insolvenzantragspflicht überprüft hat, reicht hierfür nicht aus. Das Verschulden kann nur dann ausgeschlossen werden, sofern der Geschäftsführer einer GmbH sich durch Aufstellung eines Vermögensstatus einen Überblick über den Vermögensstand verschafft und notfalls unter fachkundiger Prüfung entscheidet, ob eine positive Fortführungsprognose besteht.

13. Pflichten bei der Liquidation

Der Geschäftsführer spielt auch bei der Liquidation der Gesellschaft eine gewichtige Rolle. Die Liquidation wird durch die Liquidatoren (§ 67 GmbHG) vorgenommen, die an die Stelle der Geschäftsführer treten. Soweit die Satzung oder die Gesellschafter keine abweichende Regelung treffen, sind die bisherigen Geschäftsführer per Gesetz (§ 66 Abs. 1 GmbHG) Liquidatoren. Man

spricht von sog. „geborenen Liquidatoren". Einer besonderen Bestellung bedarf es nicht. Das Amt der Liquidatoren kann in der
Satzung oder durch Gesellschaftsbeschluss anderen Personen als
den bisherigen Geschäftsführern übertragen werden. Man spricht
dann von so genannten „gekorenen" Liquidatoren. Niemand kann
dazu gezwungen werden das Amt zu übernehmen. In derartigen
Fällen kann das Registergericht auf Antrag einer Gesellschafter-
minderheit (mindestens 10 % des Stammkapitals) und bei Vorliegen eines wichtigen Grundes einen Liquidator von Amts wegen
bestellen (§ 66 Abs. 2 GmbHG). Ausnahmsweise können auch juristische Personen als Liquidatoren ernannt werden. Nicht vom
Gericht bestellte Liquidatoren können durch Gesellschafterbeschluss jederzeit vorzeitig abberufen werden. Der Liquidator kann
das Amt jederzeit fristlos niederlegen. Ein wichtiger Grund hierfür
ist nicht notwendig.

Der Liquidator ist nicht automatisch vom Selbstkontrahierungs-
verbot des § 181 BGB befreit. Geschäfte, die er für die Gesellschaft mit sich selbst abschließt, sind unwirksam. Dies gilt auch
dann, wenn der frühere Geschäftsführer, der vom Selbstkontrahie-
rungsverbot befreit war, zum Liquidator wird.

Nach § 60 GmbHG wird die Gesellschaft aufgelöst,

• wenn sie nur für eine bestimmte Zeit geschlossen wurde,
• wenn die Gesellschafter die Auflösung beschließen,
• durch gerichtliches Urteil,
• durch Eröffnung des Insolvenzverfahrens oder Abweisung mangels Masse oder
• von Amts wegen bei Vermögenslosigkeit.

Die in der Praxis häufigsten Auflösungsgründe sind die Insolvenz oder die Auflösung durch einen Gesellschafterbeschluss. Der
Beschluss muss mit Dreiviertelmehrheit gefasst werden.

Die Auflösung bedeutet nicht die sofortige Beendigung, sondern
die Gesellschaft tritt in das sog. **„Liquidationsstadium",** in welchem sie abgewickelt (liquidiert) wird. Während dieses Zeitraums
werden die schwebenden Geschäfte abgewickelt, die Verbindlichkeiten beglichen und das noch vorhandene Vermögen verwertet.
Erst nach Abschluss der Liquidation ist die Gesellschaft erloschen
und rechtlich nicht mehr existent. Eine Liquidation ist allerdings

nur dann notwendig, sofern die Gesellschaft nicht wegen Vermögenslosigkeit aufgelöst und gelöscht ist. Stellt sich nach der Löschung heraus, dass noch Vermögen vorhanden ist, das der Verteilung unterliegt, wird auf Antrag eines Beteiligten durch das Gericht ein Nachtragsliquidator ernannt.

Die erst Amtshandlung des Liquidators ist regelmäßig die Anmeldung der Liquidation der Gesellschaft und die Vertretungsbefugnis zum Handelsregister. Wie jede Anmeldung zum Handelsregister erfolgt auch die Anmeldung der Liquidation in notariell beglaubigter Form. In der Anmeldung ist der Auflösungsgrund anzugeben. Für Liquidatoren gelten die gleichen Anforderungen an die Amtsfähigkeit (§ 6 Abs. 2 S. 3 GmbHG) wie für Geschäftsführer. Auch der Liquidator muss in der Anmeldung zum Handelsregister die Versicherung nach § 6 Abs. 2 GmbHG abgeben und seine Unterschrift zur Aufbewahrung bei Gericht zeichnen.

Beispiel für eine **Anmeldung der Auflösung:**

An das Amtsgericht
Handelsregister
Stuttgart

Betreff: ABC Beispiel GmbH, HR B 1234

Sehr geehrte Damen und Herren,

zur Eintragung in das Handelsregister melde ich an:
Die Gesellschafterversammlung hat am 2. Mai 2009 die Auflösung der Gesellschaft beschlossen. Den Beschluss füge ich bei.
Die Gesellschaft hat mich zum allein vertretungsberechtigten Liquidator bestellt. Ich bin von den Beschränkungen des § 181 BGB befreit. Ansonsten vertrete ich die Gesellschaft gemeinschaftlich mit einem anderen Liquidator.

Ich, Fred Fingiert, zeichne meine Unterschrift wie folgt:

Unterschrift

Ich versichere, dass keine Gründe vorliegen, die meiner Bestellung entgegenstehen.

(Wie Beispiel unter ....)

Stuttgart, den 5. Mai 2009   gez. Fingiert

Notarielle Beglaubigung

In der Folge muss der Liquidator mit dem Zusatz Liquidator und nicht mehr als Geschäftsführer unterzeichen. Die Gesellschaft muss den Zusatz „in Liquidation" oder abgekürzt „i. L." führen. Ein Liquidator, der ohne den Liquidationszusatz zeichnet, kann sich schadensersatzpflichtig machen.

Zu Beginn der Liquidation muss eine Liquidationsbilanz aufgestellt werden. Der Liquidator muss die Liquidation der Gesellschaft dreimal in den Gesellschaftsblättern bekanntmachen. In aller Regel erfolgt dies im Bundesanzeiger. Ein Grund für die Liquidation muss nicht angegeben werden. Die Einhaltung einer bestimmten Frist zwischen den einzelnen Bekanntmachungen wird vom Gesetz nicht vorgeschrieben.

Beispiel für eine entsprechende Formulierung: ABC Beispiel GmbH: Die Gesellschaft ist aufgelöst. Die Gläubiger der Gesellschaft werden aufgefordert, sich bei mir zu melden. Fred Fingiert (Liquidator).

Die Bekanntmachung darf aber erst nach Eintragung der Auflösung im Handelsregister erfolgen. Mit dem Tag der dritten Bekanntmachung beginnt das **Sperrjahr.** Das Restvermögen darf zum Schutz der Gesellschaftsgläubiger erst nach Ablauf des Sperrjahres verteilt werden. Sollte die Jahresfrist nicht eingehalten werden, so haftet der Liquidator den Geschädigten für den entstandenen Schaden. Meldet sich ein bekannter Gläubiger nicht, so ist der geschuldete Betrag zu hinterlegen.

Die Hauptaufgabe des Liquidators ist die Abwicklung der noch laufenden Geschäfte bis zur Löschung der Gesellschaft. Er darf zur Beendigung der schwebenden Geschäfte neue Geschäfte abschließen. Ferner muss er dafür Sorge tragen, dass die Gesellschaft ihre Verpflichtungen erfüllt. Hierzu zählt die Einziehung von Forderungen und die Verwertung des Vermögens der Gesellschaft. Der Liquidator vertritt die Gesellschaft in gleichem Umfang wie ein Geschäftsführer gerichtlich und außergerichtlich. Den Liquidator treffen dieselben Pflichten wie den Geschäftsführer. Dies gilt insbesondere für die Insolvenzantragspflicht. Stellt sich während der Liquidation heraus, dass die Gesellschaft zahlungsunfähig oder überschuldet ist, so muss auch der Liquidator unverzüglich einen Insolvenzantrag stellen.

Auch der Liquidator muss sein Amt mit der Sorgfalt eines ordentlichen Geschäftsmannes ausüben, da er sich ansonsten schadensersatzpflichtig machen kann.

Die letzte Pflicht des Liquidators ist die Veranlassung der Aufbewahrung der Bücher und Schriften der Gesellschaft durch einen Gesellschafter oder einen Dritten für die Dauer von zehn Jahren. Ferner muss er den Schluss der Liquidation, die Beendigung der Vertretungsbefugnis und das Erlöschen der Firma zum Handelsregister anmelden. Erst dann ist die Liquidation beendet. Das Registergericht prüft die Voraussetzung der Löschung, insbesondere die Einhaltung des Sperrjahres. Erst nach erfolgreicher Prüfung wird das Erlöschen der Firma der Gesellschaft im Handelsregister eingetragen. Mit der Löschung der GmbH im Handelsregister erlischt die GmbH und das Amt des Liquidators endet.

III. Beendigung des Geschäftsführeramts und des Anstellungsverhältnisses

Wie bereits aufgezeigt, muss das Organverhältnis, welches durch die Bestellung zum Geschäftsführer beginnt, vom rechtlich selbstständigen Anstellungsverhältnis unterschieden werden. Regelmäßig wird in der Praxis versucht, das Anstellungsverhältnis und die Organstellung des Geschäftsführers derart zu koppeln, dass bei Beendigung des Anstellungsverhältnisses auch das Organverhältnis beendet wird und umgekehrt. Durch eine derartige Regelung soll das Trennungsprinzip durchbrochen werden. Ohne eine Koppelung muss allerdings zwischen Beendigung der Geschäftsführerbestellung und der Beendigung des Anstellungsverhältnisse unterschieden werden.

1. Beendigung der Bestellung zum Geschäftsführer

Das Geschäftsführeramt endet automatisch, wenn die Bestellung befristet oder unter eine auflösende Bedingung gestellt wurde. Eine Befristung des Geschäftsführeramts kommt in der Praxis jedoch außerordentlich selten vor. Lediglich bei sog. „Interims-Manager" kann an eine befristete Bestellung gedacht werden.

Im Falle des **nachträglichen Verlusts der Amtsfähigkeit** (§ 6 Abs. 2 GmbHG) endet das Amt des Geschäftsführers. Dies kann z.B. dann der Fall sein, wenn der Geschäftsführer nach seiner Bestellung wegen einer in § 6 Abs. 2 GmbHG (siehe oben I 1.a) genannten Straftaten verurteilt wird.

Ferner endet das Geschäftsführeramt, wenn die GmbH durch Umwandlung (Verschmelzung oder Spaltung) untergeht. Die aufnehmende Gesellschaft hat dann nicht automatisch zwei Geschäftsführer. Die Aufnahme hat jedoch keinen Einfluss auf das Anstellungsverhältnis des Geschäftsführers. Der Anstellungsvertrag besteht weiter fort.

Wenn die Gesellschaft die Auflösung (Liquidation) beschließt, endet das Amt des Geschäftsführers nicht, falls sich in der Satzung keine anderweitige Regelung findet. Vielmehr wird der Geschäftsführer dann zum Liquidator gem. § 66 Abs. 2 GmbHG. Ebenso führt auch die Eröffnung eines Insolvenzverfahrens nicht zur Beendigung des Geschäftsführeramtes. Im Rahmen der Insolvenz ist der Geschäftsführer allerdings in seiner Verfügungsbefugnis eingeschränkt. Verfügungen darf er nur vornehmen, sofern ihm der Insolvenzverwalter dies gestattet.

Im Falle des Todes erlischt das Amt des Geschäftsführers und geht nicht auf die Erben über. Der Tod des Geschäftsführers muss unter Übersendung einer notariell beglaubigten Sterbeurkunde zum Handelsregister angemeldet werden. Das Amt erlischt selbst in dem Fall, wenn der Geschäftsführer zugleich Gesellschafter war und das Amt des Geschäftsführers an Gesellschaftsanteil gekoppelt war. Gesellschaftsanteile sind grundsätzlich vererblich, das Amt des Geschäftsführers jedoch nicht.

a) Grundsatz der freien und jederzeitigen Abberufbarkeit

Nach § 38 Abs. 1 GmbHG kann der Geschäftsführer jederzeit durch die Gesellschafterversammlung abberufen werden. Die Abberufung bedarf weder einer Begründung noch einer vorherigen Anhörung des betroffenen Geschäftsführers.

Der Grundsatz der freien und jederzeitigen Widerrufbarkeit der Geschäftführerbestellung gilt nur in einer nicht mitbestimmten GmbH. Geschäftsführer einer nach dem Mitbestimmungsgesetz oder Montanmitbestimmungsgesetz mitbestimmten GmbH können während ihrer Amtszeit nur aus wichtigem Grund vorzeitig abberufen werden (§ 31 Mitbestimmungsgesetz bzw. § 13 Montanmitbestimmungsgesetz i.V.m. § 84 Abs. 3 AktG).

Umstritten ist, ob die Abberufungskompetenz auf einen Nicht-Gesellschafter übertragen werden kann. Die Übertragung auf einen Ausschuss ist wohl nicht möglich. Ein fakultativer Aufsichtsrat ist im Zweifel unzuständig, da in § 52 GmbHG ein Verweis auf § 84 AktG fehlt. Lediglich der nach dem Mitbestimmungsgesetz zwingend vorgeschriebene Aufsichtsrat soll eine Abberufungskompetenz haben. Auch der Insolvenzverwalter kann die Abberufung nicht vornehmen. Er kann lediglich das Anstellungsverhältnis kündigen.

b) Einschränkung des Grundsatzes der freien Abberufbarkeit

Im Gesellschaftsvertrag kann die Zulässigkeit der Abberufung auf den Fall des Vorliegens eines wichtiger Gründe beschränkt werden. Fehlt eine derartige Regelung im Gesellschaftsvertrag, so bleibt es beim Grundsatz der jederzeitigen und freien Abberufbarkeit.

aa) Abberufung aus wichtigem Grund

Fehlt eine genaue Regelung zu den wichtigen Gründen, so muss auf § 38 Abs. 2 GmbHG zurückgegriffen werden. Dort sind zwei Beispielsfälle des wichtigen Grundes genannt. Zum einen ist dies die grobe Pflichtverletzung und zum anderen die Unfähigkeit zur ordnungsgemäßen Geschäftsführung. Dies sind nur Beispielsfälle und die Aufzählung ist nicht abschließend. Ob ein wichtiger Grund für die Abberufung eines Geschäftsführers vorliegt, kann nur anhand einer Abwägung aller Umstände des Einzelfalls beurteilt werden. Diese Abwägung muss danach vorgenommen werden, ob der Gesellschaft bei Würdigung aller Umstände unter Berücksichtigung der widerstreitenden Interessen das Verbleiben des Geschäftsführers in seiner bisherigen Stellung bis zum Ablauf seiner Amtszeit zugemutet werden kann oder nicht. Für das Vorliegen eines wichtigen Grundes muss der Gesellschaft nicht zwangsläufig ein Schaden entstanden sein. Ein Verschulden des Geschäftsführers ist nicht zwingend erforderlich.

Regelmäßig reichen für eine Abberufung alle Gründe aus, die eine außerordentliche Kündigung des Anstellungsvertrages des Geschäftsführers rechtfertigen würden. Der Umkehrschluss, dass der wichtige Abberufungsgrund gleichzeitig als Kündigungsgrund für das Anstellungsverhältnis ausreicht, kann jedoch nicht gezogen werden. Dies wird damit begründet, dass zwischen der Gesellschaft und dem Geschäftsführer ein besonderes Vertrauensverhältnis besteht, welches schon durch relativ unbedeutende Vorfälle nachhaltig gestört werden kann.

Ob ein wichtiger Abberufungsgrund vorliegt, beschäftigt die Gerichte vielfach, weshalb nachfolgend beispielhaft einige wichtige Gründe genannt werden:

- Beteiligung an strafbaren Handlungen, insbesondere unzulässige Entnahmen aus dem Gesellschaftsvermögen,
- Bilanzmanipulation und Nichterfüllung von Buchführungspflichten,
- Änderung der Grundlage der Geschäftspolitik ohne Gesellschafterbeschluss,
- Tätlichkeiten gegenüber Arbeitnehmern oder Mitgeschäftsführern sowie
- Erhebung von unberechtigten Strafanzeigen.

Mehrere einzelne Gründe können zusammengefasst werden und dann einen wichtigen Abberufungsgrund darstellen. Wenn die Gründe zum Zeitpunkt der Bestellung des Geschäftsführers bereits bekannt waren, kann hierauf keine Abberufung begründet werden. Diese Gründe können jedoch ergänzend herangezogen werden, wenn der Geschäftsführer neue Verfehlungen begeht, die eine entsprechende Qualität aufweisen.

Die Abberufung aus wichtigem Grund ist an **keine Frist** gebunden. Die für das Anstellungsverhältnis geltende Zweiwochenfrist nach § 626 Abs. 2 BGB kommt nicht zur Anwendung. Allerdings kann die Gesellschaft das Recht auf Abberufung verwirken, wenn sie nach den entscheidenden Vorfällen längere Zeit zuwartet und nichts unternimmt. Der Zeitablauf reicht für die Verwirkung nicht aus, vielmehr muss ein sog. Umstandsmoment hinzutreten. Dies ist dann der Fall, wenn die Gesellschaft den Eindruck erweckt, dass sie die Abberufung nicht mehr vornehmen will.

Im Streitfall muss die Gesellschaft den wichtigen Grund **darlegen und beweisen.** Sie kann in einem möglichen Prozess wichtige Gründe „nachschieben". Grundvoraussetzung ist allerdings, dass die Gründe zum Zeitpunkt des Abberufungsbeschlusses bereits vorlagen. Das Nachschieben setzt voraus, dass ein erneuter Abberufungsbeschluss gefasst werden muss. In der Praxis empfiehlt es sich, auch solche Gründe nachzuschieben, die erst nach dem Abberufungsbeschluss entstanden sind.

bb) Treuepflicht

Der Grundsatz der freien Abberufbarkeit wird durch die gesellschaftsrechtliche Treuepflicht eingeschränkt. Die gesetzliche Regelung der freien Abberufbarkeit wird insbesondere bei Gesellschafter-Geschäftsführern für unangemessen gehalten. Dies bedeutet allerdings nicht, dass zur Abberufung von Gesellschafter-Geschäftsführern immer ein wichtiger Abberufungsgrund vorliegen muss. Vielmehr kommt es auf die Gesamtumstände an.

Generell unterliegen die Gesellschafter einer Treuepflicht dahingehend, dass sie sich bei der Ausübung ihres Stimmrechts am Interesse der Gesellschaft und am Gesellschaftszweck zu orientieren haben und dem zuwiderlaufende Maßnahme zu unterlassen haben. Hierdurch sollen willkürliche und unverhältnismäßige Maßnahmen ausgeschlossen werden. Diese Problematik findet sich immer wieder bei einer Gesellschaft, die lediglich zwei Gesellschafter hat. Bei der Abberufung eines Minderheitsgesellschafter-Geschäftsführers durch den Mehrheitsgesellschafter müssen die Gesamtumstände in besonderem Maß berücksichtigt werden. Hieraus folgt, dass die Abberufung des Minderheitsgesellschafter-Geschäftsführers einen sachlichen Grund voraussetzt. Die Rechtsprechung ist in diesem Bereich leider nicht einheitlich. Jedoch ist eine Richtlinie dahingehend erkennbar, dass die Abberufung zumindest das Ergebnis einer einigermaßen nachvollziehbaren Entscheidung sein muss. Das Vorliegen eines wichtigen Grundes wird jedoch nicht immer vorausgesetzt. Es soll ausreichen, dass der Mehrheitsgesellschafter das Vertrauen in den Geschäftsführer verloren hat. Diese Fallkonstellationen sind in aller Regel hoch streitig.

cc) Durchführung der Abberufung

Die Abberufung setzt einen Gesellschafterbeschluss voraus. Der Gesellschafterbeschluss muss eindeutig sein. Die Abberufungsgründe müssen im Beschluss jedoch nicht im Einzelnen wiedergegeben werden. Vor der Beschlussfassung muss der Geschäftsführer nicht abgemahnt werden.

Nicht erforderlich ist die Mitteilung in der Einladung zur Gesellschafterversammlung, dass die Abberufung aus wichtigem Grund erfolgen soll. Der Tagesordnungspunkt „Geschäftsführerangelegenheiten" ist nicht ausreichend. Der Tagesordnungspunkt muss deutlich beschrieben sein. Rein vorsorglich sollte die Ankündigung so gefasst werden, dass neben der Abberufung aus wichtigem Grund auch hilfsweise eine Abberufung gem. § 38 Abs. 1 GmbHG angekündigt wird. Fehlt es an einer Verknüpfung zwischen Organstellung und Anstellungsverhältnis, dann muss neben der Abberufung auch die Kündigung des Anstellungsverhältnisses beschlossen werden.

Eine Einladung zu einer Gesellschafterversammlung, in welcher ein Geschäftsführer abberufen und gekündigt werden soll, könnte etwa wie folgt lauten:

TOP 1: Abberufung des Geschäftsführers Name und fristlose Kündigung des Anstellungsverhältnisses aus wichtigem Grund, hilfsweise Abberufung gem. § 38 Abs. 1 GmbHG.

Ist die Abberufung eines GmbH-Geschäftsführers nicht hinreichend in der Ladung angekündigt worden, so sind die gefassten Beschlüsse anfechtbar, wenn nicht eine Vollversammlung vorgelegen hat und eine Rüge des Mangels unterblieben ist.

Der Abberufungsbeschluss muss gegenüber dem Geschäftsführer erklärt werden. Zur Abgabe kann die Gesellschafterversammlung einen Gesellschafter oder einen Dritten bevollmächtigen. Die Abberufung ist jedoch schon vor der Erklärung wirksam, sofern der Abberufungsbeschluss ordnungsgemäß gefasst und festgestellt wurde. Unter entsprechender Anwendung von § 84 Abs. 3 AktG ist der Widerruf der Bestellung so lange wirksam, bis die Unwirksamkeit rechtskräftig durch Urteil festgestellt wird. Die Abberufung ist somit zunächst wirksam. Der Abberufungsbeschluss kann allerdings vom Gesellschafter-Geschäftsführer angefochten werden. Der Geschäftsführer kann sich gegen den Beschluss durch Erhebung einer Anfechtungsklage oder im Rahmen des einstweiligen Rechtsschutzes wehren.

Die sofortige Wirksamkeit der Abberufung gilt allerdings in der Zwei-Personengesellschaft mit zwei gleich hoch beteiligten Gesellschaftern nicht. Andernfalls könnte eine Gesellschafter mit der bloßen Behauptung, der andere sei aus wichtigem Grund abzuberufen, eine „Pattsituation" herbeiführen, da der andere Gesellschafter dann in aller Regel das Gleiche versuchen wird. Aus diesem Grund ist davon auszugehen, dass bei der Zwei-Personengesellschaft die Wirksamkeit der Abberufung von der materiellen Rechtslage abhängt. So lange die Abberufung nicht durch ein Gericht rechtskräftig festgestellt wird, ist sie nicht wirksam.

Ob die vorgenannten Grundsätze auch dann gelten, wenn es bei einer Zwei-Personengesellschaft keine gleich hohen Beteiligungsverhältnisse gibt, ist fraglich. Nach der hier vertretenen Auffassung muss dies jedoch auch gelten, da es ansonsten der Minderheitsgesellschafter in der Hand hätte, den Mehrheitsgesellschafter aus wichtigem Grund abzuberufen. Der Gesellschafter hat in eigenen Angelegenheiten kein Stimmrecht und könnte sich nicht verteidigen. Er wäre als Geschäftsführer abberufen bis ein Gericht das Gegenteil feststellt. Dieses Ergebnis ist nicht sachgerecht, so dass auch bei zwei nicht gleich hoch beteiligten Gesellschafter-Geschäftsführern davon auszugehen ist, dass der Abberufungsbeschluss so lange unwirksam ist, bis die Wirksamkeit durch ein Gericht festgestellt wird. Beide Gesellschafter-Geschäftsführer können somit bis zur rechtskräftigen Feststellung das Amt weiter ausüben.

dd) Anmeldung des Ausscheidens

Ebenso wie die Bestellung des Geschäftsführers muss auch sein Ausscheiden unverzüglich in notariell beglaubigter Form zum Handelsregister angemeldet werden. Solange die Abberufung nicht im Handelsregister eingetragen ist, kann sich jeder gutgläubige Dritte auf die Vertretungsbefugnis des abberufenen Geschäftsführers berufen.

2. Amtsniederlegung

Neben der Abberufung führt auch die Amtsniederlegung zur Beendigung des Geschäftsführeramtes. Der Geschäftsführer kann sein Amt jederzeit auch ohne Vorliegen eines wichtigen Grundes niederlegen. Hierzu bedarf es einer Erklärung gegenüber dem zuständigen Bestellungsorgan. In aller Regel wird dies die Gesellschafterversammlung sein. Es reicht aus, wenn der Geschäftsführer einem einzelnen Gesellschafter mitteilt, dass er sein Amt niederlegt. Der Gesellschafter wird in diesem Fall als Gesamtvertreter aller Gesellschafter angesehen. Die Erklärung gegenüber dem Mitgeschäftsführer reicht hingegen nicht aus. Ebenso wenig reicht es aus, wenn die Erklärung nur gegenüber dem Registergericht abgegeben wird.

Eine Schriftformerfordernis für die Erklärung besteht zwar nicht, jedoch sollte der Geschäftsführer schon aus Beweiszwecken die Amtsniederlegung schriftlich erklären. Die Amtsniederlegung wird sofort wirksam, sobald sie dem zuständigen Organ zugegangen ist. Aus diesem Grund ist dem Geschäftsführer anzuraten, sich den Empfang der Amtsniederlegung von einem Gesellschafter quittieren zu lassen.

Das Vorliegen eines wichtigen Grundes ist für die Amtsniederlegung grundsätzlich nicht erforderlich, es sei denn, es wurde zwischen den Parteien etwas anderes vereinbart.

In der Satzung kann die Wirksamkeit der Amtsniederlegung an die Einhaltung einer bestimmten Form oder Frist geknüpft sein. Selbst bei Vorliegen einer solchen Regelung kann eine Amtsniederlegung aus wichtigem Grund hierdurch nicht ausgeschlossen werden.

Fehlt es an einer vertraglich vereinbarten Frist, ist die Amtsniederlegung sofort wirksam. Die sofortige Wirksamkeit der Amtsniederlegung führt dazu, dass der Geschäftsführer nicht mehr für die zukünftige Erfüllung seiner Geschäftsführerpflichten haftet. Es kommt daher nicht selten vor, dass Geschäftsführer krisenbehafteter Gesellschaften das Amt niederlegen, um einer Haftung für Sozialversicherungsleistungen zu entgehen. Fraglich ist in diesem Zusammenhang, ob die Amtsniederlegung in der Krise der GmbH oder bei Alleingeschäftsführern ohne Weiteres wirksam ist. Vom Grundsatz der sofortigen Wirksamkeit wird lediglich dann eine **Ausnahme** gemacht, wenn die Gesellschaft dadurch handlungsunfähig wird, weil der alleinige Geschäftsführer sein Amt niedergelegt hat und kein neuer Geschäftsführer bestellt wird. Dem kann auch nicht entgegengehalten werden, dass ein sog. Notgeschäftsführer von Amts wegen bestellt werden kann.

Trotz der sofortigen Wirksamkeit der Amtsniederlegung ist der ehemalige Geschäftsführer in der Insolvenz der Gesellschaft zur Auskunft und Mitwirkung verpflichtet (§§ 97 ff. InsO). Diese Pflicht besteht dann nicht, wenn der Geschäftsführer früher als zwei Jahre vor dem Antrag auf Eröffnung des Insolvenzverfahrens ausgeschieden ist.

Fraglich ist, ob sich der Geschäftsführer durch eine Amtsniederlegung schadensersatzpflichtig macht. Dies ist nur dann der Fall, sofern die Amtsniederlegung nicht „zur Unzeit" vorgenommen wird. Liegt ein wichtiger Grund für die Amtsniederlegung vor, so erfolgt sie nicht zur Unzeit. Ein Schaden kann sich dann ergeben, wenn die Gesellschaft aufgrund der Amtsniederlegung handlungsunfähig wird. Im Fall der grundlosen Amtsniederlegung liefert der Geschäftsführer gegebenenfalls einen außerordentlichen Kündigungsgrund für sein Anstellungsverhältnis.

Ob in der Amtsniederlegung auch gleichzeitig eine Kündigung des Anstellungsvertrages durch den Geschäftsführer zu sehen ist, bedarf der Auslegung. In aller Regel wird dies jedoch trotz der Trennung zwischen Organ und Amt der Fall sein, da der Kündigungsbegriff recht weit gefasst ist. Der Geschäftsführer sollte trotzdem ganz deutlich zum Ausdruck bringen, dass er auch das Anstellungsverhältnis fristlos kündigen will.

Muster eines **Amtsniederlegungsschreibens:**

Einschreiben mit Rückschein an die Gesellschafter der ABC Beispiel GmbH

Persönlich/Vertraulich Herrn H. (Gesellschafter)
Persönlich/vertraulich Herrn B. (Gesellschafter)
Persönlich/Vertraulich Frau C.

Sehr geehrte Damen und Herren,

hiermit lege ich mein Amt als Geschäftsführer der ABC Beispiel GmbH mit sofortiger Wirkung aus wichtigem Grund nieder und kündige mein Anstellungsverhältnis fristlos aus wichtigem Grund, hilfsweise ordentlich zum nächst möglichen Zeitpunkt.

Die Ausübung des Amtes ist mir insbesondere aus nachfolgenden Gründen nicht mehr möglich:

(hier ausführlich die Gründe schildern)

Wie Sie wissen, bedarf mein Ausscheiden der Anmeldung nach §§ 39, 78 GmbHG gegenüber dem Handelsregister. Ich fordere Sie daher auf, dafür Sorge zu tragen, dass meine Amtsniederlegung unverzüglich in notariell beglaubigter Form zum Handelsregister angemeldet wird.

Mit freundlichen Grüßen

Unterschrift des Geschäftsführers

Unabhängig davon, dass die Gesellschaft verpflichtet ist, die Amtsbeendigung beim Handelsregister anzumelden, ist dem Geschäftsführer anzuraten, die Amtsniederlegung rein vorsorglich gegenüber dem Handelsregister selbst anzeigen. Da die Amtsniederlegung gegenüber der Gesellschaft erfolgen muss, verlangen einige Registergerichte den Nachweis, dass der Geschäftsführer die Amtsniederlegung gegenüber der Gesellschaft erklärt hat. Hieraus folgt, dass eine Amtsniederlegung alleine gegenüber dem Handelsregister nicht ausreicht. Der Geschäftsführer sollte daher darauf achten, dass er bei der Anzeige seiner Amtsniederlegung gegenüber dem Handelsregister eine Kopie des Schreibens, welches er gegenüber der Gesellschaft abgegeben hat, beifügt.

3. Beendigung des Anstellungsverhältnisses

Die Interessen des Geschäftsführers werden einzig und allein im Rahmen des Anstellungsverhältnisses geschützt. Aufgrund der Trennungstheorie bedeutet die Abberufung als Geschäftsführer noch nicht gleich unmittelbar, dass auch das Anstellungsverhältnis beendet wird. Die Beendigung des Anstellungsverhältnisses richtet sich nicht nach § 38 GmbHG, sondern nach den wesentlich strengeren Voraussetzungen des § 626 Abs. 1 BGB. Der Gesellschaft steht das Recht zur Kündigung des Anstellungsverhältnisses nur zu, wenn ihr die Fortsetzung unter Abwägung der beiderseitigen Interessen bis zum Ablauf der Kündigungsfrist unzumutbar ist. In dem Geschäftsführeranstellungsvertrag kann die Trennung jedoch dahingehend aufgehoben werden, dass die Beendigung des Anstellungsverhältnisses automatisch mit der Abberufung als Geschäftsführer verknüpft ist oder dass die Abberufung des Geschäftsführers einen fristlosen Kündigungsgrund für die Gesellschaft begründet. Liegt eine derartige Verknüpfung nicht vor, so können beide Rechtsverhältnisse **unabhängig voneinander fortbestehen.** Hieraus können erhebliche Probleme erwachsen. Dies ist zum Beispiel dann der Fall, wenn der Geschäftsführer als Organ abberufen wird und sein Anstellungsvertrag weiter besteht. Der Anstellungsvertrag muss dann anderweitig beendet werden.

Der Anstellungsvertrag wird beendet durch

- Tod,
- Ablauf der Befristung des Anstellungsverhältnisses,
- Erreichen einer vereinbarten Altersgrenze oder
- Kündigung oder einvernehmliche Vertragsaufhebung.

a) Kündigungsvoraussetzungen

Voraussetzung der Kündigung des Anstellungsvertrages ist ein Gesellschafterbeschluss, der sich deutlich auf die Kündigung und nicht nur auf die Abberufung beziehen muss.

Bei der Beschlussfassung über eine ordentliche Kündigung ist der hiervon betroffene Gesellschafter-Geschäftsführer grundsätzlich stimmberechtigt. Lediglich bei einer Kündigung aus wichtigem Grund ist der betroffene Gesellschafter-Geschäftsführer gem. § 47 Abs. 4 GmbHG nicht stimmberechtigt. Er darf nicht „Richter in eigenen Angelegenheiten" sein. In der Praxis wird daher regelmäßig versucht, bei der Abberufung von Gesellschafter-Geschäftsführern einen wichtigen Grund vorzuschieben, um den Gesellschafter-Geschäftsführers vom Stimmrecht auszuschließen. Dem betroffenen Gesellschafter-Geschäftsführer ist jedoch dringend anzuraten, sein Stimmrecht trotz der Behauptung des Vorliegen eines wichtigen Grundes auszuüben, da ansonsten die Gefahr besteht, dass er auch bei Nichtvorliegen eines wichtigen Grundes abberufen und gekündigt wird. Das Vorliegen des wichtigen Grundes stellt in aller Regel enormes Streitpotenzial dar.

Für den Ausspruch der Kündigung sind alle Gesellschafter zuständig, die sich jedoch eines Bevollmächtigten bedienen können. Die Zuständigkeit kann auf einen fakultativen Aufsichts- oder Beirat übertragen werden. Bei einer dem Mitbestimmungsgesetz unterfallenden GmbH besteht eine Kompetenz des Aufsichtsrats. Zuständig ist dann immer der gesamte Aufsichtsrat. Jedoch kann auch er sich eines Dritten bedienen. Grundsätzlich gilt, dass für die Zuständigkeit zur Beendigung des Anstellungsverhältnisses die gleichen Voraussetzungen wie für die Begründung des Anstellungsverhältnisses gelten. Dies gilt sowohl für die Zuständigkeit, als auch für das Erfordernis der Beschlussfassung.

Eine Eigenkündigung des Geschäftsführers kann gegenüber den übrigen Geschäftsführern oder einem Gesellschafter erklärt werden. Die Kündigung muss nicht gegenüber allen Gesellschaftern erklärt werden. Sie richtet sich gegen die GmbH. Ein Mitgeschäftsführer ist verpflichtet, die Gesellschafter von der Kündigung seines Kollegen unverzüglich in Kenntnis zu setzen.

b) Form

Schon aus Beweiszwecken ist die Kündigung schriftlich zu erklären. Die Kündigungsgründe müssen dem Geschäftsführer nicht mitgeteilt werden. Es ist jedoch empfehlenswert dies rein vorsorglich zu tun, da ansonsten ein Streit vorprogrammiert ist.

c) Ordentliche Kündigung

Wie oben aufgezeigt, unterfallen GmbH-Geschäftsführer nicht dem Kündigungsschutzgesetz. Allerdings werden sie durch das Erfordernis der Einhaltung der Kündigungsfrist gem. § 620 Abs. 2 BGB i.V.m. §§ 621–623 BGB geschützt.

Bei befristeten Anstellungsverträgen endet das Dienstverhältnis mit dem Geschäftsführer mit Zeitablauf. Ein befristeter Dienstvertrag kann dann nicht ordentlich unter Einhaltung einer Kündigungsfrist gekündigt werden, falls nicht ausdrücklich vereinbart ist, dass er auch ordentlich gekündigt werden kann.

Regelmäßig findet sich daher in befristeten Geschäftsführeranstellungsverträgen die nachfolgende Regelung:

Das Anstellungsverhältnis ist bis zum (Datum) befristet und endet automatisch mit Ablauf dieses Tages, ohne dass es einer besonderen Erklärung bedarf. Während der Laufzeit des Vertrages kann der Vertrag außerdem unter Einhaltung einer ordentlichen Kündigungsfrist von (Zeitangabe) zum (Kündigungstermin) gekündigt werden.

Die von der Gesellschaft einzuhaltende Kündigungsfrist folgt aus § 622 BGB, sofern im Anstellungsvertrag keine abweichende Kündigungsfrist vereinbart wurde. Nach § 622 BGB muss eine Mindestkündigungsfrist von vier Wochen zum 15. oder zum Ende eines Kalendermonats eingehalten werden. Die Frist verlängert sich entsprechend § 622 Abs. 2 BGB mit der Dauer des Anstellungsverhältnisses.

§ 622 Abs. 2 BGB bestimmt:

„Für eine Kündigung durch den Arbeitgeber beträgt die Kündigungsfrist, wenn das Arbeitsverhältnis in dem Betrieb oder Unternehmen
1. zwei Jahre bestanden hat, einen Monat zum Ende eines Kalendermonats,
2. fünf Jahre bestanden hat, zwei Monate zum Ende eines Kalendermonats,
3. acht Jahre bestanden hat, drei Monate zum Ende eines Kalendermonats,
4. zehn Jahre bestanden hat, vier Monate zum Ende eines Kalendermonats,
5. zwölf Jahre bestanden hat, fünf Monate zum Ende eines Kalendermonats,
6. 15 Jahre bestanden hat, sechs Monate zum Ende eines Kalendermonats,
7. 20 Jahre bestanden hat, sieben Monate zum Ende eines Kalendermonats".

Nach dem Wortlaut der Norm gelten die Kündigungsfristen nur für eine Kündigung durch die Gesellschaft. Dies erscheint nicht interessengerecht, weshalb vertraglich vereinbart werden kann, dass auch bei einer Kündigung des Geschäftsführers diese Fristen eingehalten werden müssen. In aller Regel werden im Vertrag jedoch zum Schutz der Gesellschaft und des Geschäftsführers längere Kündigungsfristen festgelegt.

Da der Geschäftsführer sich nicht auf das Kündigungsschutzgesetz berufen kann, muss seine Kündigung nicht sozial gerechtfertigt im Sinne des § 1 Abs. 1 KSchG sein. Die ordentliche Kündigung mit Einhaltung einer Kündigungsfrist bedarf auch sonst keines rechtfertigenden Grundes. Die Kündigung kann bloß in krassen Ausnahmefällen, insbesondere bei Sittenwidrigkeit oder eines Verstoßes gegen Treue und Glauben unwirksam sein. Derartige Fälle sind in der Praxis jedoch außerordentlich selten. Die fehlende Möglichkeit der Überprüfung einer ordentlichen Kündigung hinsichtlich ihrer sozialen Rechtfertigung hat in der Vergangenheit dazu geführt, dass der Geschäftsführer Klage mit dem Argument erhebt, es lebe ein früheres, ruhendes Arbeitsverhältnis wieder auf.

Nach der nunmehr vom BAG (Urteil vom 5. 6. 2008 – 2 AZR 754/06) vertretenen Ansicht, wonach im Zweifel der alte Arbeitsvertrag bei einer Bestellung zum Geschäftsführer aufgehoben wird, scheint diese Argumentation wenig zielführend zu sein. Lediglich bei Bestellung eines Arbeitnehmers ohne gleichzeitigen Abschluss eines Geschäftsführeranstellungsvertrages und bei unterbliebener Änderung der Vertragsbedingungen wie etwa Gehaltserhöhung oder Dienstwagenregelung kann noch ein ruhendes Arbeitsverhältnis in Betracht kommen. Da mit der Bestellung zum Geschäftsführer regelmäßig auch Gehaltsanpassungen verbunden sind, scheint das Vorliegen eines ruhenden Arbeitsverhältnisses außerordentlich selten geworden zu sein. Falls jedoch tatsächlich ein ruhendes Arbeitsverhältnis vorliegt, sind die Vorschriften des Kündigungsschutzgesetzes anzuwenden.

> **Expertenrat:** Aufgrund der fehlenden gerichtlichen Überprüfung einer ungerechtfertigten Kündigung sollte der Geschäftsführer darauf achten, dass entweder eine ausreichend lange Kündigungsfrist vereinbart wird oder dass das ordentliche Kündigungsrecht für eine feste Laufzeit vollständig ausgeschlossen wird. Selbstverständlich ist auch an eine Abfindungsregelung oder ein Übergangsgeld zu denken. Darüber hinaus können auch die Gründe, welche die Gesellschaft zur Kündigung berechtigen, vertraglich vereinbart werden.

d) Außerordentliche, fristlose Kündigung

Ebenso wie bei der ordentlichen Kündigung bedarf es auch bei der außerordentlichen Kündigung eines entsprechenden Gesellschafterbeschlusses. Der betroffene Gesellschafter-Geschäftsführer hat in diesem Fall jedoch kein Stimmrecht. Die außerordentliche Kündigung kann vertraglich nicht ausgeschlossen werden. Dies führt so weit, dass zwar wichtige Gründe festgelegt werden können, jedoch diese nicht abschließend für den Ausspruch einer außerordentlichen Kündigung sind. Eine außerordentliche Kündigung kann in eine ordentliche Kündigung umgedeutet werden, sofern der Gesellschafterbeschluss sich auch auf die ordentliche, fristgemäße Beendigung bezieht und deutlich zum Ausdruck kommt, dass auch ordentlich gekündigt werden soll. Selbstverständlich muss dann eine Kündigungsfrist eingehalten werden.

Vor dem Ausspruch einer fristlosen Kündigung ist keine Abmahnung notwendig und die Gesellschaft ist nicht verpflichtet, den Geschäftsführer zum Vorliegen der Kündigungsgründe anzuhören. Dennoch ist jeder Gesellschaft anzuraten, vor dem Ausspruch einer fristlosen Kündigung den Geschäftsführer zur Sachverhaltsaufklärung anzuhören. Im Streitfall muss die Gesellschaft das Vorliegen der fristlosen Kündigungsgründe beweisen.

aa) Kündigungsgründe

Die wichtigen Gründe, die zur fristlosen Kündigung des Anstellungsverhältnisses führen, müssen nicht mit den wichtigen Gründen die zum Widerruf der Bestellung im Sinne von § 38 Abs. 2 GmbHG führen, übereinstimmen. Nach § 626 Abs. 1 BGB sind wichtige Kündigungsgründe dann gegeben, wenn Tatsachen vorliegen, aufgrund derer dem Kündigenden unter Berücksichtigung aller Umstände des Einzelfalls und unter Abwägung der Interessen beider Vertragsteile die Fortsetzung des Dienstverhältnisses bis zum Ablauf der Kündigungsfrist oder bis zu der vereinbarten Beendigung des Dienstverhältnisses nicht zugemutet werden kann.

Eine abschließende Aufzählung der Kündigungsgründe ist nicht möglich. Aufgrund der Abstraktheit der gesetzlichen Normen lassen sich die Kündigungsgründe jedoch in drei Gruppen einteilen. Dies sind **betriebsbedingte, personenbedingte und verhaltensbedingte Gründe,** die zur Kündigung rechtfertigen.

Da **betriebsbedingte Gründe** in aller Regel im Einflussbereich der Gesellschaft liegen, wird es außerordentlich schwer fallen, eine fristlose Kündigung hierauf zu stützen. In aller Regel wird bei betriebsbedingten Gründen von der Gesellschaft erwartet werden müssen, dass die Vergütung des Geschäftsführers bis zum Ende der ordentlichen Kündigungsfrist bezahlt wird. Als Ausnahme gilt hier die Insolvenz, da der Insolvenzverwalter nach § 113 Abs. 1 InsO zur vorzeitigen Kündigung des Vertrages berechtigt ist. Aber auch in derartigen Fällen muss der Insolvenzverwalter eine dreimonatige Kündigungsfrist zum Monatsende einhalten.

Ebenso schwierig dürfte eine **personenbedingte,** außerordentliche Kündigung sein, sofern den Geschäftsführer kein Verschulden trifft. Personenbedingte Gründe sind in aller Regel Krankheit, die zu Berufs- oder Erwerbsunfähigkeit führen. Auch hier wird der Gesellschaft die Einhaltung einer Kündigungsfrist zuzumuten sein.

In der Praxis ist daher die **verhaltensbedingte** Kündigung der weitaus häufigste Fall. Ohne eine abschließende Aufzählung vornehmen zu können, werden nachfolgend beispielhafte Kündigungsgründe genannt:

- unkorrekte Behandlung von Spesenvorschüssen,
- ungenehmigte umfangreiche Verwendung der Firmenkreditkarte für private Zwecke,
- Überschreitung der Kreditlinie der Gesellschaft,
- beabsichtige Stellung eines Insolvenzantrages,
- Verstoß gegen die Kompetenzordnung der Gesellschaft,
- Missachtung von Weisungen der Gesellschafter,
- Tätlichkeit und Drohung gegenüber Gesellschaftern sowie
- Wettbewerb während des Anstellungsverhältnisses oder unerlaubte Nebentätigkeit.

Sofern ein wichtiger Kündigungsgrund vorliegt, muss eine Interessenabwägung vorgenommen werden. Hierbei ist die Vertragsdauer, Länge der ordentlichen Kündigungsfrist, Schwere des Vorwurfs und persönliche Situation des Geschäftsführers (Alter und soziale Folgen) zu berücksichtigen. Ebenso kann auf das bisherige Verhalten bzw. Fehlverhalten des Geschäftsführers zurückgegriffen werden. Eine Abmahnung ist zum Ausspruch einer fristlosen Kündigung grundsätzlich nicht notwendig. Will die Gesellschaft dem Geschäftsführer statt der Kündigung nur einen „Schuss vor den Bug" versetzen und sich die Möglichkeit offen halten, bei einem späteren Vergehen auf den alten Vorfall zurückzukommen, so ist eine Abmahnung ratsam.

Sofern der Geschäftsführer sein Anstellungsverhältnis fristlos kündigen will, setzt dies eine schwer wiegende Vertragsverletzung der Gesellschaft voraus. Auch hierzu können die wichtigen Kündigungsgründe nicht abschließend genannt werden. Beispielhaft wird jedoch auf die nachfolgenden Fälle hingewiesen, welche die Rechtsprechung bereits beschäftigt haben:

- ehrabschneidende Äußerungen eines Gesellschafters oder Tätlichkeit gegenüber dem Geschäftsführer,
- Entzug der vertraglich vereinbarten Geschäftsführungs- und Vertretungsbefugnis sowie
- unberechtigte fristlose Kündigung oder Abberufung durch die Gesellschaft.

Die Kündigungsgründe, insbesondere wichtige Gründe, die zur fristlosen Kündigung geführt haben, können auch noch in einem späteren Prozess nachgeschoben werden. Die Kündigung darf dann auch auf die Umstände gestützt werden, die zur Zeit der Abberufung oder der Kündigungserklärung bereits bestanden und zwar auch dann, wenn sie dem zuständigen Organ zu jener Zeit noch nicht bekannt waren. Selbst für den Fall, dass zum Zeitpunkt des Rechtsstreits neue wichtige Gründe bekannt werden, die erst nach dem Abberufungsbeschluss entstanden sind, kann die Kündigung hierauf gestützt werden, wenn sich aus der Gesamtbeurteilung ergibt, dass sich das Fehlverhalten des Geschäftsführers auch in Zukunft wiederholen wird und deshalb die Fortsetzung der Geschäftsführertätigkeit für die Gesellschaft unzumutbar ist.

Allerdings ist darauf zu achten, dass die neu auftretenden Gründe eines neuen Kündigungsbeschlusses der Gesellschafter bedürfen. Die Kündigung muss dem Geschäftsführer dann erneut mitgeteilt werden. Ausnahmen gelten lediglich für die Zwei-Personengesellschaft, da hier die neue Beschlussfassung eine unnötige Formalität ist.

bb) Ausschlussfrist

Gem. § 626 Abs. 2 BGB kann die Kündigung nur innerhalb von **zwei Wochen** erfolgen. Die Frist beginnt in dem Zeitpunkt zu laufen, in welchem die Gesellschafterversammlung bzw. das berechtigte Organ vom Vorliegen der Kündigungsgründe Kenntnis erlangt hat. Die Einzelheiten, ab welchem Zeitpunkt eine Kenntnis der Gesellschaft vorliegt, sind umstritten. Nach heutiger Rechtsprechung muss davon ausgegangen werden, dass es bereits ausreicht, sofern ein Gesellschafter von den Kündigungsgründen Kenntnis erlangt. Allerdings reicht es wohl nicht aus, wenn ein

Gesellschafter die Kenntnis nicht als Mitglied der Gesellschafterversammlung erlangt hat. Die Differenzierung, ob der Gesellschafter die Kenntnis als Mitglied der Gesellschafterversammlung oder „nur privat" erlangt hat, ist sicherlich schwierig. Die derzeitige Rechtsprechung führt zu einer Rechtsunsicherheit, da man sicherlich nicht differenzieren kann, ob der Gesellschafter die Kenntnis jetzt als Mitglied des Organs Gesellschafterversammlung oder in privater Funktion erlangt hat. Damit relativ schnell Rechtsklarheit herrscht, sollte ein Gesellschafter seinen Mitgesellschaftern umgehend vom Vorliegen des wichtigen Kündigungsgrundes berichten und unverzüglich eine Gesellschafterversammlung einberufen.

Die Kenntnis eines Mitgeschäftsführers vom Vorliegen eines wichtigen Kündigungsgrundes reicht hingegen nicht aus.

Die Zweiwochenfrist ist nur dann eingehalten, wenn die Kündigung innerhalb dieses Zeitraums dem Geschäftsführer gegenüber erklärt wird. Durch die starre zweiwöchige Ausschlussfrist soll verhindert werden, dass die Kündigung noch lange Zeit nach Kenntnis der wichtigen Gründe ausgesprochen wird. Die Einhaltung der Frist will für Rechtsfrieden sorgen. Wird die Frist nicht eingehalten, so ist die fristlose Kündigung bereits aus formalen Gründen unwirksam. Dies gilt selbst dann, sofern der Geschäftsführer erst nach Ablauf der Frist strafrechtlich verurteilt wird. Eine fristlose Kündigung aufgrund der Straftat ist dann nicht mehr möglich.

Die Frist läuft jedoch dann nicht bzw. wird unterbrochen, wenn sich der Geschäftsführer Bedenkzeit für eine gütliche Einigung ausgebeten hat oder solange die tatsächlichen Grundlagen des fristlosen Kündigungsgrundes noch aufklärungsbedürftig sind. Die Aufklärungsmaßnahmen müssen jedoch unverzüglich beginnen. Kann die Sachverhaltsaufklärung nicht innerhalb der Zweiwochenfrist abgeschlossen werden, so ist die Aufklärung fortzusetzen und es muss gegebenenfalls eine erneute fristlose Kündigung ausgesprochen werden.

Selbst sofern die Zweiwochenfrist verstrichen ist und noch keine fristlose Kündigung ausgesprochen wurde, kann das Vorliegen des wichtigen Grundes bei der Interessenabwägung im Rahmen einer ordnungsgemäßen Kündigung, bei welcher also eine Kündigungsfrist eingehalten werden muss, Berücksichtigung finden.

e) Einvernehmliche Vertragsaufhebung (Aufhebungsvertrag)

Selbst für den Fall, dass wichtige Kündigungsgründe vorliegen oder die Kündigung unter Einhaltung einer Kündigungsfrist ausgesprochen werden kann, besteht für die Parteien die Möglichkeit, das Vertragsverhältnis einvernehmlich aufzuheben. Dies hat für beide Parteien Vorteile. Zum einen kann ein lang andauernder und der Öffentlichkeit zugänglicher Rechtsstreit vermieden werden, zum anderen kann jede Seite behaupten, dass das Vertragsverhältnis im besten gegenseitigen Einvernehmen aufgehoben wurde. Ebenso wie beim Anstellungsvertrag sind auch beim Aufhebungsvertrag sämtliche Parameter verhandelbar. Dies betrifft insbesondere sowohl den Beendigungszeitpunkt, als auch die Zahlung einer Abfindung oder sogar ein nachvertragliches Wettbewerbsverbot. Schon aus Beweiszwecken ist der Aufhebungsvertrag schriftlich abzuschließen.

f) Gekündigtes bzw. auslaufendes Anstellungsverhältnis

Dem Geschäftsführer steht kein Beschäftigungsanspruch zu, falls er sofort als Organ abberufen wird, die Gesellschaft aber eine Kündigungsfrist bis zur Beendigung des Anstellungsverhältnisses einhalten muss. Er kann nicht verlangen, für die Dauer seines Restanstellungsverhältnisses als Geschäftsführer beschäftigt zu werden. Ebenso hat er keinen Anspruch auf eine leitende Funktion. In diesem Zusammenhang ist allerdings fraglich, ob der Geschäftsführer verpflichtet ist, eine Tätigkeit unterhalb der Geschäftsführungsebene zu übernehmen. Die Beantwortung dieser Frage ist vom Einzelfall abhängig, wird jedoch von der herrschenden Meinung überwiegend verneint. Begründet wird dies damit, dass die Abberufung noch nicht zur Umwandlung des Anstellungsverhältnisses in ein Arbeitsverhältnis führt. Für den Fall, dass der Geschäftsführer lediglich abberufen wird und die Kündigung des Geschäftsführeranstellungsvertrages damit nicht beendet wird, stellt sich die Frage, ob die Abberufung das Anstellungsverhältnis in ein abhängiges Arbeitsverhältnis umwandelt. Dies soll regelmäßig dann der Fall sein, sofern bei Abberufung das Dienstverhältnis nicht beendet wird, sondern für eine gewisse Zeit fortbesteht. Voraussetzung ist allerdings, dass dem ehemaligen Geschäftsführer andere Pflichten übertragen werden und die Aufrechterhaltung des Vertragsverhältnisses nicht nur der sozialen Absicherung dient.

Hinzu kommt, dass das Verbleiben des Geschäftsführers in der Gesellschaft zu einer ungewollten Unruhe führen kann. Es kommt daher regelmäßig zur sofortigen Freistellung des Geschäftsführers. Kommt es nicht zu einer Freistellung, so ist der Geschäftsführer verpflichtet, seine Dienste weiterhin anzubieten. Dies kann auch wörtlich erfolgen. Das Angebot ist nur dann nicht notwendig, wenn die Gesellschaft erkennen lässt, dass sie unter keinen Umständen zur Weiterbeschäftigung bereit ist. Der Geschäftsführer ist anzuraten, grundsätzlich seine weitere Tätigkeit als Geschäftsführer anzubieten.

IV. Haftung des Geschäftsführers

Bei der Haftung des Geschäftsführers muss zwischen der sog. **Innenhaftung,** also gegenüber der Gesellschaft und den Gesellschaftern und der **Außenhaftung,** somit gegenüber Dritten, unterschieden werden. Eine Haftung des Geschäftsführers gegenüber Gesellschaftsgläubigern kommt in aller Regel nur dann in Betracht, wenn die Gesellschaft selbst nicht mehr in der Lage ist, die Haftungsansprüche der Dritten zu befriedigen. Die Haftung des Geschäftsführers gegenüber Gesellschaftsgläubigern kommt daher hauptsächlich im Fall der Insolvenz vor. Auf das Haftungsrisiko bei verspäteter Insolvenzantragstellung wurde bereits hingewiesen. Der Geschäftsführer trägt darüber hinaus ein enormes Haftungsrisiko, welches durch das seit dem 1. November 2008 in Kraft getretene Gesetz zur Modernisierung des GmbH-Rechts und zur Bekämpfung von Missbräuchen (MoMiG) nochmals ausgeweitet wurde.

1. Haftung des Geschäftsführers gegenüber den Gesellschaftern

Der Geschäftsführer kann nicht nur gegenüber der Gesellschaft oder Dritten, somit Gläubigern der Gesellschaft, sondern auch gegenüber den Gesellschaftern haften.

Anspruchsgrundlage für die Geltendmachung eines solchen Schadens kann nur dann der Anstellungsvertrag sein, sofern sich in diesem eine ausdrückliche Schutzpflicht zugunsten der Gesellschafter findet. Dem Geschäftsführer ist daher dringend bei der Gestaltung seines Anstellungsvertrages anzuraten, dass dort keine Schutzpflicht zugunsten der Gesellschafter begründet wird.

Die Mitgliedschaftsrechte des Gesellschafters sind nach der Rechtsprechung des BGH ein sonstiges Recht im Sinne des § 823 Abs. 1 BGB und werden als solches auch geschützt. Der rein theoretische Streit, ob die Mitgliedschaftsrechte nur von außen, somit von Nichtorganen der Gesellschaft verletzt werden können oder auch vom Geschäftsführer, wird von der Rechtsprechung dahin gehend entschieden, dass es auch durch den Geschäftsführer zur Schädigung der Mitgliedschaftsrechte der Gesellschafter kommen kann. Eine Haftung des Geschäftsführers kommt somit nur dann in Betracht, wenn der Geschäftsführer in einer gegen die guten Sitten verstoßenen Art und Weise den Gesellschafter vorsätzlich Schaden zufügt (§ 826 BGB). Als Beispiele für derartige schadensersatzpflichtige Handlungen werden genannt:

- unerlaubte Strukturveränderungen durch den Geschäftsführer,
- faktische Veränderungen des Unternehmensgegenstandes ohne entsprechende Satzungsänderung oder
- Verletzung des Gleichbehandlungsgrundsatzes, z. B. bei der Veräußerung eigener Geschäftsanteile (also Anteile der Gesellschaft an sich selbst) an Dritte.

In der Praxis kommen derartige Fälle jedoch außerordentlich selten vor, da der Geschäftsführer weisungsabhängig ist. Stellen die Gesellschafter fest, dass er schadensträchtige Handlungen vornehmen will, sind sie jederzeit berechtigt, ihm entsprechende Weisungen zu erteilen oder sie können ihn sogar abberufen. Allerdings muss darauf geachtet werden, dass der Schaden nicht zugleich auch bei der Gesellschaft entsteht, sondern ausschließlich und alleine beim Gesellschafter eingetreten ist. Entsteht der Schaden auch beim Gesellschafter und der Gesellschaft muss nur einmal ersetzt werden.

Der Geschäftsführer haftet den Gesellschaftern gem. § 31 Abs. 6 GmbHG, wenn er schuldhaft gegen das **Stammkapitalerhaltungsverbot verstößt.** Es ist ihm verboten, das zur Erhaltung des Stammkapitals erforderliche Vermögen der Gesellschaft an die Gesellschafter auszubezahlen. Hierdurch soll dem Gedanken Rechnung getragen werden, dass das zur Erhaltung des Stammkapitals erforderliche Vermögen der Gesellschaft dem Gläubigerschutz dient. Wie aufgezeigt, fallen die Zahlungen auf Gesellschafterdarlehen oder diesen wirtschaftlich gleichgestellte Forderungen nicht hierunter. Nur die Rückzahlung des tatsächlich einbezahlten Stammkapitals ist verboten. Zahlungen, welche den Kapitalerhaltungsvorschriften zuwider geleistet werden, müssen der Gesellschaft erstattet werden. Erstattungspflichtig ist vorrangig der die Leistung empfangende Gesellschafter. Wenn der Erstattungsbetrag vom Empfänger nicht erlangt werden kann, so haften die übrigen Gesellschafter nach dem Verhältnis ihrer Geschäftsanteile. Sobald sie den gegen sie gerichteten Anspruch erfüllt haben, haftet ihnen nunmehr der Geschäftsführer auf den von ihnen geleisteten Betrag.

2. Haftung für Steuerschulden

Der Geschäftsführer haftet gemäß § 69 i.V.m. mit § 34 AO für die Steuerschulden der Gesellschaft, sofern die Gesellschaft ihren Steuerverpflichtungen nicht nachkommt, obwohl sie diese hätte erfüllen können. Der Geschäftsführer haftet gesamtschuldnerisch mit der GmbH.

Die haftungsauslösende Handlung besteht in der Verletzung steuerlicher Pflichten. Dies geschieht in aller Regel durch die Nichtabgabe von Steuererklärungen oder durch die Nichtzahlung von fälligen Steuern. Der Geschäftsführer ist verpflichtet, Steuererklärungen für die Gesellschaft abzugeben (§ 149 AO). Die Nichtabgabe von Steuererklärungen ist zwar mit Strafe bedroht, jedoch kommt es in aller Regel nicht zur Bestrafung, da die Finanzverwaltung eine Steuerschätzung vornehmen kann.

Die Haftung beginnt bereits mit der Bestellung des Geschäftsführers. Auf eine Eintragung im Handelsregister kommt es hierbei nicht an. Die Haftung endet mit der Beendigung der Organstellung, sei es durch Abberufung oder durch Niederlegung des Amtes. Anders als die Abberufung, die in aller Regel ordnungsgemäß dokumentiert wird, da in der Gesellschafterversammlung ein Versammlungsprotokoll geführt wird, ist die Beweisbarkeit des Zeitpunktes der Amtsniederlegung in der Praxis häufig problematisch. Die Finanzverwaltung stellt hierbei auf die Anmeldung des Ausscheidens des Geschäftsführers zum Handelsregister ab. Hierbei ist darauf zu achten, dass der niederlegende Geschäftsführer die Anmeldung nur dann selbst bewirken kann, wenn er die Niederlegung seines Amtes unter die aufschiebende Bedingung der Eintragung seines Ausscheidens in das Handelsregister oder des Eingangs der Anmeldung beim Handelsregister stellt. Sofern es in der Praxis überhaupt zu einer Amtsniederlegung kommt, so wird diese zumeist nicht richtig betrieben. Darüber hinaus ist fraglich, ob ein alleiniger Geschäftsführer sein Amt in der Krise niederlegen kann oder ob die Amtsniederlegung dann „zur Unzeit" geschieht. Bei mehreren Geschäftsführern kommt es unweigerlich zum Wettlauf, weil jeder Geschäftsführer in der Krise versuchen wird, durch Amtsniederlegung seiner persönlichen Haftung zu entgehen.

Mit der Amtsniederlegung kann nur das Haftungsrisiko für die Zukunft ausgeschlossen werden. Bereits erfüllte Steuerhaftungstatbestände werden durch die Amtsniederlegung nicht berührt.

Ein Nachfolgegeschäftsführer haftet nach §§ 69, 64 Abs. 1 AO für die bis zu seiner Bestellung aufgelaufenen Steuerschulden gesamtschuldnerisch mit seinem Vorgängen.

Neben dem formell bestellten Geschäftsführer kann auch der faktische Geschäftsführer einer GmbH gem. § 35 AO zur Haftung herangezogen werden.

> **Expertenrat:** Bereits bei der Bestellung sollte sich der Geschäftsführer vergewissern, dass die Gesellschaft nicht in der Krise ist und insbesondere keine Steuerverbindlichkeiten aufgelaufen sind.

Eine **Ressortaufteilung** nützt dem Geschäftsführer nichts. Sofern er lediglich für einen nichtkaufmännischen Teil verantwortlich ist und es noch einen weiteren Geschäftsführer gibt, der sich um die Finanzen kümmert, so hat der „unzuständige" Geschäftsführer seinen für die Finanzen verantwortlichen Kollegen zu überwachen und diesen zur Erfüllung der Steuerverpflichtungen anzuhalten. Sollte der zuständige Kollege dem nicht nachkommen, dann bleibt dem anderen Geschäftsführer die Information der Gesellschafterversammlung, die Insolvenzantragstellung oder die Amtsniederlegung. Kommt er dem nicht nach, so haften beide Geschäftsführer gesamtschuldnerisch.

Voraussetzung der Haftung ist, dass der Geschäftsführer vorsätzlich oder zumindest grobfahrlässig gehandelt hat. Grobe Fahrlässigkeit liegt vor, wenn der Geschäftsführer „die Sorgfalt, zu der er nach den Umständen und seinen persönlichen Kenntnissen und Fähigkeiten verpflichtet und im Stande ist, in ungewöhnlich hohem Maße außer Acht lässt". Allerdings wird von jedem kaufmännischen Leiter eines Gewerbebetriebs verlangt, dass er die gesetzlichen Vorschriften beachtet. Entweder muss er selbst über die notwendigen Kenntnisse verfügen oder ihm kann vorgeworfen werden, dass er es unterlassen hat, sich die notwendigen Kenntnisse anzueignen. In der Praxis bedeutet dies, dass der Geschäftsführer immer zumindest grob fahrlässig handelt. Der Geschäftsführer haftet jedoch immer nur für eigenes Verschulden. Sein Verschulden kann allerdings auch darin bestehen, dass er einer Überwachungsverpflichtung nicht nachgekommen ist. Hieraus folgt, dass der Geschäftsführer mit der Beauftragung eines Steuerberaters nicht von der Erfüllung seiner steuerlichen Verpflichtungen entbunden ist.

Um einer Haftung zu entgehen, werden zahlreiche Argumente von Geschäftsführern gegenüber der Finanzverwaltung ins Felde geführt. So wurde argumentiert, dass ein Verschulden des Geschäftsführers bei der Nichtabführung von Steuern in der Krise der Gesellschaft fehle, da er durch die Bezahlung gegen die Sorgfalt eines ordentlichen Kaufmannes gem. § 64 GmbHG verstoße. Wie bereits aufgezeigt, kann der Insolvenzverwalter den Geschäftsführer nach § 64 GmbHG für Zahlungen in Anspruch nehmen, die nicht mit der Sorgfalt eines ordentlichen Kaufmanns erbracht wurden. Der Geschäftsführer befindet sich somit in einer Pflichtenkollision. Diesem Argument sind die Finanzgerichte nicht gefolgt. Nach Auffassung der finanzgerichtlichen Rechtsprechung entfällt die öffentlich-rechtliche Verpflichtung des Geschäftsführers zur Steuerzahlung gem. § 69 AO nicht durch diese Pflichtenkollision.

Der Geschäftsführer wird auch nicht dadurch entschuldigt, dass die Abführung der Steuern an das Finanzamt deshalb unterlassen wird, weil die Bezahlung eine nach § 129 ff. InsO anfechtbare Rechtshandlung darstellen könnte. Nach § 129 ff. InsO kann der Insolvenzverwalter Rechtshandlungen anfechten, welche die übrigen Gläubiger der Gesellschaft benachteiligen. Die geleisteten Zahlungen müssen nach erfolgreicher Anfechtung vom Empfänger zurückbezahlt werden. Der BFH begründet seine Rechtsauffassung damit, dass ein nur gedachter Geschehensablauf die Kausalität einer realen Ursache nicht beseitigen könne. Ziel der Geschäftsführerhaftung nach § 69 AO sei es, Steuerausfälle auszugleichen, die durch grob fahrlässige oder vorsätzliche Pflichtverletzung verursacht worden seien.

Dem gegenüber liegt kein Verschulden vor, sofern die Steuern bezahlt wurden und später tatsächlich aufgrund einer Anfechtung vom Fiskus an den Insolvenzverwalter zurückbezahlt werden mussten.

> **Expertenrat:** Nicht selten führt die Haftung für Steuerverbindlichkeiten in der Insolvenz der Gesellschaft zu einer nachfolgenden Insolvenz des Geschäftsführers. Ein Erlass für Steuerverbindlichkeiten kommt nur dann beim Geschäftsführer in Betracht, sofern er alle Gläubiger gleich behandelt und sämtlichen Gläubigern eine entsprechende Quote anbietet. Das Finanzamt will in aller Regel jedoch eine Bevorzugung dahin gehend, dass zusätzlich zur Quote die Möglichkeit besteht, Einkommmenssteuerrückerstattungen für die Dauer von sechs Jahren mit den Steuerverbindlichkeiten zu verrechnen.

Aufgrund der weit reichenden Haftung muss der Geschäftsführer dringend darauf achten, dass in Krisenzeiten die Steuern rechtzeitig bezahlt werden, da es in der Krise der Gesellschaft immer wieder vorkommt, dass die GmbH ihren Lohn- und Umsatzsteuerverpflichtungen nicht nachkommt. Deshalb werden die Geschäftsführer regelmäßig für die bis zur Insolvenzantragstellung aufgelaufenen Lohn- und Umsatzsteuerschulden der Gesellschaft persönlich in Anspruch genommen.

a) Umsatzsteuerhaftung

Eine persönliche Haftung des Geschäftsführers für Umsatzsteuerschulden tritt nur dann ein, wenn die GmbH den Fiskus gegenüber anderen Gläubiger benachteiligt. Ist die GmbH zahlungsunfähig und nicht in der Lage, überhaupt einen Gläubiger zu befriedigen, so tritt keine Haftung ein. Der Geschäftsführer ist verpflichtet, zur Tilgung der Steuerverbindlichkeiten denjenigen Anteil der freien Mittel der Gesellschaft zu verwenden, der dem Anteil der Steuerschulden an der Gesamtverschuldung der Gesellschaft entspricht. Dies wird als Grundsatz der **anteiligen Befriedigung** bezeichnet.

Die Finanzverwaltung verwendet zur Überprüfung der anteiligen Tilgung das im Anhang beigefügte Berechnungsschema **(Muster)**. Hiernach wird ermittelt, wie viel Prozent des Schuldenstandes zu Beginn der Haftungszeitraums einschließlich rückständiger Steuern in diesem Zeitraum bezahlt wurden und, ob die anteilige Steuerzahlung diesem Prozentsatz entspricht. In der Praxis wird häufig über den Beginn und das Ende des Haftungszeitraums gestritten. Das Finanzamt legt diesen üblicherweise nach eigenem Ermessen fest. Je länger der Haftungszeitraum ist, umso größer ist die Wahrscheinlichkeit, dass andere Gläubiger, außer dem Finanzamt, Zahlungen erhalten haben. Üblicherweise erfolgt die Bezahlung von sonstigen Gläubigern kurz vor der Insolvenz nicht, was dafür spricht, den Haftungszeitraum so kurz wie möglich vor der Insolvenzbeantragung beginnen zu lassen. Nach wohl h. M. beginnt der Haftungszeitraum in dem Monat, in welchem erstmalig ein Steuerrückstand aufgetreten ist und nicht bezahlt wurde. Der Haftungszeitraum endet mit Insolvenzantragstellung.

Bei Streit über den Beginn des Haftungszeitraums sollten ggf. mehrere Berechnungen, mit unterschiedlichen Haftungszeiträumen durchgeführt werden.

b) Lohnsteuerhaftung

Von dem Grundsatz der anteiligen Haftung wird für die Lohnsteuer eine Ausnahme gemacht. Dies wird damit begründet, dass die Lohnsteuer Teil des Arbeitslohns ist, welcher der Arbeitgeber nur zur treuhänderischen Weitergabe an die Steuerbehörde verwaltet. Hieraus folgt, dass der Geschäftsführer für die nicht abgeführte Lohnsteuer in voller Höhe haftet.

Die Haftung scheidet dann aus, wenn die Gesellschaft zum Zeitpunkt der Fälligkeit der Steuern bereits vollständig zahlungsunfähig war. Sofern überhaupt keine Löhne ausbezahlt werden, fällt auch keine Lohnsteuer an und eine Lohnsteuerhaftung des Geschäftsführers entfällt.

> **Expertenrat:** Sofern die GmbH nicht über genügend Liquidität verfügt, um Lohnsteuern und Löhne zu bezahlen, sollten die Löhne entsprechend gekürzt werden, damit die errechnete Lohnsteuer auf Basis der gekürzten Löhne bezahlt werden kann.

Nach Auffassung einiger Finanzgerichte liegt eine Zahlungsunfähigkeit – entgegen der insolvenzrechtlichen Definition der Zahlungsunfähigkeit – erst dann vor, wenn die Gesellschaft nicht mehr in der Lage ist, Kredit in Anspruch zu nehmen. Der Geschäftsführer ist nach Auffassung der Finanzgerichte verpflichtet, die Kreditlinien vollständig zur Befriedigung der Steuerverbindlichkeiten auszuschöpfen. Dies soll selbst dann der Fall sein, sofern der Geschäftsführer für die Kredite persönliche Sicherheiten gestellt hat. Diese Auffassung ist abzulehnen, da sie übersieht, dass die Inanspruchnahme zulasten des Kreditgebers geht und der Finanzverwaltung eine vom Gesetzgeber nicht gewollte Vorrangstellung einräumt.

3. Haftung für Sozialversicherungsleistungen

Werden die Sozialversicherungsleistungen bei Fälligkeit nicht durch die GmbH an die zuständige Einzugsstelle abgeführt, so macht sich der Geschäftsführer gem. § 266a Abs. 1 StGB strafbar. Da § 266a StGB eine Schutzgesetz zugunsten Dritter, im vorliegenden Fall die Sozialgemeinschaft, ist, folgt aus der Verwirklichung der Strafbarkeit eine persönliche Haftung des Geschäftsführers.

§ 266a Abs. 1 StGB stellt das Vorenthalten von Arbeitnehmerbeiträgen zur Sozialversicherung unter Strafe. Zur Klarstellung muss darauf hingewiesen werden, dass die Haftung nur für die **Arbeitnehmeranteile** zur Sozialversicherung besteht. Die Nichtabführung von Arbeitgeberanteilen zur Sozialversicherung ist nicht unter Strafe gestellt und führt somit auch nicht zu einer Haftung des Geschäftsführers.

Die Strafbarkeit ist bereits dann verwirklicht, wenn die Arbeitnehmerbeiträge nicht zum Zeitpunkt der Fälligkeit, sondern verspätet an die Einzugstelle bezahlt werden. Nach § 23 SGB IV sind die Sozialversicherungsabgaben am drittletzten Bankarbeitstag eines Monats fällig. Sind in der Satzung einer Krankenkasse zur Zahlung der Gesamtsozialversicherungsbeiträge ein „Fälligkeitstermin" und ein davon abweichender „Zahlungstag" bestimmt, werde die geschuldeten Beiträge erst mit dem Zahlungstag fällig.

Expertenrat: Um einer persönlichen Haftung zu entgehen, ist der Geschäftsführer in der Krise gut beraten, wenn er das Gespräch mit den Krankenkassen sucht und die Fälligkeit durch Vereinbarung einer Stundung herausschiebt. Die Praxis zeigt immer wieder, dass die Krankenkassen hierzu bereit sind. Der Geschäftsführer kann sich dann gegen seine persönliche Haftungsinanspruchnahme damit verteidigen, dass er auf die Nichtfälligkeit der Sozialversicherungsbeiträge hinweist.

Die Stundung sollte zu Beweiszwecken schriftlich vereinbart werden, da in der Duldung verspäteter Zahlungen der Arbeitnehmerbeiträge keine die Fälligkeit aufschiebende Stundung seitens der Sozialversicherungsträger gesehen werden kann.

Entgegen den Ausführungen zur Haftung des Geschäftsführers für nicht abgeführte Steuern, haftet der Geschäftsführer erst ab dem Zeitpunkt seiner Bestellung für die Abführung von Sozialversicherungsbeiträgen. Das pflichtwidrige Verhalten früherer Geschäftsführer kann ihm grundsätzlich nicht zugerechnet werden.

Der Geschäftsführer haftet auch nur dann, sofern die Gesellschaft zahlungsfähig und die Bezahlung der Sozialversicherungsbeiträge überhaupt noch möglich war. War die GmbH bereits zum Zeitpunkt der Fälligkeit absolut zahlungsunfähig, so haftet der Geschäftsführer nicht. Er kann nicht für etwas verantwortlich gemacht werden, was er bzw. die Gesellschaft tatsächlich nicht erfüllen konnte. Man spricht in derartigen Fällen von sog. tatsächlicher Unmöglichkeit. Wird die Kreditlinie der GmbH jedoch erst am Tag der Fälligkeit durch anderweitige Zahlungen völlig ausgeschöpft, so stellt dies keinen Fall der tatsächlichen Unmöglichkeit dar, da zum Fälligkeitszeitpunkt andere Gläubiger bezahlt wurden.

Dem Geschäftsführer kommt zugute, dass der klagende Sozial-versicherungsträger die **Beweislast** für die Zahlungsfähigkeit der GmbH trägt. Allerdings muss der Geschäftsführer auf das Vorbrin-gen des Sozialversicherungsträgers im Gerichtsverfahren substan-tiiert erwidern. Dies bedeutet, dass er die Zahlungsunfähigkeit der GmbH nicht lediglich pauschal bestreiten darf, sondern genau darlegen muss, wann die Zahlungsunfähigkeit eingetreten ist.

Allerdings haftet der Geschäftführer auch dann wegen der Nichtabführung von Arbeitnehmerbeiträgen, wenn der GmbH die Bezahlung zwar im Fälligkeitszeitpunkt wegen Zahlungsunfähig-keit unmöglich war, dem Geschäftsführer aber die Herbeiführung der Zahlungsunfähigkeit als pflichtwidriges Verhalten zur Last ge-legt werden kann. Dies kann zum Beispiel dann der Fall sein, wenn zwischen Auszahlung der Löhne und Fälligkeit der Arbeit-nehmerbeiträge zur Sozialversicherung Leistungen an andere Gläubiger erbracht werden und die Sozialversicherungsbeiträge daraufhin nicht mehr bezahlt werden können.

Auch bei der Abführung von Sozialversicherungsbeiträgen be-findet sich der Geschäftsführer, ebenso wie bei der Abführung von Steuern, in einer Pflichtenkollision. Wie bereits dargestellt, verbie-tet ihm der Masseerhaltungsgrundsatz Zahlungen nach Eintritt der Zahlungsunfähigkeit oder nach Feststellung der Überschuldung der Gesellschaft zu leisten. Es sei denn, diese Zahlungen sind auch nach diesem Zeitpunkt mit der Sorgfalt eines ordentlichen und gewissenhaften Geschäftsmanns vereinbar. Sind sie es nicht, haftet der Geschäftsführer gegenüber der Gesellschaft.

Aufgrund dieser Pflichtenkollision war der 2. Zivilsenat des BGH bisher der Auffassung, dass dem Masseerhaltungsgrundsatz Vorrang gebühre und die Gesellschaft somit nach Eintritt der In-solvenzreife nicht zur Abführung von Sozialabgaben und Lohn-steuern verpflichtet war. Diese Auffassung hat der 2. Zivilsenat des BGH jedoch nunmehr aufgegeben (Urteil vom 14. 5. 2007 – II ZR 48/06). Ebenso wie der 5. Strafsenat des BGH und der 7. Senat des BFH ist der 2. Zivilsenat des BGH nunmehr der Auffassung, dass ein Geschäftsführer trotz der Pflichtenkollision haftet, wenn die Gesellschaft nach Eintritt der Insolvenzreife keine Sozialver-sicherungsbeiträge leistet. Die Begründung des BGH ist jedoch außerordentlich schwach, da er seine Auffassung allein auf den Grundsatz der Einheit der Rechtsordnung abstellt. Die Rechtsprechung ist nunmehr übereinstimmend der Ansicht, dass der Masseerhaltungsgrundsatz im Sinne von § 64 GmbHG die Pflicht zur Abführung der Sozialabgaben sowie der Lohnsteuern nicht aufhebe. Im Umkehrschluss bedeutet dies, dass der Geschäftsführer, der die entsprechenden Zahlungen leistet, mit der Sorgfalt eines ordentlichen und gewissenhaften Geschäftsmanns handelt. Er haftet deshalb nicht gegenüber der Gesellschaft nach § 64 GmbHG.

Hieraus folgt, dass auch nach Eintritt der Insolvenzreife der Gesellschaft der Geschäftsführer verpflichtet ist, Sozialversicherungsbeiträge sowie Lohnsteuern abzuführen. Diese Verpflichtungen haben Vorrang vor dem Masseerhaltungsgrundsatz. Sofern der Geschäftsführer die Zahlungen nach Eintritt der Insolvenzreife veranlasst, kann er nicht von einem späteren Insolvenzverwalter für die geleisteten Zahlungen nach § 64 GmbHG in Anspruch genommen werden.

Wie bereits bei der Haftung für nicht bezahlte Steuern ausgeführt, wird auch bei der Inanspruchnahme wegen der Nichtabführung von Sozialversicherungsleistungen vom Geschäftsführer zur Verteidigung vorgebracht, dass die Zahlungen deshalb unterblieben sind, weil sie ohnehin vom späteren Insolvenzverwalter angefochten worden wären. Der Schaden wäre somit sowieso entstanden. Der 7. Senat des BFH ist dem Einwand eines hypothetischen Kausalverlaufs nicht gefolgt und hat den Geschäftsführer zur persönlichen Haftung für Steuern verurteilt. Begründet wird diese Rechtsauffassung damit, dass ein nur gedachter Geschehensablauf die Kausalität einer realen Ursache nicht beseitigen kann.

Auch bei einer Haftung des Geschäftsführers wegen der Nichtabführung von Sozialversicherungsbeiträgen stellt sich die Frage, ob der Geschäftsführer auch dann haftet, wenn die Zahlung unterbleibt, weil sie ohnehin von einem späteren Insolvenzverwalter angefochten worden wären. In derartigen Fallkonstellationen ist der Zivilsenat des BGH bisher nicht der Rechtsauffassung des BFH gefolgt. Eine zivilrechtliche Haftung des Geschäftsführers wegen Nichtabführung von Arbeitnehmerbeiträgen zur Sozialversicherung scheidet hiernach aus, wenn die von der Gesellschaft geleiste-

ten Zahlungen von einem späteren Insolvenzverwalter hätten angefochten werden können. Das unterschiedliche Ergebnis wird damit
begründet, dass es bei der Haftung wegen Nichtabführung von Sozialversicherungsleistungen um einen deliktischen Schadensersatzanspruch aus einer vorsätzlich unerlaubten Handlung gehe.
Die Haftung wegen Nichtabführung von Steuern nach § 69 AO
normiere dagegen einen öffentlich-rechtlichen Haftungsanspruch,
der eine Sonderverbindlichkeit gegenüber dem Fiskus darstelle.
Hierdurch werde den besonderen Bedürfnissen des Steuerrechts
Rechnung getragen und damit zur Aufkommenssicherung beigetra-
gen. Die Unterscheidung kann nur schwer nachvollzogen werden,
da sowohl Steuern als auch Sozialversicherungsbeiträge Sonder-
verbindlichkeiten sind und keine einen Vorrang genießen darf.

Ob die Anfechtung der geleisteten Sozialversicherungsbeiträge
neuerdings überhaupt noch möglich ist, ist fraglich und noch nicht
endgültig gerichtlich geklärt. Die geänderte Rechtslage beruht auf
einer Gesetzesänderung. Um den Sozialversicherungskassen einen
Vorrang einzuräumen, wurde § 28 e SGB VI geändert. Hier wird
die Pflicht des Arbeitgebers zur Abführung der Sozialversicherungsbeiträge geregelt. Grundsätzlich tragen die versicherungs-
pflichtigen Arbeitnehmer und ihre Arbeitgeber die nach dem Arbeitsentgelt zu bemessenden Sozialversicherungsbeiträge je zur
Hälfte. Zahlungspflichtig ist aber der Arbeitgeber, indem er den
vom Arbeitnehmer zu zahlenden Anteil einbehält und an die Einzugsstelle weiterleitet. Nach der Gesetzesänderung wird die Zahlung des Arbeitgebers nun unstreitig aus dem Vermögen des Arbeitnehmers erbracht. Aus diesem Grund dürfte zukünftig die
Anfechtung der bezahlten Sozialversicherungsleistungen entfallen,
da die Zahlungen nicht aus dem Vermögen der Gesellschaft erbracht wurden und es an einer Gläubigerbenachteiligung fehlt.

Expertenrat: Können die Sozialversicherungsleistungen von der Gesellschaft nicht bezahlt werden, so sollte der Geschäftsführer trotz der
geänderten Rechtslage dafür Sorge tragen, dass die Sozialversicherungsträger Kenntnis von der Krise erlangen. Dies erleichtert eine Anfechtung durch einen Insolvenzverwalter und somit eine Verteidigung
des Geschäftsführers bei der Haftungsinanspruchnahme.

Der Geschäftsführer haftet bei der Nichtabführung von Sozial-versicherungsleistungen in Höhe des Arbeitnehmeranteils, jedoch **nicht für Säumniszuschläge** nach § 24 Abs. 1 SGB IV (BGH, Beschluss vom 14. 7. 2008 – II ZR 238/07).

Umstritten ist die Frage, ob sich ein Geschäftsführer der Haftung dadurch entziehen kann, dass er geschäftsplanmäßig oder faktisch nicht mit Personal- oder Sozialversicherungsangelegenheiten befasst war **(Ressortverteilung).** Interne Zuständigkeitsverein-barungen oder die Delegation von Aufgaben können die Verant-wortlichkeit des Geschäftsführers beschränken. In jedem Fall verbleiben aber Überwachungspflichten, die ihn zum Eingreifen verpflichten können, sofern er feststellt, dass die entsprechenden gesetzlichen Normen nicht eingehalten werden. Die Überwa-chungspflicht kommt vor allem in Krisensituationen zum Tragen, in denen die Erfüllung der laufenden Verbindlichkeiten nicht mehr gewährleistet ist.

Gemäß § 2 der Beitragszahlungsverordnungen werden Zahlun-gen des Arbeitgebers auf geschuldete Gesamtsozialversicherungs-beiträge ohne eine entsprechende Tilgungszweckbestimmung je zur Hälfte auf die Arbeitnehmer und die Arbeitgeberanteile ange-rechnet.

Expertenrat: Können die Sozialversicherungsbeiträge nur zum Teil be-zahlt werden, weil nicht genügend liquide Mittel bei der GmbH vorhan-den sind, dann sollte der Geschäftsführer bei Zahlung der Sozialversi-cherungsbeiträge darauf achten, dass eine Tilgungszweckbestimmung zugunsten der Arbeitnehmeranteile vorgenommen wird. Dies muss den Sozialversicherungsträgern ausdrücklich mitgeteilt werden, da ansons-ten der anteilige Betrag hälftig auf die Arbeitnehmer- Arbeitgeberanteile verrechnet wird.

---

4. Haftung des Geschäftsführers für fehlerhafte Produkte

Die Gesellschaft haftet nach § 1 Produkthaftungsgesetz als Her-stellerin eines fehlerhaften Produktes für Personen- und Sach-schäden. Die Haftung ist vom Verschulden unabhängig und trifft die GmbH als Herstellerin. Der Begriff des Herstellers ist recht weit gefasst. Hierunter fallen auch Händler, da sie das Produkt in den Verkehr bringen. Eine Haftung des Geschäftsführers nach dem Produkthaftungsgesetz ist ausgeschlossen. Jedoch bestimmt § 15 Abs. 2 Produkthaftungsgesetz, dass eine Haftung aufgrund anderer Vorschriften unberührt bleibt.

Eine Haftung des Geschäftsführers ist dann denkbar, wenn er eine mit dem Produkt in Zusammenhang stehende Verkehrssicherungspflicht verletzt. Eine Verletzung kommt insbesondere im Rahmen eines innerbetrieblichen Organisationsverschuldens in Betracht. Es ist die Aufgabe des Geschäftsführers, dafür Sorge zu tragen, dass die der GmbH als Herstellerin obliegenden Pflichten erfüllt werden. Zu diesen Pflichten zählen insbesondere konstruktions- und produktionsbezogene Pflichten, Instruktions- und Produktbeobachtungspflichten. Sofern der Geschäftsführer die Pflichten auf Dritte überträgt, so muss er dafür Sorge tragen, dass die Pflichten ordnungsgemäß erfüllt werden. Er muss entsprechende organisatorische Vorkehrungen treffen. Ihm obliegt es auch, die Mitarbeiter entsprechend zu überwachen und zu kontrollieren. In der Praxis wird die zivilrechtliche Haftung des Geschäftsführers gegenüber Dritten für fehlerhafte Produkte nur selten thematisiert, da vorrangig die GmbH haftet. In der Regel kommt es zur Geschäftsführerhaftung erst in der Insolvenz der Gesellschaft, da der Schaden dann durch sie nicht mehr reguliert werden kann.

5. Haftung des Geschäftsführers wegen Verletzung öffentlich-rechtlicher Pflichten

Grundsätzlich muss die Gesellschaft im Rahmen ihrer unternehmerischen Tätigkeit eine Vielzahl von öffentlich-rechtlichten Vorschriften einhalten. Diese sind sehr vielfältig, so dass hier nur beispielhaft das Umweltrecht genannt wird. Bereits oben wurde das Sozialversicherungsrecht und das Steuerrecht als besondere öffentlich-rechtlichen Pflichten thematisiert. Für die Einhaltung der Pflichten ist der Geschäftsführer verantwortlich. Kommt er dieser Verantwortlichkeit nicht nach, kann ihm bei Verletzung der öffentlich-rechtlichen Normen sowohl eine strafrechtliche Verantwortung, als auch eine öffentlich-rechtliche und zivilrechtliche Haftung treffen.

Die öffentlich-rechtliche Haftung trifft den Geschäftsführer nur dann, sofern er **Verhaltenstörer** ist. Verhaltensstörer ist derjenige, der eine Ursache setzt, die unmittelbar verantwortlich für die später eintretende Störung ist. Der Begriff des Verhaltenstörers ist sehr weit gefasst. Der Geschäftsführer haftet als Verhaltenstörer neben der Gesellschaft. Er kann von Verwaltungsbehörden zur Beseitigung des Schadens in Anspruch genommen werden. Insbesondere bei der **Kontaminierung von Grundstücken mit Altlasten** besteht ein nicht überschaubares Haftungsrisiko für den Geschäftsführer. Der Geschäftsführer muss in diesen Fällen nicht einmal Verhaltenstörer sein, da er auch unmittelbar zur Beseitigung der Altlasten in Anspruch genommen werden kann. Die Pflicht trifft ihn auch dann, wenn er nicht für die Entstehung der Altlasten verantwortlich ist.

Ebenso besteht für den Geschäftsführer ein enormes Haftungspotenzial gem. § 22 Abs. 1 WHG. Hiernach haftet jeder in unbegrenzter Höhe, der in ein Gewässer Stoffe einbringt oder einleitet bzw. in sonstiger Weise auf ein Gewässer einwirkt, so dass die biologische, chemische oder physikalische Beschaffenheit des Wassers verändert wird (Umweltverschmutzung).

Expertenrat: Der Geschäftsführer sollte die Kontaminierung von Wasser und Boden besonders scharf überwachen, da er für die Beseitigung und die daraus entstandenen Schäden persönlich und in unbegrenzter Höhe haftet. Auch beim Erwerb eines mit Altlasten kontaminierten Grundstücks sollte der Geschäftsführer sich seiner Haftung bewusst sein.

---

6. Haftung gegenüber Gesellschaftsgläubigern

a) Haftung gegenüber Kreditgebern

Die Rechte und Pflichten aus den für die Gesellschaft abgeschlossenen Verträgen treffen grundsätzlich nur die Gesellschaft und nicht den Geschäftsführer persönlich. Ebenso verhält es sich mit der Haftung. Um eine persönliche Haftung des Geschäftsführers gegenüber dem Vertragspartner der Gesellschaft zu begründen, müssen besondere Umstände vorliegen.

Dies kann zum Beispiel dann der Fall sein, wenn sich der Geschäftsführer neben der Gesellschaft **persönlich** mit**verpflichtet.** Regelmäßig verlangen Banken bei Darlehensanträgen von GmbHs zusätzliche Sicherheiten in Form einer persönlichen Mitverpflichtung des Geschäftsführers durch Übernahme einer persönlichen Bürgschaft oder der Stellung von sonstigen Sicherheit, z.B. Grundschulden. In der Praxis kommt es nicht selten vor, dass im Fall einer Insolvenz einer GmbH auch das gesamte Vermögen des Geschäftsführers durch Bestellung von persönlichen Sicherheiten tangiert wird. So kann es im Rahmen der Insolvenz einer GmbH auch zu persönlichen Zahlungsschwierigkeiten oder sogar zur Insolvenz des Geschäftsführers kommen. Aus diesem Grund sollte sich der Geschäftsführer vor der Eingehung von unkalkulierbaren persönlichen Verpflichtungen zur Absicherung der GmbH-Verbindlichkeiten Gedanken darüber machen, ob er tatsächlich sein gesamtes Vermögen zur Absicherung einsetzen will. Entgegen der Darstellung vieler Banken handelt es sich bei der persönlichen Mitverpflichtung nicht nur um eine „reine Formalität", sondern um eine existenzielle Frage für den Geschäftsführer. Dem Geschäftsführer muss klar sein, dass durch die Stellung von persönlichen Sicherheiten der ursprüngliche Zweck der Gründung einer GmbH, der in der Haftungsbeschränkung auf das Gesellschaftsvermögen liegt, umgangen wird.

Expertenrat: Vor der Bestellung von persönlichen Sicherheiten sollte sich der Geschäftsführer ausführliche Gedanken darüber machen, ob er sein gesamtes – auch zukünftiges – Vermögen als Sicherheit für die Schulden der GmbH zur Verfügung stellen will. Gegebenenfalls sollte er daran denken, Vermögen auf Dritte (z. B. die Ehefrau) zu übertragen, um es dem Zugriff der Sicherungsnehmer zu entziehen. Selbstverständlich muss hierbei berücksichtigt werden, dass Vermögensübertragungen u. U. angefochten werden können und dies zur Rückgängigmachung der Vermögensübertragung führt. Eine ausführliche rechtliche Beratung ist jedem Geschäftsführer dringend anzuraten.

Insbesondere in Krisenzeiten ist zu beobachten, dass Banken eine Neukreditierung der GmbH von der Stellung zusätzlicher Sicherheiten abhängig machen. Nicht selten kommt es trotzdem zur Insolvenz der GmbH, so dass die nachbestellten Sicherheiten durch den Geschäftsführer im Grunde genommen sinnlos waren. Die Nachbesicherung wird zumeist durch die emotionale Verbundenheit des Geschäftsführers mit der Gesellschaft erfolgen. Nicht selten versucht der Geschäftsführer, sein „Lebenswerk" durch eine Nachbesicherung und weitere Kreditierung zu retten. Da der Geschäftsführer in Krisenzeiten ohnehin verpflichtet ist, ein Sanierungsgutachten zu erstellen, sollte er eine Nachbesicherung nur dann vornehmen, wenn die Sanierung der Gesellschaft überwiegend wahrscheinlich ist.

Oft versuchen Geschäftsführer, vor dem endgültigen Zusammenbruch der Gesellschaft Zahlungen aus dem Gesellschaftsvermögen auf Verbindlichkeiten zu leisten, für welche sie eine Sicherheit bestellt haben, um einer persönlichen Inanspruchnahme zu entgehen. Wie oben aufgezeigt, kann der Insolvenzverwalter die von der GmbH innerhalb des letzten Jahres vor dem Insolvenzantrag geleisteten Zahlungen nach § 135 InsO anfechten, wenn der Gesellschafter-Geschäftsführer für die Forderung des Dritten eine Sicherheit bestellt hatte. Dies bedeutet, dass der Geschäftsführer-Gesellschafter nicht von seiner Verpflichtung aus der von ihm bestellten Sicherheit frei wird.

b) Haftung des Geschäftsführers wegen Inanspruchnahme persönlichen Vertrauens

Ruft der Geschäftsführer beim Verhandlungspartner der Gesellschaft ein zusätzliches, besonderes auf seine Person bezogenes und über die normalen Verhandlungsloyalitäten hinaus gehendes Vertrauen im Hinblick auf die Vollständigkeit und Richtigkeit seiner Erklärung hervor und kommt es aufgrund des besonderen persönlichen Vertrauens zu einem Vertrag mit der GmbH, kann es zu einer Haftung des Geschäftsführers kommen. Ein haftungsauslösendes, persönliches Vertrauen liegt dann vor, wenn der Geschäftsführer den Eindruck erweckt, dass er persönlich die

Gewähr für die ordnungsgemäße Abwicklung des Geschäfts übernimmt. Hierüber wird oft heftig gestritten. Der Hinweis des Geschäftsführers auf seine besondere Sachkunde oder seine besondere persönliche Zuverlässigkeit reicht allein noch nicht aus, um einen haftungsauslösenden Vertrauenstatbestand zu begründen.

In derartigen Fallkonstellationen kann gegebenenfalls eine Haftung aus einer vorsätzlich unerlaubten Handlung begründet sein.

Eine Aufklärungspflicht über die finanziellen Verhältnisse der Gesellschaft hat der Geschäftsführer nicht. Eine nicht erfolgte Aufklärung kann somit kein haftungsauslösendes persönliches Vertrauen begründen. Allerdings kann der Geschäftsführer einen **Eingehungsbetrug** begehen, wenn er bereits bei Vertragsabschluss bzw. bei der Bestellung weiß oder damit rechnen muss, dass die Gesellschaft zum Zeitpunkt der Rechnungsstellung nicht in der Lage sein wird, die Rechnung zu bezahlen. Für den daraus entstehenden Schaden haftet der Geschäftsführer dann persönlich. Für den Betrug ist eine Täuschungshandlung notwendig, die auch durch die Nichtaufklärung über die schlechten wirtschaftlichen Verhältnisse der GmbH erfolgen kann.

Im Insolvenzfall erstatten Lieferanten regelmäßig Betrugsanzeige gegen den Geschäftsführer, sofern sie kurz vor der Beantragung der Insolvenz Lieferungen an die Gesellschaft erbracht haben.

Expertenrat: Wenn der Geschäftsführer bereits bei der Bestellung einer Lieferung weiß, dass die Gesellschaft derzeit nicht in der Lage ist, die Rechnungen des Lieferanten zu bezahlen, so sollte er keine Bestellungen vornehmen oder den Lieferanten über die Zahlungsunfähigkeit der Gesellschaft aufklären. Nur so kann eine Täuschung des Lieferanten über die Zahlungsfähigkeit der Gesellschaft vermieden werden. In aller Regel erfolgt dann allerdings keine Lieferung ohne zusätzliche Absicherung des Lieferanten.

---

c) Haftung wegen Verstoßes gegen ein Schutzgesetz

Der Geschäftsführer haftet selbstverständlich auch, wenn er gegen Schutzgesetz zugunsten Dritter verstößt. Es gibt zahlreiche

Schutzgesetze, von welchen nachfolgend nur die wichtigsten genannt werden:

§ 41 GmbHG (Verstoß gegen die ordnungsgemäße Buchführung): Wie bereits oben dargestellt, ist der Geschäftsführer nach § 41 GmbHG verpflichtet, für eine ordnungsgemäße Buchführung der Gesellschaft zu sorgen. Lange Zeit war umstritten, ob eine ordnungsgemäße Buchführung der Gesellschaft ein Schutzgesetz zugunsten der Gesellschaftsgläubiger darstellt. Eine Haftungsinanspruchnahme des Geschäftsführers erfolgt in der Praxis jedoch aufgrund möglicher Nachweisprobleme äußerst selten. Die Haftung des Geschäftsführers wegen Verletzung der Buchführungspflicht greift in aller Regel immer nur in der Insolvenz ein, da es nicht selten im Krisen- und Insolvenzfall vorkommt, dass das Vermögen der Gesellschaft nicht strikt von dem Vermögen des Geschäftsführers oder der Gesellschafter getrennt wird. Häufig fällt die Vermögensvermischung mit Mängeln in der Buchhaltung und Bilanzierung zusammen.

§ 35a GmbHG (fehlende Pflichtangaben auf Geschäftsbriefen): Der Geschäftsführer haftet für die aus der Verletzung der Pflichtangaben auf GmbH-Geschäftsbriefen gem. § 35a GmbHG entstehenden Schäden persönlich. Die Bezifferung des Schadens wird sicherlich schwerfallen. Trotzdem ist jedem Geschäftsführer anzuraten, die Geschäftsbriefe auf den notwendigen Inhalt sorgfältig zu kontrollieren.

§ 40 GmbHG (Einreichung der Gesellschafterliste): Die Gesellschafterliste hat durch das MoMiG eine erhebliche Aufwertung erfahren, da sie nun als Rechtsscheinträger gilt. Ein Erwerber von Gesellschaftsanteilen darf darauf vertrauen, dass die Liste vollständig und richtig ist. Jede Veränderung im Gesellschafterbestand hat der Geschäftsführer gem. § 40 GmbHG dem Handelsregister unverzüglich durch Einreichung einer abgeänderten und von ihm unterschriebene Gesellschafterliste mitzuteilen, falls bei der Änderung nicht ein Notar mitgewirkt hat. Ist die Gesellschafterliste aufgrund eines schuldhaften Verhaltens des Geschäftsführers falsch, so ist er dem Geschädigten zum Schadensersatz verpflichtet. Ein

Schaden kann z. B. dadurch entstehen, dass die Höhe der Beteiligung in der Liste falsch angegeben ist und ein Erwerber der Gesellschaftsanteile glaubt, dass er mehr Anteile erwirbt, als der verkaufende Gesellschafter tatsächlich hat.

§ 1 GSB (falsche Verwendung von Baugeldern): Im Baugewerbe kommt es immer wieder vor, dass Zahlungen, die für ein bestimmtes Bauprojekt bestimmt sind, zweckentfremdet anderweitig verwendet werden. Oft werden „alte Löcher" mit neuem Geld gestopft. Der Geschäftsführer haftet für die falsche Verwendung der Baugelder. Nach § 1 GSB (Gesetz über die Sicherung von Bauforderungen) wird die Verwendung von Baugeldern ausschließlich zur Befriedigung von Forderungen, die mit der Erreichung des in Rede stehenden Bauwerks zusammenhängen, gesichert. Hierdurch sollen die Subunternehmer geschützt werden. Der Schutzbereich von § 1 GSB erstreckt sich auf die so genannten „Nachmänner", denen als Subunternehmer die Herstellung des Gebäudes oder von Teilen des Gebäudes übertragen wurde. Zwar ist Baugeldempfänger die Gesellschaft, jedoch haftet der Geschäftsführer, wenn er die Gelder zweckentfremdet verwendet. Die Haftung setzt ein vorsätzlich oder grob fahrlässiges Handeln des Geschäftsführers voraus. Ein grob fahrlässiges Handeln liegt bereits dann vor, wenn der Geschäftsführer es billigend in Kauf genommen hat, dass die Zahlungen der Bauherren zweckentfremdet werden. Das schuldhafte Handeln von Angestellten wird ihm zugerechnet. Neben der persönlichen Haftung für die nicht an die Lieferanten weitergeleiteten Baugelder macht sich der Geschäftsführer für die Zweckentfremdung der Baugelder **strafbar.**

> **Expertenrat:** Jeder Geschäftsführer einer Baugesellschaft sollte bei der Verwendung der Baugelder dringend darauf achten, dass diese nicht zweckentfremdet für andere Bauwerke verwendet werden. Zum Nachweis sollte ein Baubuch geführt werden.

Nach alledem zeigt sich deutlich, dass der Geschäftsführer eine enormes Haftungsrisiko trägt, so dass nachfolgend aufgezeigt wird, wie der Geschäftsführer die Haftung verhindern kann.

7. Enthaftung

Solange der Geschäftsführer alle ihm auferlegten vertraglichen und gesetzlichen Verpflichtungen einhält, haftete er selbstverständlich nicht. Die Aufgaben des Geschäftsführers sind jedoch so weit reichend, dass ihm dies nur selten gelingen wird.

a) Weisungsbeschlüsse durch die Gesellschafterversammlung

Gem. § 37 Abs. 1 GmbHG ist der Geschäftsführer verpflichtet, die Beschlüsse und Weisungen der Gesellschafterversammlung zu befolgen. Aus der Folgepflicht folgt, dass dem Geschäftsführer ein Haftungsbefreiungsanspruch gegenüber der Gesellschaft zusteht, wenn er einen rechtmäßigen Weisungsbeschluss ausführt und hierdurch bei der Gesellschaft oder bei einem Dritten ein Schaden entsteht.

Der Freistellungsanspruch richtet sich gegen die Gesellschaft. Gegenüber Dritten kann sich der Geschäftsführer nicht darauf berufen, dass er die Weisung der Gesellschafterversammlung umgesetzt hat. Die gesellschaftsinternen Regelungen können im Außenverhältnis nicht zulasten Dritter ausgelegt werden. Die Anweisung der Gesellschafterversammlung muss ein geschädigter Dritter somit nicht gegen sich gelten lassen. Auch muss sich der Gesellschaftsgläubiger sonstige, interne Vereinbarungen zwischen dem Geschäftsführer und der Gesellschaft nicht entgegenhalten lassen.

Grundvoraussetzung für einen Freistellungsanspruch des Geschäftsführers gegen die Gesellschaft ist, dass der Weisungsbeschluss rechtlich bindend, rechtmäßig und zweckmäßig war. Dies bedeutet, dass der Gesellschafterbeschluss zum Zeitpunkt der Ausführung weder anfechtbar noch nichtig sein darf. Von diesem Grundsatz gibt es zwei in § 43 GmbHG geregelte Ausnahmen. Verletzt der Geschäftsführer das Stammkapital durch eine verbotenen Rückzahlung an die Gesellschafter oder dadurch die Gesellschaft eigene Anteile an sich selbst erwirbt (§ 33 GmbHG), so kann sich der Geschäftsführer nicht damit verteidigen, dass er die Maßnahmen auf Weisung der Gesellschafter durchgeführt hat.

Expertenrat: Jeder Geschäftsführer sollte sich vor der Ausführung derartiger Weisungsbeschlüsse ein genaues Bild über die finanziellen Verhältnisse der Gesellschaft machen und sich fragen, ob durch die Auszahlung das Stammkapital verletzt wird oder gegen die Bestimmungen des § 33 GmbHG verstoßen wird.

Der Geschäftsführer muss die Weisungsbeschlüsse nur befolgen, wenn sie rechts- und zweckmäßig sind. Er muss daher prüfen, ob der Beschluss rechtmäßig war. Rechtmäßig sind die Beschlüsse dann, wenn sie weder anfechtbar noch nichtig sind. Grundsätzlich sind Beschlüsse in einer Gesellschafterversammlung innerhalb eines Monats nach Beschlussfassung anfechtbar. Weisungsbeschlüsse werden regelmäßig dann wirksam, wenn die Anfechtungsfrist ohne Klageerhebung verstrichen ist oder eine Anfechtungsklage rechtskräftig abgewiesen wurde. Der Geschäftsführer muss dann die Beschlüsse befolgen.

Die Anfechtung setzt voraus, dass der Beschluss gegen gesetzliche oder vertragliche Bestimmungen verstößt und/oder formal unwirksam ergangen ist. Erfolgt innerhalb der Frist keine Anfechtung, so ist der Beschluss rechtmäßig. Das Anfechtungsrecht steht grundsätzlich nur den Gesellschaftern zu. Der Geschäftsführer kann auf den Bestand des Beschlusses somit nur mittelbar Einfluss nehmen. Wenn nach seiner Ansicht die Gesellschafterbeschlüsse anfechtbar sind und gegebenenfalls zu seiner persönlichen Schadensersatzpflicht führen, so ist dem Geschäftsführer anzuraten, seine Bedenken bezüglich der Rechtmäßigkeit der gefassten Beschlüsse der Gesellschafterversammlung mitzuteilen und auf eine Aufhebung des Beschlusses hinzuwirken. Leisten die Gesellschafter seinen Bedenken keine Folge und halten am Beschluss fest, stellt sich für den Geschäftsführer die Frage, wie er sich verhalten soll. Während der Anfechtungsfrist ist ihm anzuraten, eine Abwägung zwischen den Konsequenzen einer sofortigen Ausführung der Beschlüsse und eines Zuwartens bis nach Ablauf der Anfechtungsfrist vorzunehmen. Im Rahmen der Abwägung muss der Geschäftsführer die Wahrscheinlichkeit einer noch folgenden Beschlussanfechtung und die Erfolgsaussichten der Anfechtung berücksichtigen. Selbstverständlich muss er auch den Schaden ermitteln, der der Gesellschaft aus der verspäteten Beschlussumsetzung entsteht bzw. der im Rahmen einer späteren Rückabwicklung der Beschlüsse entstehen kann. Er muss also den Vorteil der sofortigen Ausführung dem potenziell zu erwartenden Schaden gegenüberstellen, der der Gesellschaft durch ein Zuwarten bis zum Ende der Anfechtungsfrist entstehen würde. Eine derartige Abwägung ist in der Praxis immer außerordentlich schwierig. Die Abwägungskriterien sind vom Geschäftsführer ausführlich zu dokumentieren.

Unterlässt er die Abwägung jedoch ganz, so führt dies zu einer Schadensersatzpflicht nach § 43 Abs. 2 GmbHG. Nimmt er eine Abwägung vor und kommt zu dem Ergebnis, dass die Beschlüsse umgehend ausgeführt werden müssen, so kann er von der Gesellschaft nicht auf Schadensersatz in Anspruch genommen werden, da er mit der Sorgfalt eines ordentlichen Kaufmanns gehandelt hat, selbst wenn die Beschlüsse wider Erwarten zu einem späteren Zeitpunkt durch eine erfolgreiche Anfechtung aufgehoben werden.

Dem Geschäftsführer selbst steht kein Anfechtungsrecht zu. Dies gilt allerdings dann nicht, wenn er sich bei der Ausführung der Beschlüsse strafbar oder nach § 43 Abs. 3 GmbHG schadensersatzpflichtig macht oder durch die Ausführung gegen öffentlichrechtliche Pflichten verstoßen wird. Hierzu zählt z. B. die Pflicht zur Insolvenzantragstellung, zur Abführung von Sozialversicherungsabgaben und die Bezahlung von Steuern. Insbesondere in der Krise der Gesellschaft kommt es immer wieder vor, dass einzelne Gesellschafter auf den Geschäftsführer dahingehend Einfluss nehmen wollen, dass dieser keinen Insolvenzantrag stellt bzw. die Insolvenzantragstellung verzögert werden soll. Aufgrund der bereits oben angesprochenen Haftungsproblematiken im Zusammenhang mit der Insolvenzverschleppung, kann jedem Geschäftsführer von einem solchen Vorgehen nur dringend abgeraten werden.

Die Enthaftung des Geschäftsführers tritt jedoch nur dann ein, wenn die Beschlüsse nicht nur rechtmäßig, sondern auch zweckmäßig waren. Die Zweckmäßigkeit stellt in aller Regel nur dann ein Problem dar, wenn sich seit der Beschlussfassung die Umstände der Beschlussfassung geändert haben. Dies kann insbesondere dann der Fall sein, wenn sich die Marktsituation oder die Umstände, die zur Beschlussfassung geführt haben, geändert haben. In derartigen Fällen ist dem Geschäftsführer anzuraten, die Änderungen der Beschlussgrundlage der Gesellschafterversammlung mitzuteilen und eine Überprüfung der Beschlüsse zu fordern. Kommt er dem nicht nach, so macht er sich schadensersatzpflichtig und kann sich im Rahmen eines Schadensersatzprozesses nicht darauf berufen, dass die Beschlussausführung eine Weisungen der Gesellschafterversammlung war.

Ebenso wenig kann er sich dann auf seine Folgepflicht berufen, wenn er die Gesellschafterversammlung im Rahmen der Beschlussfassung unrichtig oder unvollständig informiert hat und die Beschlüsse aufgrund dieser Informationen gefasst wurden.

In der Praxis kommt es nicht selten vor, dass keine Gesellschafterversammlung stattfindet und kein förmlicher Beschluss gefasst wurde und ein Gesellschafter den Geschäftsführer anweist, etwas zu tun. In diesen Fällen spricht man von einer **Anweisung.** Diese Situation ist für den Geschäftsführer außerordentlich gefährlich, da es selten ein schriftliches Protokoll oder Dokument gibt, aus welchem sich die Anweisung ergibt. Dem Geschäftsführer wird somit der Nachweis der Anweisung erschwert. Regelmäßig weiß er nicht, ob die Anweisung tatsächlich dem Willen der Mehrheit der Gesellschafter entspricht.

Ist lediglich ein Gesellschafter vorhanden, so muss die Anweisung des Gesellschafters als Weisungsbeschluss angesehen werden. Gerade in derartigen Fällen sollte der Geschäftsführer jedoch Wert darauf legen, dass die Anweisung schriftlich dokumentiert wird, da es ihm nur so gelingt, in einem späteren Schadensersatzprozess nachzuweisen, dass die Weisung tatsächlich erfolgt ist.

Die bloße Anweisung eines Mehrheitsgesellschafters oder einer Gesellschaftergruppe ist jedoch nicht als Beschlussfassung zu qualifizieren. Der Geschäftsführer muss der Anweisung keine Folge leisten. Im Umkehrschluss entlastet ihn die Anweisung somit nicht, wenn im Rahmen der Ausführung ein Schaden verursacht wird. Der Geschäftsführer kann sich auch nicht damit entlasten, dass er vorträgt, dass der Mehrheitsgesellschafter den Beschluss in einer förmlichen Gesellschafterversammlung aufgrund der Mehrheitsverhältnisse hätte fassen können. Nach der hier vertretenen Auffassung steht dem Geschäftsführer jedoch ein Freistellungsanspruch gegenüber dem Mehrheitsgesellschafter zu, sofern er ihm Rahmen der Ausführung der Anweisung des Mehrheitsgesellschafters auf Schadensersatz in Anspruch genommen wird.

Erfolgt das Handeln des Geschäftsführers mit dem stillschweigenden Einverständnis aller Gesellschafter, so kommt dies einem förmlichen Beschluss gleich. Dem Geschäftsführer wird es jedoch schwerfallen, das stillschweigende Einverständnis aller Gesellschafter nachzuweisen. Auch eine Billigung der geplanten oder bereits ausgeführten Maßnahme des Geschäftsführers durch die Gesellschafterversammlung ist einem förmlich getroffenen Weisungsbeschluss gleichzustellen und führt zur Enthaftung des Geschäftsführers.

Nicht ausreichend ist jedoch, wenn der Geschäftsführer sich darauf beruft, dass die Gesellschafter zugestimmt hätten, wenn er sie vor Ausführung einer Maßnahme gefragt hätte. Besteht Unklarheit über das Vorliegen eines Weisungsbeschlusses, dann sollte der Geschäftsführer nachträglich die Zustimmung der Gesellschafterversammlung einholen, wenn er den Beschluss bereits ausgeführt hat.

b) Modifizierung des Haftungsmaßstabes

Wie bereits oben aufgezeigt wurde, ist der Geschäftsführer kein Arbeitnehmer. Zwar sind einzelne Grundsätze des Arbeitsrechts insbesondere auf Fremdgeschäftsführer anwendbar, jedoch trifft dies nicht auf die Haftungsmilderung für Arbeitnehmer zu.

Im Gegensatz zu Geschäftsführern kommt einfachen Arbeitnehmern bei betrieblich veranlassten Tätigkeiten eine von der Rechtsprechung entwickelte **Haftungsprivilegierung** zugute. Arbeitnehmer haften danach bei betrieblich veranlassten Tätigkeiten bei leichter Fahrlässigkeit nicht, bei mittlerer Fahrlässigkeit anteilig und bei grober Fahrlässigkeit bzw. bei Vorsatz in voller Höhe. Zwar ist der Geschäftsführer kein Arbeitnehmer, jedoch finden auch auf ihn die von der Rechtsprechung entwickelten Grundsätze Anwendung, wenn dies vertraglich entsprechend vereinbart ist.

Der Geschäftsführer haftet nur, wenn der Schaden von ihm schuldhaft verursacht wurde. Ein Verschulden liegt per Gesetz grundsätzlich bei Vorsatz oder Fahrlässigkeit vor. Dies bedeutet, dass die Haftung des Geschäftsführers auf Fälle der groben Fahrlässigkeit und des Vorsatzes beschränkt werden kann. Die Haftung für fahrlässiges Handelns kann vertraglich ausgeschlossen werden. In der Praxis herrscht allerdings Streit darüber, ob eine Vereinbarung im Anstellungsvertrag ausreicht oder ob darüber hinaus zusätzlich die Haftungsmilderung in der Satzung der Gesellschaft vereinbart worden sein muss.

> **Expertenrat:** Der Geschäftsführer sollte neben der Vereinbarung der Haftungsbeschränkung auf Vorsatz und grobe Fahrlässigkeit in seinem Anstellungsvertrag darauf drängen, dass eine entsprechende Klausel in die Satzung mit aufgenommen wird.

Ein Haftungsausschluss für Vorsatz ist nicht möglich. Eine Haftungsbegrenzung bei fahrlässigem Handeln gilt allerdings nicht bei der Verletzung von Kapitalschutzvorschriften, wenn die Schadensersatzzahlung zur Befriedigung der Gläubiger der Gesellschaft benötigt wird, da die Haftung nicht zulasten Dritter, hier der Gesellschaftsgläubiger, beschränkt werden darf.

c) Entlastung durch die Gesellschafterversammlung

Eine Haftung des Geschäftsführers kann durch seine Entlastung ausgeschlossen werden. Nach § 46 Nr. 5 GmbHG ist die Gesellschafterversammlung berufen, über die Entlastung des Geschäftsführers zu entscheiden. Hierzu ist ein förmlicher Gesellschafterbeschluss notwendig. Die Entlastung ist die Billigung der Geschäftsführung für einen zurückliegenden Zeitraum. Der Entlastungsbeschluss gilt auch für vorhergehende Geschäftsjahre. Der Entlastungsbeschluss führt dazu, dass die Gesellschaft erkennbare Schadensersatzansprüche gegen den Geschäftsführer nicht mehr geltend machen kann. In der Praxis erfolgt die Entlastung regelmäßig im Zusammenhang mit der Feststellung des Jahresabschlusses. Eine Entlastung ist allerdings für solche Ansprüche nicht möglich, die die Interessen der Gesellschaftsgläubiger betreffen, da dies ansonsten ein unzulässiger Vertrag zulasten Dritter darstellen würde. Dies sind insbesondere Verstöße gegen Kapitalerhaltungsvorschriften. Vom Entlastungsbeschluss werden jedoch solche Schadensersatzansprüche gegen den Geschäftsführer nicht umfasst, die der Gesellschafterversammlung nicht bekannt waren bzw. die der Geschäftsführer verschwiegen hat.

Expertenrat: Der Geschäftsführer sollte die Gesellschafter möglichst umfassend über seine und die Tätigkeit der Gesellschaft informieren, da der Entlassungsbeschluss nur so weit geht, wie mögliche Schadensersatzansprüche der Gesellschafterversammlung bekannt sind. Der Geschäftsführer sollte regelmäßig auf einen Entlastungsbeschluss drängen. Ein Anspruch des Geschäftsführers auf Entlastung besteht jedoch nicht.

Zur Vorbereitung des Entlastungsbeschlusses sollte der Geschäftsführer ausreichend Rechenschaft über die von ihm im Entlastungszeitraum vorgenommenen Rechtsgeschäfte legen. Ansonsten besteht die Gefahr, dass die Gesellschafter trotz der Entlastung behaupten, dass sie von der schadensersatzpflichtigen Handlung keine Kenntnis gehabt hätten. Was zur Folge hat, dass die schadensersatzpflichtige Handlung von der Entlastung nicht mit umfasst ist.

Von der Entlastung ist die so genannte **Generalbereinigung oder Generalquittung** zu unterscheiden. Sie geht weiter als die Entlastung, da auf sämtliche denkbaren Ersatzansprüche verzichtet wird. Die Generalbereinigung stellt somit einen Erlass- und Verzichtsvertrag zwischen der Gesellschaft und dem Geschäftsführer dar. Ebenso wie die Entlastung kann die Generalbereinigung jedoch nur so weit gehen, dass die Gesellschaft nicht auf Schadensersatzansprüche verzichten kann, die zur Befriedigung der Gläubiger der Gesellschaft erforderlich sind, weil der Geschäftsführer gegen Kapitalerhaltungsvorschriften verstoßen hat (§ 43 Abs. 3 Satz 3 GmbHG).

Unabhängig von der Entlastung kann im Nachhinein auch auf Ersatzansprüche gegen den Geschäftsführer durch formlose Vereinbarung verzichtet werden. Ein solcher Verzicht ist selbstverständlich auch nur im Rahmen der Gläubigerschutzvorschriften wirksam. Der Verzicht bedarf in entsprechender Anwendung des § 46 Nr. 8 GmbHG eines Gesellschafterbeschlusses.

d) Freistellung des Geschäftsführers durch die Gesellschaft

Neben der Entlastung bzw. einem Vergleich oder einer Verzichtsvereinbarung kommt eine Freistellungsvereinbarung in Betracht. Die Freistellungsvereinbarung ist im Gegensatz zum Verzicht ein zweiseitiger Vertrag zwischen Gesellschaft und Geschäftsführer. Dem Geschäftsführer steht gegenüber der Gesellschaft ein Freistellungsanspruch zu, sofern er gegenüber Dritten aus seiner Geschäftsführertätigkeit haftet und die Haftung nicht zugleich eine Haftung des Geschäftsführers gegenüber der Gesellschaft im Sinne von § 43 GmbHG darstellt. Derartige Fallgestaltungen dürften jedoch äußerst selten sein. Eine Freistellung des Geschäftsführers kommt nur unter der gleichen Voraussetzung wie ein Verzicht in Betracht. Die Gesellschaft kann den Geschäftsführer nur im Nachhinein aufgrund eines Gesellschafterbeschlusses von den Ersatzansprüchen Dritter freistellen. Ein Anspruch auf Freistellung steht dem Geschäftsführer freilich nicht zu.

Geldbußen und Geldstrafen muss der Geschäftsführer regelmäßig selbst tragen. Die Geldstrafen kann die Gesellschaft lediglich im Nachhinein übernehmen, da eine vorherige Erstattungszusage nichtig ist. Die vorherige Erstattungszahlungen könnten ansonsten eine strafbare Strafvereitelung darstellen.

e) Ressortverteilung

Hat eine Gesellschaft mehrere Geschäftsführer, haften diese bei Pflichtverletzungen gemäß § 43 Abs. 2 GmbHG als Gesamtschuldner. Auf eine aktive Handlung des nicht ressortzuständigen Geschäftsführers kommt es nicht an. Gibt es allerdings eine tatsächliche und formell wirksame Ressortverteilung, dann haftet der jeweils zuständige Geschäftsführer im Innenverhältnis vorrangig. Der nicht zuständige Geschäftsführer ist jedoch zur Überwachung seines Kollegen verpflichtet. Er haftet nur dann, sofern er diese Überwachungspflicht verletzt hat. Der Umfang und das Ausmaß der Überwachungspflicht sind dabei schwierig festzulegen. Befindet sich die Gesellschaft in einer Krise, ist die Überwachungspflicht höher als in wirtschaftlich guten Zeiten. Aus der Überwachungspflicht folgt, dass ein Auskunftsanspruchs des Mitgeschäftsführers für den von ihm nicht betreuten Geschäftsbereich besteht. Jeder Geschäftsführer ist verpflichtet, dafür Sorge zu tragen, dass er aus den anderen Geschäftsbereichen hinreichend informiert wird. Nur so kann er die Maßnahmen seines Geschäftsführerkollegen beurteilen und seiner Überwachungspflicht nachkommen. Eine Ressortverteilung führt jedoch nur dann zur Abmilderung des Haftungsmaßstabes, wenn sie durch einen wirksamen Beschluss der Gesellschafterversammlung gefasst wurde. Nicht selten kommt es in der Praxis vor, dass bei mehreren Geschäftsführern eine Geschäftsordnung eingeführt und beschlossen wird. Jeder Geschäftsführer ist dann in erster Linie für das ihm zugewiesene Ressort verantwortlich. Die **Geschäftsverteilung muss eindeutig und schriftlich klar formuliert** sein.

Die Ressortverteilung kann auch bereits im Anstellungsvertrag geregelt werden. Der Geschäftsführer kann sich dann auf die Position zurückziehen, dass er lediglich für ein von ihm betreutes Ressort eingestellt wurde.

Im Rahmen einer mehrgliedrigen Geschäftsführung ist jeder Geschäftsführer grundsätzlich alleine für die Erfüllung der öffentlich-rechtlichen Pflichten der Gesellschaft verpflichtet. Einer Haftung kann sich der Geschäftsführer somit nicht entziehen, sofern er sich auf eine Zuständigkeitsverteilung oder eine Delegation auf einen Mitgeschäftsführer beruft.

Ein Geschäftsführer kann sich auch nicht auf ein Mitverschulden seines Mitgeschäftsführers oder der Gesellschaft berufen. Die Pflichtverletzung des Mitgeschäftsführers kann nicht haftungsmildernd berücksichtigt werden, sondern findet lediglich eine Würdigung im Rahmen des Gesamtschuldnerausgleiches zwischen den Geschäftsführern. Auch kann der Geschäftsführer nicht vortragen, dass die Gesellschafterversammlung oder ein Mitgeschäftsführer die Überwachungspflicht verletzt hat. Eine Minderung des von ihm zu leistenden Schadensersatzes kommt somit nicht in Betracht.

Bemerkt der Mitgeschäftsführer, dass sein Geschäftsführerkollege schadensträchtige Maßnahmen vornehmen will, sollte er unverzüglich der Vornahme der Maßnahme widersprechen und gegebenenfalls die Gesellschafterversammlung informieren.

f) D&O-Versicherung (Vermögensschadenhaftpflichtversicherung)

Aufgrund des großen Haftungsrisikos, das die Geschäftsführertätigkeit mit sich bringt, stellt sich die Frage, wie der Geschäftsführer dieses Risiko absichern kann. Die persönliche Haftung kann durch eine sog. Directors- and Officers-(D&O)Versicherung abgedeckt werden. Wie der Name schon sagt, handelt es sich um eine aus dem US-amerikanischen Recht importierte Versicherung, die nach dem Zusammenbruch des Aktienmarktes 1929 eingeführt wurde, da die Haftung der mit der Ausgabe und dem Handel von Wertpapieren beschäftigten Geschäftsführern zum Schutz der Anleger verschärft wurde. Seit Mitte der 1990er Jahre hat sich diese Versicherungsart auch in Deutschland etabliert.

Das Verständnis der D&O-Versicherung verlangt vertiefte Rechtskenntnisse im Bereich des Handels- und Gesellschaftsrechts sowie des Versicherungsrechts. Nachfolgend werden die Grundprinzipien der D&O-Versicherung dargestellt.

Die D&O-Versicherung ist als Haftpflichtversicherung einzuordnen. Versicherte Personen sind die Mitglieder der Geschäftsführung und des Aufsichtsrats. In aller Regel ist Versicherungsnehmerin die Gesellschaft. Versichertes Risiko ist die Inanspruchnahme der versicherten Person durch die Versicherungsnehmerin oder Dritte für einen Vermögensschaden, der in Ausübung des Amtes entstanden ist. Die Besonderheit besteht darin, dass die Versicherungsnehmerin, somit die Gesellschaft als Geschädigte einen eigenen Anspruch gegen den Geschäftsführer geltend machen kann. Geschädigter und Versicherungsnehmer vereinigen sich somit in einer Person. Der Abschluss einer D&O-

Versicherung setzt einen **Gesellschafterbeschluss** voraus, da der abgeschlossene Versicherungsvertrag ähnlich wie eine Haftungsmilderung wirkt.

Grundvoraussetzung der Inanspruchnahme der D & O-Versicherung ist, dass die Haftung aus einer Pflichtverletzung im Rahmen der Amtsausübung resultiert und auf privatrechtlichen Normen beruht. Eine Haftung für Steuerschulden oder nicht abgeführte Sozialversicherungsleistungen wird somit durch die D & O-Versicherung nicht abgedeckt, da die Haftung auf öffentlich-rechtlichen Anspruchsgrundlagen und nicht auf einer privatrechtlichen Anspruchsgrundlage basiert.

Die Versicherung beruht auf dem „Claims-Made-Prinzip", das heißt der Versicherungsschutz umfasst nur die Ansprüche, die während der Versicherungsdauer geltend gemacht werden, unabhängig davon, ob das den Ersatzanspruch auslösende Ereignis während der Versicherungszeit stattfand oder davor. Es ist also möglich, dass der Versicherungsschutz für eine pflichtwidrige Handlung eines Organs gewährt wird, die sich bereits in einem Zeitraum vor Beginn der Versicherung ereignet hat. Entscheidend ist allein die Inanspruchnahme des Geschäftsführers innerhalb des versicherten Zeitraums. Allerdings gibt es auch Versicherungen, die aus einer Mischung zwischen Claims-Made-Prinzip und Verstoßprinzip beruhen. Der Versicherungsschutz besteht bei diesen Versicherungen nur dann, wenn die Pflichtverletzung und die Inanspruchnahme innerhalb der Vertragslaufzeit bestehen. In aller Regel muss eine zusätzliche vertragliche Vereinbarung dahin gehend abgeschlossen werden, dass auch vorvertragliche Pflichtverletzungen durch die Versicherung mit abgedeckt werden, um eine unbeschränkte Deckung für bis zum Abschluss der Versicherung unbekannte Pflichtverletzung zu gewährleisten. In diesen Fällen spricht man von Rückversicherung.

Die vergleichbare Problematik stellt sich bei der sog. Nachhaftung dar. Wenn der Geschäftsführer sich während der Vertragslaufzeit pflichtwidrig verhält und hieraus ein Schaden entsteht, würde nach Ablauf der Versicherung grundsätzlich kein Versicherungsschutz bestehen, wenn die Inanspruchnahme des Geschäftsführers erst nach Ablauf der Versicherungszeit stattfindet. Da viele Geschäftsführer erst nach ihrem Ausscheiden aus der Gesellschaft in Anspruch genommen werden, stünden sie somit schutzlos da, wenn die Gesellschaft keine neue Versicherung abschließt. Aus diesem Grund ist dem Geschäftsführer dringend anzuraten, dass eine Nachhaftungsfrist mit der Versicherung vereinbart wird. Dies bewirkt, dass der Geschäftsführer auch bei solchen Ansprüchen Deckung erhält, die innerhalb der vereinbarten Frist geltend gemacht und gemeldet werden und sich auf eine während der ursprünglichen Vertragslaufzeit begangenen Pflichtverletzung beziehen.

> **Expertenrat:** Jeder Geschäftsführer sollte sich die Bedingungen einer D&O-Versicherung, insbesondere hinsichtlich der Haftungshöhe und des Haftungszeitraums, genau anschauen. Die Versicherungsbedingungen sind sehr unterschiedlich und beinhalten zum Teil weit reichende Haftungsausschlüsse, zum Beispiel für Ansprüche nach ausländischem Recht.

Die Versicherung tritt selbstverständlich nicht für einen vorsätzlich verursachten Schaden ein.

Der Gesellschaft steht kein unmittelbarer, direkter Anspruch gegen die Versicherung zu. Sie kann somit nicht direkt gegen die Versicherung klagen. Dies bedeutet, dass die Gesellschaft ihre Ansprüche gegen den Geschäftsführer geltend machen muss und dieser die D & O-Versicherung hiervon in Kenntnis setzen muss. Zur Vermeidung, dass es zu einer Absprache zwischen Gesellschaft und Geschäftsführer hinsichtlich des Schadens kommt, setzt die Deckung durch die Versicherung voraus, dass die Gesellschaft zunächst in einem Schadensersatzprozess ein rechtskräftiges Urteil gegen den Geschäftsführer erwirken muss. Ansonsten besteht die Gefahr eines so genannten „Friendly Understanding" zulasten der Versicherung. In aller Regel wird die Versicherung dem Geschäftsführer einen Rechtsanwalt zur Seite stellen, der seine Interessen und somit auch die Interessen der regresspflichtigen Versicherung vertritt. In der Praxis sollte der Geschäftsführer darauf achten, dass ein möglicher Vergleich zwischen ihm und Gesellschaft mit der Versicherung abgestimmt wird. Nur so kann sichergestellt werden, dass die Versicherung die Zahlungen leistet.

Dem Geschäftsführer steht gem. §§ 154 Abs. 1, 75 Abs. 1 VVG ein Anspruch auf Befreiung gegenüber der Versicherung zu, sobald der gegen ihn gerichtete Anspruch durch ein rechtskräftiges Urteil festgestellt worden ist. Hierdurch soll auch vermieden werden, dass der Geschäftsführer die gegen ihn gerichtlich geltend gemachten Ansprüche umgehend anerkennt.

Versichert sind nur Vermögensschäden. Personen- und Sachschäden werden durch die D & O-Versicherung nicht abgedeckt. Derartige Schäden werden in aller Regel von einer privaten Haftpflichtversicherung übernommen. Es ist nicht ausgeschlossen, den Geschäftsführer in den Versicherungsschutz einer von der Gesellschaft abgeschlossenen Betriebshaftpflichtversicherung einzubeziehen. Die Betriebshaftpflichtversicherung übernimmt dann die gegen den Geschäftsführer geltend gemachten Ansprüche wegen Personen- oder Sachschäden bzw. Ansprüche aus Produkt- oder Umwelthaftung wegen Vermögensschäden.

Expertenrat: Aufgrund des enormen Haftungsrisikos des Geschäftsführers sollte er trotz der hohen Kosten auf den Abschluss einer D&O-Versicherung drängen. Ferner sollte überprüft werden, ob der Geschäftsführer durch Ausweitung der Betriebshaftpflichtversicherung geschützt werden kann.

Ein Anspruch des Geschäftsführers auf Abschluss einer Versicherung besteht nicht. Gegebenenfalls kann er selbst eine solche Versicherung abschließen.

g) Verjährung und Verkürzung der Verjährungsfrist

Nach § 43 Abs. 4 GmbHG verjähren Schadensersatzansprüche der Gesellschaft gegen den Geschäftsführer innerhalb von fünf Jahren. Im Vergleich zu sonstigen Schadensersatzansprüchen nach BGB, die lediglich einer Verjährungsfrist von drei Jahren unterliegen, trifft den Geschäftsführer eine längere Haftungsdauer. Die Verjährungsfrist kann nach § 202 Abs. 2 BGB auf bis zu 30 Jahre verlängert werden. Die Verjährungsfrist kann jedoch auch durch Vereinbarung einer **Ausschlussfrist verkürzt** werden. In der Literatur ist zwar umstritten, ob diese Verkürzung ebenso wie ein Verzicht im Voraus vollumfänglich erfolgen kann, jedoch hält die Rechtsprechung die Verkürzung der Verjährungsfrist durch die Vereinbarung einer Ausschlussfrist für zulässig.

Jeder Geschäftsführer sollte bereits bei Abschluss seines Geschäftsführeranstellungsvertrags darauf achten, dass dieser eine Regelung hinsichtlich der Verkürzung der Geltendmachung von Schadensersatzansprüchen gegen ihn enthält. Diese könnte zum Beispiel wie folgt lauten:

> Alle Ansprüche der Gesellschaft aus dem Organ und dem Anstellungsverhältnis verfallen, wenn sie nicht innerhalb einer Frist von sechs Monaten nach Kenntnis der Gesellschaft von allen die Haftung des Schuldners begründenden Tatsachen geltend gemacht werden.

Die Verjährung beginnt nicht mit Entstehung des Anspruchs, sondern erst mit Kenntnis der Gesellschafterversammlung von dem Anspruch. Grundsätzlich setzt der Verjährungsbeginn nicht die Kenntnis aller Einzelheiten zur Schadenshöhe und Schadensverursachung voraus. Vielmehr genügt die Kenntnis über die Tatsachen, die eine Haftung des Geschäftsführers dem Grunde nach ergeben.

h) Darlegungs- und Beweislast

Macht die Gesellschaft Schadensersatzansprüche gegen den Geschäftsführer geltend, so trifft sie die Darlegungs- und Beweislast dafür, dass und in wieweit ihr durch ein möglicherweise pflichtwidriges Verhalten des Geschäftsführers ein Schaden entstanden ist. Die Gesellschaft muss darlegen und beweisen, dass durch die Handlung oder das Unterlassen des Geschäftsführers ein Schaden entstanden ist. Zwischen Handlung und Schaden muss ein ursächlicher Zusammenhang bestehen. Die Handlung bzw. das Unterlassen muss also kausal für die Entstehung des Schadens sein. Die klagende Gesellschaft genügt ihrer Beweislast bereits dann, wenn sie Tatsachen vorträgt und unter Beweis stellt, aufgrund derer der Eintritt eines Schadens durch eine Pflichtverletzung des Geschäftsführers überwiegend wahrscheinlich und der Höhe nach abschätzbar ist.

Die Handlung des Geschäftsführers muss schuldhaft gewesen sein. Verschulden liegt dann vor, wenn der Geschäftsführer nicht die Sorgfalt eines ordentlichen und gewissenhaften Geschäftsleiters angewandt hat. Ist streitig, ob der Geschäftsführer die entsprechende Sorgfalt eingehalten hat, so trägt er hierfür die Beweislast. Dies ergibt sich aus der **Beweislastumkehr** des § 93 Abs. 2 Satz 2 AktG, der auf den GmbH-Geschäftsführer entsprechend anwendbar ist. Der Geschäftsführer kann die Umstände seines Verhaltens und damit auch die Gesichtspunkte überschauen, die für die Beurteilung der Pflichtwidrigkeit seines Verhaltens sprechen. Die Gesellschaft hat in diesen Fragen regelmäßig eine Beweisnot. Der Geschäftsführer trägt damit die Darlegungs- und Beweislast dafür, dass er seine Sorgfaltspflichten nicht verletzt hat, oder dass der Schaden auch bei pflichtgemäßem (sorgfältigen) Alternativverhalten eingetreten wäre.

Beispielsweise wurde ein Geschäftsführer einer GmbH im Fall eines ungeklärten Kassenfehlbestandes der Nachweis auferlegt, dass er die gebotene Sorgfalt zur Verhinderung des Fehlbestandes angewandt hat oder unverschuldet dazu nicht in der Lage war (BGH, Urteil vom 26. 11. 1990 – II ZR 223/89).

Voraussetzung zur Geltendmachung von Ersatzansprüche der Gesellschaft gegenüber dem Geschäftsführer ist ein entsprechender **Gesellschafterbeschluss** (§ 46 Nr. 8 GmbHG). Dieser kann formlos bis zur letzten mündlichen Verhandlung eines gerichtlichen Verfahrens nachgeholt werden und muss die Pflichtverletzung und die Angelegenheit hinreichend genau bezeichnen. Der betroffene Gesellschafter-Geschäftsführer ist nach § 47 Abs. 4 Satz 2 GmbHG ebenso vom Stimmrecht ausgeschlossen, wie etwaige bei der Schadensverursachung „mitbeteiligte" Gesellschafter. Weigert sich die Mehrheit der Gesellschafter, einen solchen Beschluss zu erlassen, so steht dem Minderheitsgesellschafter das Recht zu, die übrigen Gesellschafter auf Zustimmung zum Beschluss gemäß § 46 Nr. 8 GmbHG zu verklagen.

In einem Prozess der Gesellschaft gegen den Geschäftsführer wird diese entweder satzungsgemäß durch einen anderen Geschäftsführer vertreten oder durch einen von der Gesellschafterversammlung bestellten Prozessvertreter.

V. Strafrechtliche Verantwortung des Geschäftsführers

Der Geschäftsführer einer GmbH hat nicht nur ein enormes zivilrechtliches Haftungsrisiko, sondern er kann auch strafrechtlich zur Verantwortung gezogen werden. Die Gesellschaft als juristisches Organ kann nicht zur strafrechtlichen Verantwortung gezogen werden. Die Strafbarkeit trifft den Geschäftsführer. Es gibt zahlreiche Straf- und Ordnungswidrigkeitenvorschriften, gegen die die Gesellschaft verstoßen kann. Aufgrund der unüberschaubaren Fülle sollen nachfolgend nur die in der Praxis am häufigsten vorkommenden Straftatbestände dargestellt werden.

1. Betrug und Kreditbetrug gem. §§ 263, 265a StGB

Der Geschäftsführer einer GmbH kann sich wegen Betrugs strafbar machen, wenn er das Vermögen eines anderen dadurch schädigt, dass er durch Vorspiegelung falscher oder durch Entstellung oder Unterdrücken wahrer Tatsachen einen Irrtum erregt, um der GmbH einen rechtswidrigen Vermögensvorteil zu verschaffen.

Häufig erstatten Lieferanten der GmbH Strafanzeige wegen Betruges, wenn die GmbH ihren Zahlungsverpflichtungen gegenüber dem Lieferanten wegen des gelieferten Gutes nicht mehr nachkommt und die Lieferung kurz vor der Insolvenz erfolgte. Für die Strafbarkeit des Geschäftsführers reicht eine bloße Vermögensgefährdung beim Lieferanten aus. Eine Vermögensgefährdung liegt bereits dann vor, wenn der Lieferant nicht darüber aufgeklärt wird, dass bei Fälligkeit der Rechnung diese nicht bezahlt werden kann und der Geschäftsführer hiervon Kenntnis hat. Der Betrugsvorwurf ist bereits dann begründet, wenn der Geschäftsführer nicht selbst die Bestellung vornimmt, sondern die Bestellung von einem Mitarbeiter der GmbH vorgenommen wird. Begründet wird dies damit, dass es Aufgabe des Geschäftsführers sei, rechtzeitig Insolvenzantrag zu stellen, sofern er davon ausgehen muss, dass die

Gesellschaft ihren Zahlungsverpflichtungen nicht mehr nachkommen kann. Im Rahmen von Bestellungen wird der Irrtum beim Lieferanten dadurch hervorgerufen, dass bereits mit der Eingehung einer vertraglichen Verpflichtung die stillschweigende Erklärung der Gesellschaft verbunden ist, dass sie den Liefervertrag durch Bezahlung erfüllen wird und die Lieferung entgegennimmt. Der Geschäftsführer kann sich mit dem Argument, dass zum Zeitpunkt der Bestellung noch ausreichend Liquidität vorhanden war, nur dann verteidigen, wenn die Liquidität zu diesem Zeitpunkt tatsächlich ausreicht, um sämtliche Gesellschaftsgläubiger zu befriedigen.

Der Kreditbetrug ist ein spezieller Unterfall des Betruges. Ein Kreditbetrug begeht, wer unrichtige oder unvollständige Angaben gegenüber einem Kreditgeber macht, die für den Kreditnehmer vorteilhaft und für die Entscheidung über einen solchen Kreditantrag erheblich sind. Verurteilungen wegen Kreditbetrugs sind in der Praxis eher selten, da ein Vermögensschaden in aller Regel nicht eintritt. Der Darlehensgeber wird nicht geschädigt, wenn sein Rückzahlungsanspruch im Hinblick auf die Vermögenslage des Darlehensnehmers oder auf sonstige Umstände wirtschaftliche gesichert und dem Gegenstand des Darlehens gleichwertig ist. Da Banken in aller Regel Kreditsicherheiten fordern, ist der Tatbestand selten erfüllt.

Expertenrat: In der Krise der Gesellschaft bleibt dem Geschäftsführer nur die Möglichkeit, seine Lieferanten auf mögliche Zahlungsschwierigkeiten hinzuweisen oder vom Auftrag Abstand zu nehmen, sofern er nicht sicher ist, dass die Rechnung des Lieferanten bezahlt werden kann. Nur durch eine Aufklärung des Lieferanten über die wirtschaftlichen Verhältnisse der Gesellschaft kann die für den Betrug notwendige Täuschung ausgeschlossen werden. Ob der Lieferant dann allerdings unter diesen Voraussetzungen überhaupt noch liefert, ist fraglich, weshalb sich Geschäftsführer vor der Aufklärung des Lieferanten häufig scheuen.

---

2. Untreue gem. § 266 StGB

Wer die ihm durch Gesetz, behördlichen Auftrag oder Rechtsgeschäft eingeräumte Befugnis über fremdes Vermögen zu verfügen oder andere zu verpflichten, missbraucht oder die ihm Kraft Gesetzes, behördlichen Auftrages, Rechtsgeschäftes oder eines Treueverhältnisses obliegende Pflicht, fremde Vermögensinteressen wahrzunehmen, verletzt und dadurch dem, dessen Vermögensinteressen er zu betreuen hat, Nachteile zufügt, kann sich wegen Untreue strafbar machen. Die Konturen des Untreuetatbestandes sind unscharf, er ist in zwei Tatbestandsalternativen aufgeteilt. Als erste Alternative enthält er den Missbrauchstatbestand, welcher das Gesellschaftsvermögen vor der Gefahr schützen soll, dass die dem Geschäftsführer eingeräumte Verfügungsbefugnis rechtswidrig zulasten der Gesellschaft genutzt wird. Das vom Geschäftsführer im Außenverhältnis abgeschlossene Rechtsgeschäft ist zwar wirksam, jedoch überschreitet der Abschluss des Rechtsgeschäfts im Innenverhältnis seine Vertretungsbefugnis.

Der Straftatbestand ist für den Geschäftsführer besonders gefährlich, da er das Vermögen der GmbH nur treuhänderisch verwaltet und verpflichtet ist, mit diesem sorgfältig umzugehen.

Als zweite Alternative kommt der so genannte Treubruchtatbestand in Betracht, der vor Gefahren schützen soll, die aus einer eingeräumten Verfügungsbefugnis im Innenverhältnis resultieren können.

Der Untreuetatbestand ist recht schwammig, weshalb zahlreiche Sachverhaltskonstellationen den Straftatbestand einer Untreue erfüllen können. So wurden die Vorstände auf Aufsichtsräte der Mannesmann AG wegen Untreue angeklagt, nachdem sie einem Verkauf der Mannesmann AG an den Konkurrenten Vodafone zugestimmt haben und ihnen in diesem Zusammenhang Prämien in Aussicht gestellt wurden. Nach Auffassung der Staatsanwaltschaft wurde hierdurch der Vorwurf der Untreue zulasten der Gesellschaft begründet.

Immer wieder sind Fälle problematisch, in welchen der Geschäftsführer durch besonders risikoreiche Geschäfte einen Schaden verursacht. Eine Strafbarkeit wegen Untreue soll dann vorliegen, wenn der Geschäftsführer mit diesen Geschäften gegen die übliche kaufmännische Sorgfalt verstößt, weil er nicht sorgfältig mit dem von ihm verwalteten Vermögen der GmbH umgeht. Die Strafbarkeit wegen Untreue ist auch dann erfüllt, wenn der Geschäftsführer entgegen der Zustimmung oder der Weisung der Gesellschafter Geschäfte vornimmt, die zu einem Schaden bei der Gesellschaft führen. Eine Strafbarkeit wegen Untreue liegt etwa vor, wenn der Geschäftsführer einer GmbH Geld, das ihr zur Finanzierung eines Maschinenkaufs von einer Bank zur Verfügung gestellt wurde, von einem Konto der GmbH abhebt und für eigene Zwecke verwendet. Ebenso ist der Untreuetatbestand erfüllt, wenn der Geschäftsführer durch Auszahlung an Gesellschafter das Stammkapital angreift.

> **Expertenrat:** Sowohl der Betrug, als auch die Untreue zeigen, dass der Geschäftsführer in der wirtschaftlichen Krise der Gesellschaft außerordentlich vorsichtig agieren muss, da er sich nicht nur einer persönlichen Haftung aussetzt, sondern in aller Regel auch strafbar macht. Es wird jedem Geschäftsführer daher ausdrücklich angeraten, sich über die wirtschaftliche Situation der Gesellschaft immer im Klaren zu sein und dann gegebenenfalls die notwendigen Maßnahmen zu ergreifen.

3. Vorenthalten und Veruntreuen von Arbeitsentgelt gem. § 266a StGB

Nach § 266a StGB macht sich strafbar, wer als Arbeitgeber der Einzugstelle Beiträge des Arbeitnehmers zur Sozialversicherung vorenthält.

Wie bereits oben aufgezeigt, führt das Vorenthalten von Arbeitsentgelt zu einer persönlichen Haftung des Geschäftsführers. Zahlreiche Krankenkassen nehmen im Fall der Nichtzahlung den Geschäftsführer persönlich auf Zahlung in Anspruch und erstatten parallel dazu Anzeige bei der Staatsanwaltschaft nach § 266a StGB.

Bestraft wird das Vorenthalten. Dies ist dann erfüllt, sofern die Arbeitnehmerbeiträge zur Sozialversicherung bei Fälligkeit nicht abgeführt werden. Für die Fälligkeit ist der in der Satzung bestimmte Zeitpunkt maßgebend. In aller Regel ist dies der drittletzte Werktag eines Monats. Sind in der Satzung der Krankenkasse sowohl ein Fälligkeitstermin und einer von diesem abweichender Zahlungstag bestimmt, so werden die geschuldeten Beiträge erst am Zahlungstag fällig. Auf die Lohnzahlung kommt es nicht an. Bei Teilzahlung sollte darauf geachtet werden, dass die Zahlung auf den **Arbeitnehmeranteil** geleistet und verrechnet wird. Im Fall von Teilzahlungen ist eine ausdrückliche Tilgungszweckbestimmung vorzunehmen.

Nach dem Wortlaut kommt es nicht darauf an, ob Arbeitsentgelt tatsächlich an den Arbeitnehmer ausbezahlt wurde oder nicht. Die Verwirklichung des Tatbestands setzt allerdings voraus, dass die Abführung der Sozialversicherungsbeiträge dem Täter zum Zeitpunkt der Fälligkeit überhaupt noch möglich und zumutbar war. Im Falle der Zahlungsunfähigkeit der Gesellschaft tritt somit keine Strafbarkeit ein, da es an der Handlungsfähigkeit des Geschäftsführers fehlt. Die Zahlungsunfähigkeit liegt jedoch dann nicht vor, wenn tatsächlich Löhne ausbezahlt wurden. Hierbei vergessen viele Geschäftsführer, dass den Arbeitnehmern ein Anspruch auf sog. Insolvenzgeld zusteht, welches von der Bundesagentur für Arbeit im Insolvenzfall für insgesamt drei Monate bezahlt wird, sofern eine Insolvenz der Gesellschaft vorliegt.

Expertenrat: Ist die Gesellschaft nicht mehr in der Lage, die Sozialversicherungsbeiträge zu bezahlen, dann sollte der Geschäftsführer es tunlichst unterlassen, die Löhne zu bezahlen. In diesen Fällen sollte er mit seinen Arbeitnehmern ein offenes Gespräch suchen und zum Ausdruck bringen, dass die Löhne – zwar zeitlich versetzt – durch die Bundesagentur für Arbeit für insgesamt drei Monate gesichert sind. Ansonsten wird ihm eine Verteidigung gegen den Vorwurf des Vorenthaltens von Sozialversicherungsleistungen nicht gelingen, da er durch die Lohnzahlung sein Argument der Zahlungsunfähigkeit der Gesellschaft zunichte macht.

Der Geschäftsführer wird erst mit seiner Bestellung für die Abführung von Sozialversicherungsbeiträgen verantwortlich. Das pflichtwidrige Verhalten eines früheren Geschäftsführers kann ihm grundsätzlich nicht zugerechnet werden. Nach seiner Abberufung ist der GmbH-Geschäftsführer nicht mehr für die später fällig werdenden Arbeitnehmerbeiträge zur Sozialversicherung verantwortlich. Dieser Verpflichtung kann sich der Geschäftsführer auch dadurch entziehen, dass er sein Amt umgehend niederlegt.

Von einer Bestrafung kann gem. § 266a Abs. 5 StGB abgesehen werden, wenn der Geschäftsführer spätestens im Zeitpunkt der Fälligkeit oder unverzüglich danach der Einzugstelle schriftlich die Höhe der vorenthaltenen Beträge mitteilt und darlegt, warum die fristgemäße Zahlung nicht möglich ist, obwohl er sich darum ernsthaft bemüht hat. Liegen die Voraussetzungen vor und werden die Beiträge dann nachträglich innerhalb der von der Einzugstelle bestimmten angemessenen Frist bezahlt, wird der Täter insoweit nicht bestraft.

4. Insolvenzdelikte

Das Strafgesetzbuch enthält aber auch mehrere spezielle Delikte im Zusammenhang mit der Insolvenz:

a) Bankrott gem. §§ 283, 283a StGB

Wegen Bankrotts macht sich strafbar, wer während einer wirtschaftlichen Krise Vermögen verschiebt oder Vermögen verschleiert.

Häufig werden in der wirtschaftlichen Krise Bilanzen nicht mehr rechtzeitig oder überhaupt nicht mehr erstellt. Hierdurch wird der Straftatbestand des Bankrotts (§ 283 Abs. 1 Nr. 7 StGB) erfüllt. Aufgestellt ist die Bilanz, wenn diese unter Angabe des Datums unterzeichnet wird. Da die Bilanz durch die Gesellschafter festgestellt werden muss, kann es dem Geschäftsführer nicht zum Nachteil gereichen, wenn er für die Aufstellung der Bilanz Sorge getragen hat, diese jedoch durch die Gesellschafter nicht festgestellt wird (§ 245 HGB).

Der Straftatbestand entfällt auch dann, wenn der Geschäftsführer sich eines Steuerberaters bedient und er die zur Bezahlung des Steuerberaters erforderlichen Mittel nicht aufbringen kann und aus diesem Grund die Bilanzaufstellung unterbleibt (BGH, Urteil vom 12. 12. 1991, Az: 4 StR 488/91). Eine Bilanz ist nur dann rechtzeitig innerhalb der vorgeschriebenen Zeit aufgestellt, wenn dies innerhalb der gesetzlichen oder gesellschaftsvertraglichen Frist geschehen ist. Bei großen GmbHs beträgt die Frist drei Monate nach Beendigung des Geschäftsjahres, bei kleineren Kapitalgesellschaften sechs Monate (siehe hierzu II. Ziffer 6). Der Straftatbestand ist aber auch dann erfüllt, wenn die Bilanz so aufgestellt wird, dass die Übersicht über die Vermögensgegenstände erschwert wird. In der Bilanz sind das Anlage- und das Umlaufvermögen, das Eigenkapital, die Schulden sowie die Rechnungsabgrenzungsposten gesondert auszuweisen und hinreichend aufzugliedern. Die Bilanz und die Gewinn- und Verlustrechnung bilden den Jahresabschluss. Dieser muss gem. § 264 Abs. 1 HGB bei großen Kapitalgesellschaften um einen Lagebericht und einen Anhang erweitert werden. Kleine Kapitalgesellschaften brauchen den Lagebericht nicht aufzustellen. Sie dürfen den Jahresabschluss auch später innerhalb der ersten sechs Monate des Geschäftsjahres aufstellen, wenn dies einem ordnungsgemäßen Geschäftsgang entspricht.

Ein Bankrott liegt auch vor, wenn keine Handelsbücher geführt werden oder wenn das Vermögen in der Bilanz verringert wird oder die wirklichen geschäftlichen Verhältnisse verheimlicht oder verschleiert werden. In aller Regel erfolgt die Aufdeckung möglicher Straftaten durch einen Insolvenzverwalter, der nach verwertbaren Vermögensgegenständen sucht und hierbei feststellen muss, dass der Geschäftsführer das Vermögen bereits beiseitegeschafft oder die Vermögenssuche durch Nichterstellung von Bilanzen erschwert hat. Der Insolvenzverwalter wird entsprechende Vermutungen in sein Insolvenzgutachten aufnehmen, mit der Folge, dass die Gerichte und die Staatsanwaltschaften davon Kenntnis erlangen. Der Bankrott bestraft die Vermögensverschiebung- und Verschleierung zulasten der Gläubiger. Leider wird in der Praxis immer wieder die Unkenntnis der Geschäftsführer und auch deren

Steuerberater über die Möglichkeit einer Verurteilung wegen Bankrotts und der daraus resultierenden Rechtsfolgen festgestellt. So führt eine Verurteilung wegen Bankrotts dazu, dass dem Geschäftsführer in einem möglichen persönlichen Insolvenzverfahren die Restschuldbefreiung versagt werden kann (§ 290 InsO). Er erhält dann keine Restschuldbefreiung von seinen persönlichen Schulden.

b) Gläubigerbegünstigung gem. § 283c StGB

Gewährt der Geschäftsführer in Kenntnis der Zahlungsunfähigkeit der GmbH den Gläubigern der Gesellschaft eine Sicherheit oder Befriedigung, die diese nicht oder nicht in der Art oder nicht zu der Zeit zu beanspruchen haben und werden sie dadurch absichtlich oder wissentlich vor den übrigen Gläubigern begünstigt, so macht er sich wegen Gläubigerbegünstigung strafbar. In aller Regel werden derartige Vermögensverfügungen von einem späteren Insolvenzverwalter angefochten und rückgängig gemacht.

c) Insolvenzverschleppung gem. § 15a Abs. 4 und 5 InsO

Geschäftsführer, Liquidatoren und nunmehr nach der Gesetzesänderung auch Gesellschafter machen sich wegen Insolvenzverschleppung strafbar, wenn sie nicht bei Zahlungsunfähigkeit oder Überschuldung der Gesellschaft ohne schuldhaftes Zögern, spätestens aber drei Wochen nach Eintritt der Zahlungsunfähigkeit oder Überschuldung, einen Insolvenzantrag stellen. Das Gesetz sieht eine Strafe von bis zu drei Jahren oder eine Geldstrafe vor. Die Insolvenzantragspflicht besteht allerdings nur bei Gesellschaften, bei denen es keinen persönlich haftenden Gesellschafter gibt. Eine GmbH & Co. KG, bei welcher zusätzlich zur Komplementär-GmbH eine natürliche Person als Komplementär fungiert, unterliegt keiner Insolvenzantragspflicht.

In der Praxis muss leider immer wieder festgestellt werden, dass Insolvenzanträge zu spät gestellt werden, da die Geschäftsführer und noch mehr die Gesellschafter alles versuchen, um das Unternehmen zu retten. Teilweise werden auch die Augen vor der Realität verschlossen, und Geschäftsführer verkennen nur zu gerne, dass Zahlungsunfähigkeit und/oder Überschuldung vorliegt. Trotz der Lockerung des Überschuldungsbegriffes ist strikt darauf zu achten, dass zumindest eine bilanzielle Überschuldung beseitigt wird. Regelmäßig werden die Insolvenzakten der Staatsanwaltschaft vorgelegt, die zuerst prüfen, ob Bilanzen überhaupt erstellt sind und gegebenenfalls ob sich aus den Bilanzen ganz offensichtlich eine Überschuldung ergibt. Weist eine Bilanz einen „nicht durch Eigenkapital gedeckten Fehlbetrag" aus, so ist dies ein erster Anfangsverdacht für eine Insolvenzverschleppung, da die Gesellschaft rechtlich überschuldet sein könnte. Seit geraumer Zeit beschäftigen Staatsanwaltschaften Bilanzbuchhalter, die Bilanzen im Detail prüfen. Für die Staatsanwaltschaft ist es daher ein Leichtes, zumindest eine bilanzielle Überschuldung festzustellen.

Die Strafbarkeit wegen Insolvenzverschleppung setzt stets ein schuldhaftes Handeln des Täters voraus. Da auch das fahrlässige Handeln unter Strafe gestellt ist, kann sich der Geschäftsführer nicht darauf berufen, dass er nicht wusste, dass das Unterlassen der Insolvenzantragstellung strafbar ist. Ebenso wie bei der oben aufgezeigten Haftung im Rahmen der Insolvenzverschleppung muss der Geschäftsführer auch bei der Strafbarkeit stets einen Überblick über die Vermögensverhältnisse der Gesellschaft haben. Hierbei ist nochmals zu betonen, dass die Überwachung eine nicht delegierbare Verpflichtung des Geschäftsführers einer GmbH ist. Auch ist die interne Aufgabenverteilung zwischen mehreren Geschäftsführern für die Begründung der Strafbarkeit unmaßgeblich. Hieraus folgt, dass selbst ein als Strohmann fungierender Geschäftsführer sich strafbar machen kann. Ebenso ein faktischer Geschäftsführer der nicht im Handelsregister eingetragen ist.

Der faktische Geschäftsführer kommt ebenfalls als Täter für alle Insolvenzdelikte in Betracht. Sofern eine ausreichende Anzahl der nachfolgenden Indizien gegeben ist, besteht zumindest eine Vermutung dafür, dass eine faktische Geschäftsführung mit den entsprechenden straf- und zivilrechtlichen Konsequenzen vorliegt:

• Bestimmung der Unternehmenspolitik und- Organisation,
• Verhandlung wichtiger Verträge, insbesondere mit Banken,
• Pflege der Geschäftsbeziehung,
• Entlassung und Einstellung von Mitarbeitern,

- Ausstellung von Zeugnissen für Mitarbeiter oder
- Beauftragung und Bevollmächtigung von Steuerberatern mit der Führung der Geschäftsbücher.

Faktische Geschäftsführer sind somit Personen, welche die Geschäfte der GmbH führen, obwohl sie nicht formell oder nicht formell wirksam zum Geschäftsführer bestellt worden sind. In aller Regel erfolgt die Führung der Geschäfte durch den faktischen Geschäftsführer mit dem Einverständnis der Gesellschafter. Meistens wird er auf sämtliche Geschäftsvorgänge der Gesellschaft bestimmenden Einfluss nehmen.

Neben dem Geschäftsführer, dem faktischen Geschäftsführer und dem Liquidator macht sich nunmehr seit der Änderung des GmbH-Gesetzes auch jeder GmbH-Gesellschafter strafbar, sofern die Gesellschaft führungslos ist und eine Insolvenzantragsstellung unterlassen oder verspätet vorgenommen wird (§ 15a Abs. 2 Satz 1 InsO). Der Gesetzgeber hat die Strafbarkeit auch auf die Gesellschafter ausgeweitet, um sog. „Firmenbestattungen" vorzubeugen. Zur Vermeidung von Haftungsansprüchen aber auch zur Vermeidung der Strafbarkeit kam es früher öfters vor, dass Gesellschaften ihren Sitz verlegt haben, und dann das Amt des Geschäftsführer niederlegt wurde oder die Gesellschaft dann einem im Ausland sitzenden Geschäftsführer bestellt hat. Hierbei wurden vorwiegend Personen gesucht, die juristisch schwer zu greifen waren. Durch ein solches Vorgehen sollte ein Einschreiten der Strafverfolgungsbehörden erschwert werden.

Das Gesetz schreibt vor, dass der Insolvenzantrag bei Vorliegen von Zahlungsunfähigkeit oder Überschuldung ohne schuldhaftes Zögern, somit unverzüglich oder spätestens aber drei Wochen nach Eintritt gestellt werden muss. Die Einhaltung der Dreiwochenfrist ist eine Höchstfrist, die nicht durch aussichtsreiche Sanierungsversuche verlängert werden kann. Scheitern die Sanierungsversuche, obwohl sie zunächst aussichtsreich erschienen, wird nicht etwa der Beginn der Dreiwochenfrist auf den Zeitpunkt des Scheiterns des Sanierungsversuchs verschoben. Ohne Sanierungsversuche kommt es allerdings auf die Dreiwochenfrist nicht an, da das Gesetz vorschreibt, dass der Insolvenzantrag dann unverzüglich, also ohne schuldhaftes Zögern, sofort gestellt werden muss. Der Irrglaube, dass jedem Geschäftsführer nach Eintritt der Zahlungsunfähigkeit eine Dreiwochenfrist zur Verfügung steht, entspricht nicht dem Gesetzeswortlaut und der entsprechenden Rechtsprechung.

Selbst wenn sich eine Überschuldung nicht unmittelbar aus der Bilanz ergibt, schließt diese eine Strafbarkeit wegen Insolvenzverschleppung nicht aus. Maßgeblich ist allein der materielle Verschuldungsgrad der Gesellschaft.

Die Strafbarkeit liegt auch dann vor, wenn der Insolvenzantrag verspätet gestellt wurde ohne dass dadurch ein Schaden entsteht. Die Höhe des Schadens kann sich lediglich bei der Strafbemessung auswirken.

Nicht selten dauern Ermittlungen der Staatsanwaltschaft zwischen zwei und fünf Jahre nach Insolvenzantragstellung. Geschäftsführer sind daher immer wieder überrascht, dass sie ein längst vergessener Sachverhalt einholt. Die Insolvenzverschleppung stellt neben der Nichtabführung von Sozialversicherungsleistungen und etwaigen Betrügereien die in der Praxis am häufigsten vorkommenden Straftatbestände im Zusammenhang mit Insolvenzen dar. Aus diesem Grund ist es nicht verständlich, weshalb ein Gesetzesentwurf zur Änderung der Verbraucherinsolvenz vorsieht, dass Geschäftsführern, die wegen Insolvenzverschleppung verurteilt wurden, die Restschuldbefreiung in einem persönlichen Insolvenzverfahren versagt werden kann. Wird der Gesetzesentwurf tatsächlich so umgesetzt, stellt dies für Geschäftsführer ein fast unkalkulierbares Risiko dar. Aus diesem Grund ist sorgfältig auf die Einhaltung der Insolvenzantragspflicht zu achten.

5. Verletzung der Verlustanzeigepflicht gem. § 84 GmbHG

Mit Freiheitsstrafe bis zu drei Jahren oder mit Geldstrafen wird bestraft, wer es als Geschäftsführer unterlässt, den Gesellschaftern einen Verlust in Höhe der Hälfte des Stammkapitals anzuzeigen. Hierbei handelt es sich um ein Sonderdelikt, das nur vom Geschäftsführer oder dem faktischen Geschäftsführer begangen werden kann. Der Straftatbestand korrespondiert mit der Vorschrift des § 49 Abs. 3 GmbHG, wonach die Geschäftsführer verpflichtet sind, unverzüglich eine Gesellschafterversammlung einzuberufen, wenn sich aus der Jahresbilanz oder aus einer im Laufe des Geschäftsjahres aufgestellten Bilanz ergibt, dass die Hälfte des Stammkapitals verloren ist.

Der objektive Tatbestand ist dann erfüllt, wenn nach den für die Jahresbilanz geltenden handelsrechtlichen Regelungen die Hälfte des Stammkapitals verloren ist. Hierbei ist allerdings nicht abschließend geklärt, nach welchen Bewertungsgrundsätzen der Verlust zu ermitteln ist. Nach der hier vertretenen Auffassung sind Fortführungswerte anzusetzen und die Bewertungswahlrechte nach § 252 Abs. 1 Nr. 6 HGB auszuüben. Die Bewertungsmethoden dürfen dabei nicht geändert werden. Nach anderer Ansicht sollen Liquidationswerte bis zur Höhe der Anschaffungs- oder Herstellungskosten angesetzt werden. Stille Reserven sind grundsätzlich nicht aufzulösen. Die Strafbarkeit greift auch dann ein, sofern eine Jahres- oder Zwischenbilanz gerade nicht erstellt wurde, da dies ansonsten zu einer Privilegierung des Täters führen würde, der pflichtwidrig die Aufstellung einer Bilanz oder Zwischenbilanz unterlässt. Entgegen § 49 Abs. 3 GmbHG, der die Einberufung einer Gesellschafterversammlung verlangt, scheidet eine Strafbarkeit jedoch dann aus, wenn die Gesellschafter formlos informiert werden.

> **Expertenrat:** Zu Beweiszwecken sollte von einer formlosen Information der Gesellschafter abgesehen werden. Vielmehr muss der Geschäftsführer eine Gesellschafterversammlung einberufen, damit über den weiteren Fortgang der Gesellschaft beschlossen werden kann. Da über jede Gesellschafterversammlung Protokoll zu führen ist, erfolgt eine ausreichende Dokumentation, dass er die Gesellschafterversammlung über den hälftigen Verlust des Stammkapitals informiert hat.

Die Strafbarkeit setzt Vorsatz oder Fahrlässigkeit des Geschäftsführers voraus. Fahrlässigkeit ist bereits dann gegeben, sofern der Geschäftsführer nicht weiß, dass er die Gesellschafter über den hälftigen Verlust informieren muss. Ein Irrtum hierüber oder die Unkenntnis schützt ihn nicht vor Strafe.

6. Falsche Angaben gegenüber dem Registergericht gem. § 82 GmbHG

Nach § 82 GmbHG sind falsche Angaben der Geschäftsführer, Liquidatoren oder Gesellschafter im Zusammenhang mit der Gründung und Eintragung der Gesellschaft mit Freiheitsstrafe bis zu drei Jahren oder mit Geldstrafe bedroht.

Seit der Änderung des GmbH-Gesetzes im November 2008 hat der Gesetzgeber gegenüber der bisherigen Regelung die Strafbarkeit auch auf die Gründer und Gesellschafter erstreckt.

Unter Strafe gestellt werden verschiedene Falschangaben, insbesondere Angaben im Zusammenhang mit der Gründung und Kapitalerhöhung. Man spricht in diesen Fällen vom sog. Gründungs-und/oder Kapitalerhöhungsschwindel. Falschangaben liegen dann vor, wenn die vereinbarten Leistungen nicht oder nicht voll einbezahlt werden, aber auch dann, wenn die Gesellschafterleistungen nicht den gesetzlichen Anforderungen entsprechen. So ist zum Beispiel die Umwandlung von Gesellschafterdarlehen in Eigenkapital riskant, da es sich hierbei um eine Sachkapitalerhöhung handelt. Sofern die Gesellschaft jedoch eine Barkapitalerhöhung beschließt und später notariell beurkunden lässt, weil sie davon ausgeht, dass es sich ja um Bargeld handelt, das der Gesellschafter bereits eingebracht hat (allerdings als Darlehen), so liegt ein Kapitalerhöhungsschwindel vor, weil die für die Sachkapitalerhöhung notwendigen Vorschriften nicht eingehalten wurden.

§ 82 GmbHG schützt das Vertrauen in die Richtigkeit der gegenüber dem Handelsregister oder gegenüber der sonstigen Öffentlichkeit abgegebenen Erklärungen über die Verhältnisse, insbesondere über die Vermögensverhältnisse der Gesellschaft. Eine Strafbarkeit liegt auch dann vor, wenn es aufgrund der Falschangaben nicht zu einer konkreten Vermögensgefährdung kommt.

7. Verletzung der Geheimhaltungspflicht gem. § 85 GmbHG

Durch § 85 GmbH wird die unbefugte Offenbarung bzw. Verwertung von Geheimnissen der Gesellschaft unter Strafe gestellt.

Geheimnisse sind nicht nur Betriebs- und Geschäftsgeheimnisse, sondern sämtliche Tatsachen, an deren Geheimhaltung die Gesellschaft ein sachlich begründetes wirtschaftliches Interesse hat und die nur einem beschränkten Personenkreis bekannt und nicht jedermann zugänglich gemacht werden sollen. Geheimnisse liegen insbesondere dann vor, wenn deren Offenbarung der Gesellschaft möglicherweise einen materiellen oder immateriellen Schaden zufügen kann. Ob darüber hinaus ein Geheimhaltungswille erforderlich ist, ist umstritten.

Eine besondere Gefahr besteht für die Geschäftsführer im Zusammenhang mit Unternehmenstransaktionen. Regelmäßig werden im Zusammenhang mit Unternehmenstransaktionen Geheimnisse dadurch offenbart, dass so genannte Due- Diligence-Prüfungen durchgeführt werden, im Rahmen derer tiefe Einblicke in die Gesellschaft gewährt werden. Erfolgt eine Due-Diligence-Prüfung ohne die Zustimmung der Gesellschaft, stellt dies eine strafbare Handlung wegen Verletzung der Geheimhaltungspflicht dar.

Die Tat wird nur auf Antrag der Gesellschaft verfolgt. Sofern die Tat durch den Geschäftsführer begangen wurde, so ist der Aufsichtsrat und wenn kein Aufsichtsrat vorhanden ist, ein von den Gesellschaftern besonders bestellter Vertreter antragsberechtigt.

Täter kann nur der Geschäftsführer, der faktische Geschäftsführer oder ein Mitglied des Aufsichtsrats sein. Eine Strafbarkeit der Gesellschafter scheidet dem entgegen aus.

8. Strafbarkeit wegen Verletzung von Bilanzierungs- und Berichtspflichten gem. § 331 HGB

Wie bereits dargestellt, ist der GmbH-Geschäftsführer verpflichtet, den Jahresabschluss der Gesellschaft zu veröffentlichen. Sofern der Geschäftsführer dem nicht nachkommt, kann gegen ihn gem. § 335 HGB ein Ordnungsgeld festgesetzt werden. Strafbar macht er sich bei der Nichtveröffentlichung jedoch nicht.

Eine Strafbarkeit wird jedoch dann verwirklicht, sofern die Verhältnisse der Gesellschaft in der Eröffnungsbilanz, im Jahresabschluss, im Lagebericht oder im Zwischenabschluss unrichtig wiedergegeben oder verschleiert werden. Vollendet ist die Tat bereits dann, wenn die Informationen einem Dritten zugehen. Dritter kann hierbei auch jeder Gesellschafter sein. Selbst, wenn der Abschluss vom Geschäftsführer richtig aufgestellt wurde, von der Gesellschafterversammlung aber unrichtig festgestellt wurde, macht sich der Geschäftsführer durch Unterzeichnung des Jahresabschlusses nach § 245 HGB und die Verlautbarung an einen Dritten strafbar.

9. Strafbarkeit für Produktfehler

Werden durch ein fehlerhaftes Produkt fahrlässig oder vorsätzlich Leib und Leben geschädigt oder Sachen beschädigt, so kann eine Strafbarkeit des Geschäftsführers vorliegen, da sich die GmbH selbst nicht strafbar machen kann. Im Bereich der Strafbarkeit wegen Produktfehlern gab es bereits Aufsehen erregende Urteile. Beispielhaft sei hier nur der Contergan-Fall genannt.

Grundvoraussetzung für eine Strafbarkeit ist die Verantwortlichkeit des jeweiligen Mitarbeiters bzw. des Geschäftsführers. Insofern kommt es darauf an, ob bei Vorhandensein von mehreren Geschäftsführern eine interne Ressortverteilung vorgenommen wurde. Entgegen der zivilrechtlichen Haftung kommt es nicht darauf an, dass ein formeller Gesellschafterbeschluss über die Ressortverteilung vorliegt. Allerdings müssen die einzelnen Verantwortungsbereiche klar und deutlich trennbar sein. Die Aufteilung scheidet jedoch dann aus, wenn eine Krisen- oder Ausnahmesituation vorliegt. Dies ist dann der Fall, wenn durch ein Produkt massive Gefährdungen von Leib und Leben anderer zu befürchten ist und die Geschäftsführung hiervon Kenntnis hat. In derartigen Fällen kann sich der Geschäftsführer nicht darauf berufen, dass das Produkt nicht sein Ressort betreffe. Beschließt die Geschäftsführung nach Kenntniserlangung von der Gefährlichkeit des Produkts, die gebotenen Maßnahmen zu unterlassen oder ein Produkt trotz Zweifeln an dessen Ungefährlichkeit in den Verkehr zu bringen, sind sämtliche Geschäftsführer strafrechtliche Mittäter.

Stimmt ein Mitgeschäftsführer gegen die Maßnahmen oder enthält sich der Stimme, so ist er nur dann kein Mittäter im strafrechtlichen Sinn, wenn er alles ihm mögliche und zumutbare unternommen hat, um das gebotene Verhalten zu bewirken. Er muss notfalls auch gegen den Willen der anderen Geschäftsführer handeln.

Die Tat kann nicht nur durch aktives Tun, sondern auch durch Unterlassen erfüllt werden. Eine Strafbarkeit liegt dann vor, wenn zum Beispiel notwendige Rückrufaktionen oder Warnhinweise unterlassen werden.

> **Expertenrat:** Jeder Geschäftsführer sollte regelmäßig die Produkte der Gesellschaft auf ihre Sicherheit und Ungefährlichkeit überprüfen. Sofern er nicht für das entsprechende Ressort verantwortlich ist, so muss er sich regelmäßig über die Produkte und Gefahren informieren. Ihm ist anzuraten, sich Schadensmeldungen, insbesondere an Leib und Leben, vorlegen zu lassen. Er sollte diese sammeln und auswerten und dann gegebenenfalls entgegen dem Gesamtgeschäftsführerwillen unverzüglich handeln und Notfallmaßnahmen ergreifen.

Neben den Produkten müssen auch die Gebrauchsanweisungen ständig aktualisiert und kontrolliert werden. In den Gebrauchsanweisungen müssen mögliche Gefahrenquellen und gefährliche Fehlanwendungen genannt werden.

10. Steuerstrafrecht

Gemäß § 34 Abs. 1 AO ist der Geschäftsführer für die Einhaltung die der GmbH obliegenden steuerlichen Pflichten verantwortlich. Sollte er dem nicht nachkommen, so kann er sich strafbar machen. Den Geschäftsführer kann bei einer Steuerhinterziehung durch die GmbH strafrechtlich belangt zu werden. Die schlichte Nichtbezahlung von Steuern stellt zwar noch keine Steuerhinterziehung dar, jedoch wird der Tatbestand der Steuerverkürzung bereits dann verwirklicht, wenn die Steuern nicht rechtzeitig oder nicht in voller Höhe festgesetzt werden können.

Der in der Praxis wichtigste Steuerstrafbestand ist die Steuerhinterziehung gemäß § 370 AO. Er setzt voraus, dass:

- der Finanzverwaltung gegenüber unrichtige oder unvollständige Angaben über steuerlich erhebliche Tatsachen gemacht wurden oder
- die Finanzverwaltung pflichtwidrig über steuerlich erhebliche Tatsachen nicht aufgeklärt wurde und
- dadurch kausal eine Steuerverkürzung eintritt.

Hiernach sind zur Verkürzung von Steuern oder zur Erlangung von ungerechtfertigten Steuervorteilen führende unrichtige oder unvollständige Angaben über steuerlich erhebliche Tatsachen oder pflichtwidrige Nichtmitteilung von steuerlich erheblichen Tatsachen gegenüber den Finanzbehörden strafbar.

Der Tatbestand kann entweder durch aktives Tun oder Unterlassen erfüllt werden.

Eine Strafbarkeit des Geschäftsführers durch Unterlassen liegt dann vor, wenn er die Finanzbehörden vorsätzlich pflichtwidrig über steuerlich erhebliche Tatsachen in Unkenntnis lässt und dadurch Steuern verkürzt oder für sich oder einen anderen, also z.B. die GmbH, nicht gerechtfertigte Steuervorteile erlangt. Hierzu gehört insbesondere die Nichtabgabe von Steuererklärungen oder Steuervoranmeldungen. Eine Strafbarkeit und eine Haftung des Geschäftsführers liegt vor, wenn er der Verpflichtung zur rechtzeitigen Abgabe wahrheitsgemäßer Umsatzsteuererklärungen nicht nachgekommen ist und dadurch zu geringe Steuern bezahlt werden. Die Strafbarkeit durch Unterlassen ist jedoch nur dann möglich, wenn dem Geschäftsführer die Erfüllung der ihn treffenden steuerlichen Erklärungspflicht möglich und zumutbar ist. Bedient sich der Geschäftsführer eines Angestellten oder Steuerberaters bei der Erfüllung der steuerlichen Pflichten, so wird die steuerliche Verantwortung des Geschäftsführers hierdurch nicht ausgeschlossen.

Bei mehreren Geschäftsführern muss die steuerlichen Pflichten der Gesellschaft derjenige Geschäftsführer erfüllen, der nach der internen Geschäftsverteilung die Bearbeitung der Steuerangelegenheiten übernommen hat. Die Strafbarkeit der übrigen Geschäftsführer wird jedoch nur dann ausgeschlossen, wenn sie ihren Überwachungspflichten ausreichend nachgekommen sind.

Sofern der Geschäftsführer leichtfertig handelt, begeht er keine Steuerhinterziehung, sondern lediglich die Ordnungswidrigkeit der Leichtfertigen Steuerverkürzung gem. § 378 AO.

VI. Muster

Sämtliche nachfolgenden Muster sind ohne Gewähr für Vollständigkeit oder rechtliche Fehlerlosigkeit. Sie bedürfen der indi-
viduellen Anpassung an den jeweiligen Einzelfall.

1. Geschäftsführeranstellungsvertrag

Geschäftsführeranstellungsvertrag

Zwischen der
ABC Beispiel GmbH
Eberhardstraße 1, 72764 Reutlingen
– im Folgenden **„Gesellschaft"** genannt –

und

Herrn Fred Fingiert
Dorfkneipe 1, 72076 Tübingen
– im Folgenden **„Geschäftsführer"** genannt –

wird folgender Anstellungsvertrag geschlossen:

§ 1 Geschäftsführung und Vertretung

(1) Herr Fingiert wird mit Wirkung zum 1. Juni 2009 zum Geschäftsführer
der Gesellschaft bestellt.

(2) Der Geschäftsführer ist verpflichtet, die Geschäfte der Gesellschaft in
Übereinstimmung mit dem Gesetz, dem Gesellschaftsvertrag sowie den
Beschlüssen der Gesellschafter, die auch in eine Geschäftsführungsord-
nung gefasst werden können, zu führen. Er ist berechtigt, die Gesellschaft
alleine zu vertreten. Die Gesellschaft behält sich das Recht vor, jederzeit
weitere Geschäftsführer zu bestellen und eine andere Vertretungsregelung
zu treffen.

(3) Der Geschäftsführer ist von den Beschränkungen des § 181 BGB
befreit.

(4) Der Geschäftsführung bedarf zu allen Maßnahmen und Geschäften,
die über den gewöhnlichen Geschäftsbetrieb der Gesellschaft hinausgehen

oder mit denen ein außergewöhnliches wirtschaftliches Risiko verbunden ist, der vorherigen Zustimmung der Gesellschafterversammlung. Zustimmungsbedürftige Geschäfte und Maßnahmen sind insbesondere:

- Geschäfte über .... EUR;
- Erwerb und Veräußerung, Pacht und Verpachtung von Unternehmen jeglicher Art oder Teilen davon und Beteiligung an anderen Unternehmen;
- Errichtung oder Aufgabe von Tochtergesellschaften, Zweigniederlassungen und Betriebsteilen im In- und Ausland;
- Belastung von Grundstücken und grundstücksgleichen Rechten;
- Rechtsgeschäfte über den Erwerb und die Veräußerung von Grundstücken;
- Abschluss, Beendigung und Änderung von Miet- und Pachtverträgen mit einer Laufzeit von mehr als ...... Jahren oder mit einer Kündigungsfrist von mehr als ...... Monaten;
- Eingehung von Wechselverbindlichkeiten und Übernahme von Bürgschaftsverpflichtungen sowie Abgabe von Garantieerklärungen und sonstigen Sicherheiten, soweit nicht für einen bestimmten geschäftlichen Vorgang im Rahmen des gewöhnlichen Geschäftsbetriebs erforderlich;
- Aufnahme neuer oder Aufgabe bestehender Geschäftszweige/Produktlinien.

§ 2 Pflichten, Nebentätigkeit

(1) Vorbehaltlich einer abweichenden Festlegung seitens der Gesellschafter obliegt dem Geschäftsführer die kaufmännische Geschäftsführung.

(2) Er hat die ihm obliegenden Pflichten mit der Sorgfalt eines ordentlichen und gewissenhaften Geschäftsmannes unter Wahrung der Interessen der Gesellschaft zu erfüllen. Der Geschäftsführer hat den Weisungen der Gesellschafter Folge zu leisten.

(3) Der Geschäftsführer stellt seine gesamte Arbeitskraft und seine gesamten Kenntnisse und Erfahrungen der Gesellschaft zur Verfügung. Dem Geschäftsführer obliegen Leitung und Überwachung des Gesamtunternehmens, unbeschadet gleicher Rechte und Pflichten etwaiger anderer Geschäftsführer.

(4) Die Übernahme jeder entgeltlichen oder unentgeltlichen Nebenbeschäftigung bedarf der vorherigen schriftlichen Zustimmung der Gesellschafter. Gleiches gilt für Veröffentlichungen und Vorträge, welche die Interessen der Gesellschaft berühren könnten, sowie für die Übernahme von Ämtern in Aufsichtsgremien anderer Unternehmen. Wird ein solches Amt dem Geschäftsführer aufgrund seiner Funktion als Geschäftsführer übertra-

gen, ist er verpflichtet, es im Fall seiner Abberufung unverzüglich niederzulegen.

§ 3 Anspruch auf Entlastung und Verfall

(1) Der Geschäftsführer hat Anspruch darauf, dass die Gesellschafterversammlung einmal jährlich über seine Entlastung für das zurückliegende Jahr entscheidet.

(2) Alle Ansprüche der Gesellschaft aus dem Organ – und dem Anstellungsverhältnis -verfallen, wenn sie nicht innerhalb einer Frist von sechs Monaten nach Kenntnis der Gesellschaft von allen, die Haftung des Schuldners begründenden Tatsachen geltend gemacht werden, andernfalls sind sie erloschen.

§ 4 Bezüge, Tantieme und Krankheit

(1) Der Geschäftsführer erhält für seine Tätigkeit ein festes Monatsgehalt in Höhe von EUR .... brutto, welches durch Überweisungen auf ein von dem Geschäftsführer zu benennendes Bankkonto jeweils am 1. des laufenden Monats bezahlt wird.

(2) Sollte es sich bei dem Anstellungsvertrag um ein sozialversicherungspflichtiges Beschäftigungsverhältnis handeln, so ist die Gesellschaft zur Bezahlung der Sozialversicherungsbeiträge verpflichtet.

(3) Der Geschäftsführer erhält darüber hinaus ein variables Jahresgehalt von maximal EUR ...... brutto. Dessen Höhe ist abhängig von der Erreichung von Zielen, die von den Gesellschaftern nach vorheriger Erörterung mit dem Geschäftsführer vor Beginn des Jahres, auf das sich das variable Jahresgehalt bezieht, festgelegt werden. Der vom Geschäftsführer erreichte Betrag des variablen Jahresgehalts wird von der Gesellschaft mit der nächst erreichbaren Gehaltsabrechnung nach Annahme des Jahresabschlusses für das Jahr, auf das sich das variable Jahresgehalt bezieht, ausgezahlt. Im Jahr des Eintritts und des Ausscheidens des Geschäftsführers aus den Diensten der Gesellschaft wird das variable Jahresgehalt anteilig entsprechend der Dauer des Anstellungsverhältnisses gezahlt. Dies gilt nicht bei einer außerordentlichen Kündigung; in diesem Fall besteht kein Anspruch auf Zahlung des variablen Jahresgehalts.

(4) Im Krankheitsfall und bei sonstiger unverschuldeter Verhinderung bleibt der Gehaltsanspruch abzüglich Krankengeld für die Dauer von sechs Monaten, längstens bis zum Ende des Anstellungsvertrages, bestehen. Dauert die Verhinderung länger als ununterbrochen sechs Monate an, ruht der Gehaltsanspruch.

§ 5 Sonstige Leistungen, Aufwendungsersatz, Spesen, Direktversicherung

(1) Zusätzliche neben dem Monatsgehalt erhält der Geschäftsführer von der Gesellschaft einen PKW der gehobenen Mittelklasse (nach Einteilung Kraftfahrzeugbundesamt) zu dienstlichen und privaten Zwecken zur Verfügung gestellt. Der Geschäftsführer hat den geldwerten Vorteil der Privatnutzung selbst zu versteuern. Für die Nutzung des Dienstwagens gilt die gesondert vereinbarte Dienstwagennutzungsordnung.

(2) Trägt der Geschäftsführer im Rahmen seiner ordnungsgemäßen Geschäftsführertätigkeit Kosten und Aufwendungen, werden ihm diese von der Gesellschaft erstattet, sofern sie die Geschäftsführungs- und Betriebsbedingtheit belegt oder diese offenkundig ist.

(3) Reisespesen werden bis zu den jeweils steuerlich zulässigen Pauschalbeträgen ersetzt.

(4) Die Gesellschaft schließt zu Gunsten des Geschäftsführers eine Direktversicherung mit monatlichen Beiträgen in Höhe von EUR .... brutto ab. Auf die Direktversicherungsbeiträge etwa anfallende Steuern oder Sozialabgaben trägt der Geschäftsführer.

§ 6 Jahresurlaub

(1) Der Geschäftsführer hat Anspruch auf 30 Arbeitstage bezahlten Erholungsurlaub im Geschäftsjahr, wobei Arbeitstage die Tage Montag bis Freitag mit Ausnahme der gesetzlichen Feiertage sind. Die zeitliche Lage des Urlaubs ist in Abstimmung mit den übrigen Geschäftsführern und unter Berücksichtigung der geschäftlichen Belange der Gesellschaft festzulegen. Im Jahr des Eintritts und des Austritts aus dem Dienstverhältnis wird der Urlaub anteilig pro vollem Kalendermonat des Bestands des Dienstverhältnisses gewährt.

(2) Kann der Urlaub wegen Beendigung des Anstellungsverhältnisses nicht oder nicht vollständig in Anspruch genommen werden, ist er dem Geschäftsführer abzugelten.

§ 7 Wettbewerbsverbot

(1) Während der Laufzeit dieses Vertrags ist es dem Geschäftsführer untersagt, in selbständiger, unselbständiger oder sonstiger Weise für ein Unternehmen tätig zu werden, welches mit der Gesellschaft in direktem oder indirektem Wettbewerb steht. Ebenso ist ihm während dieser Zeit untersagt, ein solches Unternehmen zu errichten, zu erwerben oder sich hieran unmittelbar oder mittelbar zu beteiligen.

(2) Der Geschäftsführer ist verpflichtet, über alle geschäftlichen und betrieblichen Angelegenheiten der Gesellschaft unbefugten Dritten gegenüber striktes Stillschweigen zu bewahren, es sei denn, es handelt sich nicht um vertrauliche Angelegenheiten oder sie sind bereits öffentlich bekannt. Diese Verpflichtung gilt auch nach Beendigung des Anstellungsvertrags fort.

§ 8 Nachvertragliches Wettbewerbsverbot

(1) Für die Dauer von zwei Jahren nach Beendigung dieses Vertrags ist es dem Geschäftsführer untersagt, in selbständiger, unselbständiger oder sonstiger Weise für ein Unternehmen tätig zu werden, welches mit der Gesellschaft in direktem oder indirektem Wettbewerb steht oder mit Wettbewerbsunternehmen verbunden sind. Ebenso ist ihm während dieser Zeit untersagt, ein solches Unternehmen zu errichten, zu erwerben oder sich hieran unmittelbar oder mittelbar zu beteiligen. Das nachvertragliche Wettbewerbsverbot beschränkt sich auf das Gebiet von Deutschland.

(2) Während der Dauer des nachvertraglichen Wettbewerbsverbots erhält der Geschäftsführer eine Entschädigung von 50 % des von dem Geschäftsführer zuletzt bezogenen vertraglichen Jahresgrundgehalts. Die Entschädigung wird in zwölf gleichen Raten zum Ende eines jeden Monats ausgezahlt.

(3) Der Geschäftsführer muss sich auf die fällige Entschädigung anrechnen lassen, was er während des Zeitraums, für den die Entschädigung gezahlt wird, durch anderweitige Verwertung seiner Arbeitskraft erwirbt oder zu erwerben böswillig unterlässt. Er wird die Gesellschaft unaufgefordert über seine Tätigkeit informieren und auf Aufforderung der Gesellschaft entsprechende Nachweise übermitteln. Solange diese Auskunft nicht vorliegt, hat die Gesellschaft ein Zurückbehaltungsrecht an der Karenzentschädigung.

(4) Für jeden Fall der Zuwiderhandlung gegen das Wettbewerbsverbot wird die monatliche Entschädigung nicht ausbezahlt, und der Geschäftsführer hat eine Vertragsstrafe in Höhe …… EUR zu bezahlen. Diese Vertragsstrafe ist für jeden Bruch der zuvor genannten Vorschriften zu zahlen. Im Fall eines Dauerverstoßes wird die Vertragsstrafe für jeden angefangenen Monat neu verwirkt. Die Geltendmachung eines weitergehenden Schadens durch die Gesellschaft bleibt vorbehalten.

(5) Die Gesellschaft kann vor der Beendigung dieses Vertrags durch schriftliche Erklärung auf dieses Wettbewerbsverbot mit der Wirkung verzichten, dass sie nach Ablauf von sechs Monaten nach dem Zugang der Verzichtserklärung von der Verpflichtung zur Zahlung der Karenzentschädi-

gung frei wird, während der Geschäftsführer bereits mit Beendigung dieses Vertrags nicht mehr an das Wettbewerbsverbot gebunden ist.

§ 9 Arbeitsergebnisse, Erfindungen

(1) Alle aus der Erfüllung seiner Pflichten und Zuständigkeiten resultierenden Arbeitsergebnisse des Geschäftsführers sind alleiniges Eigentum der Gesellschaft. Werden diese Arbeitsergebnisse durch Urheberrechte geschützt, gewährt der Geschäftsführer der Gesellschaft das exklusive und uneingeschränkte unentgeltliche Recht zur Nutzung dieser Arbeitsergebnisse in jeder denkbaren Form. Das Exklusivrecht gilt auch nach Beendigung des Anstellungsvertrags.

(2) Für Erfindungen und technische Verbesserungsvorschläge gilt das Arbeitnehmererfindergesetz entsprechend.

§ 10 Dauer, Kündigung

(1) Dieser Vertrag beginnt am 1. Juni 2009 und ist auf unbestimmte Zeit geschlossen. Der Vertrag ist mit einer Frist von zwei Monaten zum Quartalsende für beide Parteien kündbar.

(2) Das Recht zur fristlosen Kündigung ist hierdurch nicht ausgeschlossen.

(3) Jede Kündigung bedarf der Schriftform. Die Kündigung durch den Geschäftsführer ist, wenn ein weiterer Geschäftsführer vorhanden ist, der Gesellschaft gegenüber zu Händen des oder der weiteren Geschäftsführer zu erklären, sonst gegenüber allen weiteren Gesellschaftern.

(4) Die Abberufung als Geschäftsführer ist jederzeit zulässig. Sie gilt gleichzeitig als Kündigung des Anstellungsverhältnisses zu dem gem. Abs. (1) nächstmöglichen Zeitpunkt.

(5) Nach einer Kündigung des Vertrags ist die Gesellschaft berechtigt, den Geschäftsführer von seiner Verpflichtung zur Dienstleistung freizustellen.

(6) Dieser Vertrag endet automatisch, ohne dass es einer Kündigung bedarf, mit dem Ablauf des Monats, in welchem der Geschäftsführer das gesetzliche Rentenalter erreicht.

(7) Der Geschäftsführer ist verpflichtet, unverzüglich nach Beendigung des Vertragsverhältnisses, gleich nach welchem Rechtsgrund, oder nach Freistellung gem. alle bei ihm befindlichen Schriftstücke, Unterlagen, Datenträger und dergleichen, die Angelegenheiten der Gesellschaft betreffen, der Gesellschaft zu übergeben; jegliches Zurückbehaltungsrecht ist ausgeschlossen.

§ 11 Schlussbestimmungen

(1) Änderungen oder Ergänzungen dieses Vertrags bedürfen zu ihrer Wirksamkeit der Schriftform sowie der ausdrücklichen Zustimmung der Gesellschafterversammlung. Das gilt auch für die Änderung der Bestimmung des vorstehenden Satzes.

(2) Die Ungültigkeit einzelner Bestimmungen berührt nicht die Rechtswirksamkeit des Vertrags im Ganzen. Anstelle der unwirksamen Vorschrift ist eine Regelung zu vereinbaren, die der wirtschaftlichen Zwecksetzung der Parteien am nächsten kommt.

(3) Alle Streitigkeiten aus diesem Vertrag werden im ordentlichen Rechtsweg entschieden.

Reutlingen, den 24. Mai 2009

....
(für die Gesellschafterversammlung)

....
(Geschäftsführer)

2. Geschäftsordnung bei mehreren Geschäftsführern

Die Geschäftsordnung wird durch die Gesellschafterversammlung erlassen.

Geschäftsordnung für die Geschäftsführer der
ABC Beispiel GmbH

Die Gesellschafterversammlung hat gem. ...... der Satzung zur Regelung der Verhältnisse der Geschäftsführer untereinander sowie gegenüber der Gesellschafterversammlung folgende Geschäftsordnung erlassen. Die Geschäftsführer werden angewiesen, entsprechend dieser Geschäftsordnung die Geschäfte der Gesellschaft zu leiten.

§ 1 Aufgaben der Geschäftsführer und Vorsitz

(1) Die Geschäftsführer führen die Geschäfte der Gesellschaft nach Maßgabe der Gesetze, des Gesellschaftsvertrags, der Geschäftsführeranstellungsverträge und dieser Geschäftsordnung. Sie müssen die von der Gesellschafterversammlung gefassten Beschlüsse und die Richtlinien für die

Geschäftspolitik der Gesellschaft berücksichtigen und den Katalog der zustimmungspflichtigen Geschäfte einhalten. Durch Beschluss der Gesellschafterversammlung kann der Zustimmungskatalog generell oder im Einzelfall erweitert oder eingeschränkt werden.

(2) Sie tragen gemeinschaftlich die Verantwortung für die Leitung der Gesellschaft und die Erreichung des Gesellschaftszwecks. Sie sind zur kollegialen Zusammenarbeit und gegenseitigen Unterrichtung über alle wichtigen Maßnahmen und Geschäftsvorgänge in ihren Geschäftsbereichen verpflichtet.

(3) Jeder Geschäftsführer ist verpflichtet, die Gesellschafterversammlung zu informieren und eine Beschlussfassung der Gesellschafterversammlung herbeizuführen, wenn er der Auffassung ist, dass sich ein Vorgang in einem Geschäftsbereich zum Schaden der Gesellschaft auswirken könnte.

(4) Herr Fingiert wird für die Dauer von vier Jahren zum Vorsitzenden der Geschäftsführung bestellt. Aufgabe des Vorsitzenden ist die Koordinierung der Tätigkeit der Geschäftsführer.

§ 2 Gesamtverantwortung und Ressortverteilung

(1) Unbeschadet der Gesamtverantwortung der Geschäftsführer leitet jeder Geschäftsführer den ihm übertragenen Geschäftsbereich eigenverantwortlich.

(2) Die Geschäftsressorts werden wie folgt verteilt:
– Kaufmännischer Geschäftführung/ Vertrieb: Fred Fingiert
– Technischer Bereich: Daniel Düsentrieb
– Personal- und Rechnungswesen: Stefan Steuer

(3) Die Geschäftsführer vertreten sich gegenseitig für den Fall, dass einer von ihnen an der Wahrnehmung seiner Aufgaben gehindert ist.

(4) Die Geschäftsführer entscheiden gemeinsam in allen Angelegenheiten, in denen nach dem Gesetz, dem Gesellschaftsvertrag oder dieser Geschäftsordnung eine Beschlussfassung durch alle Geschäftsführer vorgeschrieben ist, insbesondere über
– alle zustimmungspflichtigen Geschäfte
– Angelegenheiten, die das Ressort mehrerer Geschäftsführer betreffen
– sonstige Fragen von grundsätzlicher und wesentlicher Bedeutung

§ 3 Sitzungen, Beschlüsse und Berichterstattung

(1) Die Geschäftsführer beschließen in der Regel in Sitzungen, die mindestens einmal im Monat stattfinden. Die Sitzung wird durch den Vorsitzenden einberufen und geleitet. Über die Sitzungen ist eine vom Vorsitzenden

zu unterzeichnendes Protokoll anzufertigen, welches unverzüglich der Gesellschafterversammlung vorgelegt werden muss. Die Teilnahme von Gesellschaftern ist jederzeit zulässig.

(2) Zusätzlich unterrichtet der Vorsitzende der Geschäftsführung die Gesellschafter, unabhängig von der Berichterstattung der Geschäftsführung in der Gesellschafterversammlung, regelmäßig über den Gang der Geschäfte und die wirtschaftliche Lage der Gesellschaft.

(3) Die Geschäftsführung ist beschlussfähig, wenn mindestens zwei Geschäftsführer an der Beschlussfassung teilnehmen. Jeder Geschäftsführer kann sich durch einen anderen Geschäftsführer vertreten lassen.

(4) Die Beschlüsse werden mit einfacher Mehrheit gefasst, wenn nicht das Gesetz oder die Satzung andere Mehrheiten vorschreibt. Bei Stimmengleichheit entscheidet die Stimme des Vorsitzenden der Geschäftsführung.

§ 4 Unternehmensplanung

Die Geschäftsführer legen der Gesellschafterversammlung vor dem Ende jedes Geschäftsjahres eine Unternehmensplanung für das folgende Geschäftsjahr zur Genehmigung vor. Die Unternehmensplanung umfasst insbesondere den Investitionsplan und den Finanz- und Ergebnisplan.

§ 5 Zeichnungsberechtigung

Schriftstücke über Geschäfte von erheblicher Bedeutung sind von dem Vorsitzenden der Geschäftsführung und dem zuständigen Geschäftsführer zu unterzeichnen.

Tübingen, den

....
(für die Gesellschafterversammlung)

....
(Unterschriften der Geschäftsführer)

3. Dienstwagenordnung

Kraftfahrzeugüberlassungsvertrag

Zwischen der
ABC Beispiel GmbH
Eberhardstraße 1, 72764 Reutlingen
– im Folgenden „**Gesellschaft**" genannt –

und

Herrn Fred Fingiert
Dorfkneipe 1, 72076 Tübingen
– im Folgenden „**Geschäftsführer**" genannt –

wird folgender Vertrag geschlossen:

§ 1 Kraftfahrzeug

(1) Die Gesellschaft überlässt dem Geschäftsführer für seine Tätigkeit einen Dienstwagen der Marke …, Typ … (Fahrzeug-Ident.-Nr.: …, pol. Kennz.: …) zur Benutzung.

(2) Die Gesellschaft ist jederzeit berechtigt, das überlassene Fahrzeug durch ein anderes, gleichwertiges Fahrzeug zu ersetzen. Die Festlegung der Fahrzeugmarke, des Typs und der Ausstattung erfolgt durch die Gesellschaft. Überlässt die Gesellschaft dem Geschäftsführer ein anderes Fahrzeug, so gilt dieser Vertrag entsprechend.

§ 2 Nutzung

(1) Das Kraftfahrzeug darf grundsätzlich nur für betriebliche oder geschäftliche Zwecke im Zusammenhang mit dem Geschäftsführeranstellungsverhältnis benutzt werden.

(2) Daneben darf der Geschäftsführer das Kraftfahrzeug auch zu Privatfahrten nutzen. Für Urlaubsfahrten darf das Kraftfahrzeug jedoch nur nach ausdrücklicher Zustimmung der Gesellschaft genutzt werden.

(3) Der Geschäftsführer muss alle sich aus der Haltung und dem Betrieb des Dienstwagens ergebenden gesetzlichen Verpflichtungen erfüllen. Dies gilt insbesondere für die StVO, das StVG und die StVZO.

(4) Der geldwerte Vorteil wird pauschal ermittelt und versteuert (zur Zeit …… % des Bruttolistenpreises pro Monat sowie …… % des Bruttolistenpreises je Entfernungskilometer Wohnung-Arbeitsstätte).

§ 3 Kosten

(1) Die Gesellschaft trägt – soweit nicht nachstehend etwas anders geregelt – die Kosten des Betriebes sowie für Reparaturen, Garage, Miete und Wartung des Fahrzeuges. Sie unterhält eine Haftpflichtversicherung mit der gesetzlichen Mindestdeckungssumme und eine Teilkasko/Vollkaskoversicherung mit einer Selbstbeteiligung des Geschäftsführers von ... EUR pro Schadensfall eine Insassenunfallversicherung und eine Rechtsschutzversicherung.

(2) Treibstoffkosten werden nur gegen Vorlage der Belege ersetzt. Treibstoffkosten für Urlaubsfahrten trägt der Geschäftsführer selbst.

(3) Die vom Geschäftsführer vorgelegten Betriebskosten werden am Ende eines jeden Kalendermonats abgerechnet. Bei der Abrechnung ist der Anfangs- und Endstand des Tachometers anzugeben.

(4) Die Gesellschaft kann, ohne dass sie hierzu verpflichtet wäre, auf die vom Geschäftsführer zu tragenden Kosten einen Vorschuss leisten. Einen Vorschussanspruch hat der Geschäftsführer nicht.

§ 4 Pflichten des Geschäftsführers

(1) Der Geschäftsführer ist verpflichtet, den Kraftfahrzeugschein und die grüne Versicherungskarte bei Fahrten mitzuführen und ansonsten sorgfältig zu verwahren.

(2) Der Geschäftsführer ist verpflichtet, für rechtzeitige und ordnungsgemäße Pflege und Wartung des Fahrzeuges zu sorgen. Er ist insbesondere verpflichtet, vorgesehene Abgasuntersuchungen, TÜV-Prüfungstermine, Wartungs- und Inspektionstermine wahrzunehmen. Sämtliche Arbeiten sind ausschließlich in Vertragswerkstätten des Herstellers durchzuführen.

(3) Der Geschäftsführer wird das Fahrzeug stets sorgfältig fahren. Er verpflichtet sich auch gegenüber der Gesellschaft, die Verkehrsvorschriften einzuhalten. Nach Alkoholgenuss ist die Benutzung des Wagens verboten.

(4) Der Geschäftsführer ist verpflichtet, die Gesellschaft unverzüglich zu unterrichten, wenn ihm die Fahrerlaubnis zeitweilig oder auf Dauer entzogen wird. Während des Entzuges ist die Benutzung des Fahrzeuges einzustellen.

(5) Im Fahrzeug herrscht absolutes Rauchverbot.

(6) Verstößt der Geschäftsführer gegen vorstehende Pflichten, hat die Gesellschaft das Recht, die sofortige Rückgabe des Fahrzeuges zu verlangen. Ein Anspruch auf Bereitstellung eines Ersatzfahrzeuges oder auf Ersatz der entgangenen Privatnutzung besteht in diesem Fall nicht.

§ 5 Unfälle u. ä.

(1) Unfälle, Verluste und Beschädigungen des Kraftfahrzeuges hat der Geschäftsführer unverzüglich der Gesellschaft zu melden.

(2) Reparaturen bedürfen der vorherigen schriftlichen Zustimmung der Gesellschaft.

(3) Bei Kraftfahrzeugunfällen, bei denen der Schaden voraussichtlich mehr als … EUR beträgt, sowie bei allen Unfällen mit Personenschaden ist in jedem Fall die Polizei hinzuzuziehen, auch wenn der Unfall von dem Geschäftsführer selbst verschuldet worden ist.

(4) Die Gesellschaft ist verpflichtet, den Versicherungen die über den Unfallhergang notwendigen Auskünfte zu geben. Sie ist verpflichtet, am Unfallort die notwendigen Beweissicherungen vorzunehmen.

§ 6 Haftung

(1) Verursacht der Geschäftsführer durch eine schuldhafte Pflichtverletzung einen Schaden, so hat er im Falle einfacher Fahrlässigkeit den Schaden zur Hälfte, höchstens jedoch bis zum Betrag einer gewöhnlichen Monatsnettovergütung zu ersetzen. Bei grober Fahrlässigkeit hat der Geschäftsführer den Schaden voll zu tragen, jedoch der Höhe nach beschränkt auf den dreifachen Betrag der gewöhnlichen Monatsnettovergütung. Die Haftung für Fahrlässigkeit besteht nur für solche Schäden, die nicht durch eine von der Gesellschaft abgeschlossene und angemessene Betriebshaftpflichtversicherung oder Sachversicherung (insbesondere Kaskoversicherung) gedeckt werden können. Diese Grundsätze gelten entsprechend bei Schadensersatzansprüchen Dritter. Bei Vorsatz haftet der Geschäftsführer unbeschränkt.

(2) Bei auf Privatfahrten entstandenen Schäden haftet der Geschäftsführer in jedem Fall allein und in voller Höhe.

(3) Der Geschäftsführer haftet nicht, soweit der Schaden durch eine Versicherung abgedeckt wird. Soweit eine Vollkaskoversicherung besteht und eintrittpflichtig ist, haftet der Geschäftsführer in Höhe der Selbstbeteiligung und trägt den Verlust von Schadensfreiheitsrabatten.

(4) Der Geschäftsführer stellt die Gesellschaft hiermit im Rahmen seiner Haftung von etwaigen Schadensersatzansprüchen Dritter frei.

§ 7 Überlassung und Mitnahme

(1) Eine Überlassung des Fahrzeugs an Dritte ist verboten. Hiervon ausgenommen ist die Überlassung an Familienangehörige oder Lebensgefährten bei erlaubten Privatfahrten, sofern diese eine gültige Fahrerlaubnis besitzen.

(2) Dritte Personen sollen nur mitgenommen werden, wenn hierfür ein betriebliches oder geschäftliches Interesse besteht. Bei Mitnahme sonstiger Personen ist die Haftung der Gesellschaft auszuschließen. Hat der Geschäftsführer die Haftung nicht ausgeschlossen, hat er die Gesellschaft von jeder Haftung freizustellen. Für den Fall der Mitnahme Dritter im Fahrzeug hat der Geschäftsführer die als Anlage 2 zu diesem Vertrag beigefügte Verzichtserklärung vor Antritt der Fahrt einzuholen.

(3) Bei einer unbefugten Nutzungsüberlassung an Dritte haftet der Geschäftsführer unabhängig von seinem Verschulden für jeden Schaden.

§ 8 Wahrnehmung von Rechten und Interessen

Der Geschäftsführer ist berechtigt, etwaige das Fahrzeug betreffende Rechte im Interesse der Gesellschaft geltend zu machen.

§ 9 Herausgabe

(1) Die Gesellschaft kann jederzeit ohne Angabe von Gründen die Rückgabe des Fahrzeuges verlangen und die Überlassung des Dienstwagens jederzeit widerrufen.

(2) Die Gesellschaft ist vor allem berechtigt, das Fahrzeug vom Geschäftsführer herauszuverlangen und anderweitig einzusetzen,
a) während der Dauer der Arbeitsunfähigkeit des Geschäftsführers, soweit der Geschäftsführer keinen Anspruch auf Entgeltfortzahlung nach dem Entgeltfortzahlungsgesetz geltend zu machen berechtigt ist,
b) während der Dauer der Freistellung nach vorausgegangener – ganz gleich von wem ausgesprochener – Kündigung, soweit die Freistellung über den noch zu beanspruchenden Urlaubsanspruch des Geschäftsführers hinausgeht.

(3) Die Gesellschaft ist ferner berechtigt, das Fahrzeug vom Geschäftsführer herauszuverlangen, wenn am Fahrzeug Inspektions-, Reparatur, Aufrüst-, Umrüst- oder sonstige Arbeiten vorgenommen werden müssen.

(4) Ein Zurückbehaltungsrecht des Geschäftsführers ist im Falle des Herausgabeverlangens der Gesellschaft ausgeschlossen.

(5) Jede Rückgabe hat am Sitz der Gesellschaft in ... mit sämtlichen Fahrzeugpapieren zu erfolgen. Das Fahrzeug ist in funktionsfähigem Zustand und vom Geschäftsführer gründlich gereinigt zurückzugeben.

(6) Ein Anspruch auf Ersatz für eine entgehende Privatnutzung steht dem Geschäftsführer nicht zu.

(7) Die Gesellschaft ist berechtigt, aber nicht verpflichtet, dem Geschäftsführer im Falle des Herausgabeverlangens ein anderes, nicht notwendiger-

weise gleichwertiges Ersatzfahrzeug zur Verfügung zu stellen, das die Durchführung von Privatfahrten gewährleistet. Lehnt der Geschäftsführer das angebotene Ersatzfahrzeug ab, steht ihm kein Ersatzanspruch zu.

(8) Unabhängig von einem Herausgabeverlangen ist der Geschäftsführer verpflichtet, den Dienstwagen im Zeitpunkt des Zugangs der Kündigung des Anstellungsverhältnisses oder seiner Abberufung zurückzugeben.

§ 10 Nebenabreden, Schriftform, Salvatorische Klausel

(1) Nebenabreden, Ergänzungen und Abänderungen dieses Vertrages bedürfen der Schriftform; dies gilt auch für ein Abweichen von der Schriftform selbst, etwa im Hinblick auf die Verhinderung der Vertragsänderung im Wege der betrieblichen Übung.

(2) Sollten Bestimmungen dieses Vertrages oder eine künftige in ihn aufgenommene Bestimmung ganz oder teilweise nicht rechtswirksam, nicht durchführbar sein oder ihre Rechtswirksamkeit oder Durchführbarkeit später verlieren, so soll hierdurch die Gültigkeit der übrigen Bestimmungen dieses Arbeitsvertrages nicht berührt werden. Das gleiche gilt, soweit sich herausstellen sollte, dass der Vertrag eine Regelungslücke enthält.

(3) Anstelle der unwirksamen oder undurchführbaren Bestimmungen oder zur Ausfüllung der Lücke soll eine angemessene Regelung gelten, die, soweit rechtlich möglich, dem am nächsten kommt, was die Vertragsparteien gewollt haben oder nach dem Sinn und Zweck des Vertrages gewollt haben würden, sofern sie bei seinem Abschluss oder bei der späteren Aufnahme einer Bestimmung den Punkt bedacht hätten.

(4) Dies gilt auch, wenn die Unwirksamkeit einer Bestimmung etwa auf einem in dem Vertrag vorgeschriebenen Maß der Leistung oder Zeit (Frist oder Termin) beruht; es soll dann ein dem Gewollten möglichst nahe kommendes - gerade noch - rechtlich zulässiges Maß der Leistung oder Zeit (Frist oder Termin) als vereinbart gelten.

Reutlingen, den 16. Juni 2009

....

(Geschäftsführer)

....

(Gesellschaft)

4. Berechnungsbogen zur Ermittlung der Haftungssumme

für den Haftungszeitraum von …… bis …… wegen Steuerschulden der …… Steuernummer:

1. Berechnung der im Haftungszeitraum insgesamt zu tilgenden Verbindlichkeiten

1.1 Verbindlichkeiten zu Beginn des Haftungszeitraums
(einschließlich Löhne, Sozialabgaben und Steuern) …… EUR

1.2 Zugang an Verbindlichkeiten i.S. der Ziff. 1.1 bis zur Zahlungseinstellung
(Eröffnung des Konkurs- oder Insolvenzverfahrens) + …… EUR

1.3 Minderung der Verbindlichkeiten i.S. der Ziff. 1.1 (Skonti, Rabatte u. dgl.) bis zur Zahlungseinstellung (Eröffnung des Konkurs- oder Insolvenzverfahrens) – ohne Berücksichtigung geleisteter Zahlungen – …… EUR

1.4 Im Haftungszeitraum insgesamt zu tilgende Verbindlichkeiten
(einschließlich Löhne, Sozialgaben und Steuern) …… EUR

2. Berechnung der durchschnittlichen Tilgungsquote

2.1 Summe der im Haftungszeitraum auf Verbindlichkeiten i.S. der Ziff. 1.4 geleisteten Zahlungen …… EUR

2.2 Durchschnittliche Tilgungsquote
(Betrag lt. Ziff. 2.1 in v.H. des Betrags lt. Ziff. 1.4) ……. v.H.

3. Berechnung der Haftungssumme

3.1 Im Haftungszeitraum insgesamt zu tilgende Steuerschulden (im Betrag lt. Ziff. 1.4 enthaltene Steuerschulden – ohne Lohnsteuer)
Bitte Einzelaufstellung beifügen! …… EUR

3.2 Bei Anwendung des v.H.-Satzes lt. Ziff. 2.2 hätte auf die Steuerschulden entrichtet werden müssen
(Betrag lt. Ziff. 3.1 x Betrag lt. Ziff. 2.2 : 100) …… EUR

3.3 Auf die Steuerschulden tatsächlich geleistete Zahlungen (einschließlich Umbuchungen) – ohne Lohnsteuer …… EUR

3.4 Haftungssumme (Betrag lt. Ziff. 3..2 ./. Betrag lt Ziff. 3.3) …… EUR

Sachverzeichnis

Seiten = Zahlen

Buchanzeigen

Starthilfen für Unternehmer

Füser
Ratgeber Existenzgründung

1000 Ideen und Checklisten zum Erfolg.
Eine Fülle von Anregungen für unternehmerisch denkende Praktiker.

2. Aufl. 2004. 490 S. €
€ 13,–. dtv 50828

Bonnemeier
Praxisratgeber Existenzgründung

Erfolgreich starten und auf Kurs bleiben.
Konkrete Handlungsempfehlungen für alle Phasen der Existenzgründung und die erste Zeit danach.

2. Aufl. 2008. 702 S. €
€ 17,50. dtv 50874

Schaub/Reiserer
Ich mache mich selbstständig

Hürden nehmen · Chancen nutzen.
Ein umfassender Überblick über die öffentlich-recht-

Ich mache mich selbstständig

Hürden nehmen · Chancen nutzen
6. Auflage

Toptitel

lichen und privatrechtlichen Rahmenbedingungen für den Schritt in die Selbstständigkeit.

6. Aufl. 2008. 563 S. §
€ 17,–. dtv 5236

Selbstständig ohne Meisterbrief

Was Handwerkskammern gern verschweigen

Wörle
Selbstständig ohne Meisterbrief

Was Handwerkskammern gern verschweigen.
Alles über den Eintrag in die Handwerksrolle ohne Brief sowie über die legalen Tätigkeitsmöglichkeiten.

1. Aufl. 2009. 298 S. §
€ 16,90. dtv 50673
Neu im Juli 2009

Hammer
Soll ich mich selbständig machen?

Chancen und Risiken bei der Neugründung, Geschäftsübernahme oder Beteiligung, Standortwahl, Finanzierung, Recht, Marketing und Controlling.

4. Aufl. 2005. 252 S. €
€ 9,50. dtv 5853

So gründe und führe ich eine GmbH

Vorteile nutzen · Risiken vermeiden.
9. Auflage

Mit MoMiG

Toptitel

Waldner/Wölfel
So gründe und führe ich eine GmbH

Vorteile nutzen · Risiken vermeiden.
Haftungsbeschränkung, Gründungsvoraussetzungen, Vertragsgestaltung, Geschäftsführer, Gesellschafterversammlung, Liquidation, Steuer- und Kostenrecht.

9. Aufl. 2009. 252 S. §
Ca. € 10,90. dtv 5278
Neu im Juni 2009

Zeichenerklärung:
§ *Rechtsberater*
€ *Wirtschaftsberater*

Geigenberger

Risikokapital für Unternehmensgründer

Der Weg zum Venture Capital.
Venture-Capital-Finanzierung Schritt für Schritt von der Anfrage bis zum Exit.

2. Aufl. 2006. 252 S.   €
€ 14,50. dtv 50832

Wiester

Die GmbH in der Unternehmenskrise

Lösungswege für den Geschäftsführer.
Ein fundierter Überblick über alle relevanten Handlungs- und Sanierungsoptionen, Pflichten und Haftungsrisiken.

1. Aufl. 2007. 335 S.   §
€ 15,–. dtv 50638

Waldner/Wölfel

GbR · OHG · KG

Gründen · Betreiben · Beenden.
Gesellschaft des bürgerlichen Rechts, Offene Handelsgesellschaft, Kommanditgesellschaft, GmbH & Co. KG. Vertragsgestaltung, Geschäftsführung und Vertretung, Haftung, Liquidation, Steuer- und Kostenrecht.

7. Aufl. 2006. 240 S.   §
€ 9,50. dtv 5294

Weisbach/Sonne-Neubauer

Unternehmensethik in der Praxis

Vorgaben und Richtlinien sinnvoll und zielführend umsetzen.
Ethisch orientierte Führung ist ohne wirksame Handlungsvorgaben nicht möglich. Wie es gelingt, Vorgaben und Richtlinien sinnvoll, zielführend und frei von Widersprüchen zu gestalten, zeigt der neue Wirtschaftsberater.

1. Aufl. 2009. 221 S.   €
€ 14,90. dtv 50922
Neu im August 2009

Sattler

Unternehmerisch denken lernen

Das Denken in Strategie, Liquidität, Erfolg und Risiko. Wie sichern Unternehmen unmittelbar ihre Existenz? Woran erkennt man erfolgreiche Unternehmen? Was muss man wissen, um langfristig Erfolg zu haben?

2. Aufl. 2003. 217 S.   €
€ 10,–. dtv 50819

Ek/von Hoyenberg

Unternehmenskauf und -verkauf

Grundlagen · Gestaltung · Haftung · Steuer- und Arbeitsrecht · Übernahmen.

1. Aufl. 2007. 288 S.   §
€ 14,50. dtv 50646

Ek/von Hoyenberg

Aktiengesellschaften

Gründung · Leitung · Börsengang.
Ratgeber für alle, die eine AG gründen, sich an einer bestehenden AG beteiligen, als Vorstand eine AG leiten oder ein Aufsichtsratsmandat übernehmen möchten.

2. Aufl. 2006. 275 S.   §
€ 12,50. dtv 5684

Buchhaltung, Rechnungswesen, Controlling

Ottersbach
Der Businessplan

Praxisbeispiele für Unternehmensgründer und Unternehmer.
Funktion, Inhalt und Darstellungsform eines Businessplans werden anhand zahlreicher Beispiele erläutert.

1. Aufl. 2007. 256 S. €
€ 10,–. dtv 50875

Girlich/Maier/Steindl
Steuerwissen für Existenzgründer

Praktische Tipps zu Steuern, Recht und Sozialversicherung.
Die Autoren zeigen Gefahren und Tücken des komplizierten Steuerrechts auf und helfen mit verständlichen Anregungen, Beispielen und Checklisten, häufige Fehler in der Startphase zu vermeiden.

4. Aufl. 2007. 335 S. €
€ 14,–. dtv 50831

Herrling/Mathes
Der Buchführungs-ratgeber

Grundlagen und Beispiele.
Dieser Band vermittelt die Grundlagen in anschaulicher Form, anhand konkreter Beispiele werden auch komplexe Buchungen verständlich erklärt.
Schritt für Schritt vom Controlling über Beschaffungs-, Umsatzsteuer-, Wechsel- und Personalkostenbuchungen bis hin zu den notwendigen Jahresabschlussarbeiten.
Mit Übungsaufgaben und Lösungen.

5. Aufl. 2006. 419 S. €
€ 12,50. dtv 5836

Jossé
Balanced Scorecard

Ziele und Strategien messbar umsetzen.
Das Konzept, das unternehmerische Vision nicht nur in Strategien transferiert, sondern auch konkrete Ziele und Maßnahmen schlüssig abzuleiten hilft.

1. Aufl. 2005. 329 S. €
€ 12,50. dtv 50870

Zeichenerklärung: § *Rechtsberater* € *Wirtschaftsberater*

Schultz
Basiswissen Rechnungswesen

Buchführung, Bilanzierung, Kostenrechnung, Controlling. Grundlagen der Unternehmensführung.
Dieser Überblick über das gesamte betriebliche Rechnungswesen zeigt mit Beispielen und Übersichten die Verzahnung von Buchführung, Bilanzierung, Kostenrechnung und Controlling.

5. Aufl. 2008. 298 S.   €
€ 10,–. dtv 50815

Jossé
Basiswissen Kostenrechnung

Kostenarten, Kostenstellen, Kostenträger, Kostenmanagement.

Die bewährten Systeme der Kostenrechnung.

5. Aufl. 2008. 266 S.   €
€ 10,–. dtv 50811

Scheffler
Lexikon der Rechnungslegung

Buchführung, Finanzierung, Jahres- und Konzernabschluss nach HGB und IFRS. Dieses Lexikon ist Nachschlagewerk und Ratgeber für alle Fragen zur Darstellung und Beurteilung der Vermögens-, Finanz- und Ertragslage von Unternehmen und Konzernen.

2. Aufl. 2007. 502 S.   €
€ 15,–. dtv 50814

Scheffler
Bilanzen richtig lesen

Rechnungslegung nach HGB und IAS/IFRS.
Bilanz, Bewertung, Gewinn- und Verlustrechnung, Bilanzanalyse, Bilanzpolitik.

8. Aufl. 2009. 265 S.   €
€ 11,90. dtv 5827   →
Neu im September 2009

Tanski
Internationale Rechnungslegungsstandards

IFRS/IAS Schritt für Schritt.
Viele Beispiele und grafische Übersichten machen das Verständnis der IAS (International Accounting Standards) leicht und zeigen die markanten Unterschiede zur HGB-Bilanzierung.

3. Aufl. 2009. Rd. 400 S.   €
€ 19,90. dtv 50852
In Vorbereitung für November 2009

Schneck
Rating

Wie Sie Ihre Bank über-
zeugen.
Wie läuft ein Rating ab,
welche Kriterien sind maßgeblich, und wie kann man
sich als Unternehmen
darauf vorbereiten?
Mit Beispielen, Fällen und
Anwendungsberichten.

2. Aufl. 2008. 258 S.   €
€ 12,50. dtv 50871

Füser/Gleißner
Rating-Lexikon

800 Stichwörter mit Fakten
und Checklisten rund um
Basel II.

1. Aufl. 2005. 567 S.   €
€ 17,50. dtv 50882

Witt
Controlling-Lexikon

Von ABC-Analyse bis
Zwischenbericht.

1. Aufl. 2002. 907 S.   €
€ 24,–. dtv 50851

Schultz
Basiswissen Controlling

Instrumente für die Praxis.

1. Aufl. Rd. 280 S.   €
Ca. € 9,90. dtv 50907
In Vorbereitung für
Ende 2009

Horváth & Partners
Das Controllingkonzept

Der Weg zu einem wirkungs-
vollen Controllingsystem.
Wie setzt man Controlling
in die Praxis um?
Arbeitsschritte und Fall-
beispiele.

7. Aufl. 2009. 360 S.   €
€ 14,90. dtv 5812
Neu im Oktober 2009

Rittershofer
Wirtschafts-Lexikon

Über 4000 Stichwörter für
Studium und Praxis.

4. Aufl. 2009. 1103 S.   €
€ 24,90. dtv 50844

Schneck
**Lexikon der
Betriebswirtschaft**

3500 grundlegende und
aktuelle Begriffe für
Studium und Beruf.

7. Aufl. 2007. 1104 S.   €
€ 19,50. dtv 5810

Zeichenerklärung: § *Rechtsberater* € *Wirtschaftsberater*